● 2021 年广东省创意机

“线上评审—线上问辩—线下角

线上评审

线上问辩

线下角逐

# 创意机器人教育以螺旋上升模式实施系列创新实践活动

创意机器人进校园

创意机器人预赛

研究型

挑战型

普及型

## 创意机器人教育以螺旋上升模式实施系列创新实践活动

创意机器人研学营

扫码观看花絮

创意机器人研学营作品

创意机器人研学营作品

## 创意机器人教育以螺旋上升模式实施系列创新实践活动

线上创意机器人特训营

创意机器人特训营作品
火星音乐会

扫码了解作品

研究型

挑战型

普及型

# 部分优秀案例图片展示

第九届广东省创意机器人大赛闭幕暨颁奖仪式
第八届广东省创意机器人大赛
未来城市生活——无人驾驶车
热烈欢迎全体参赛师生！

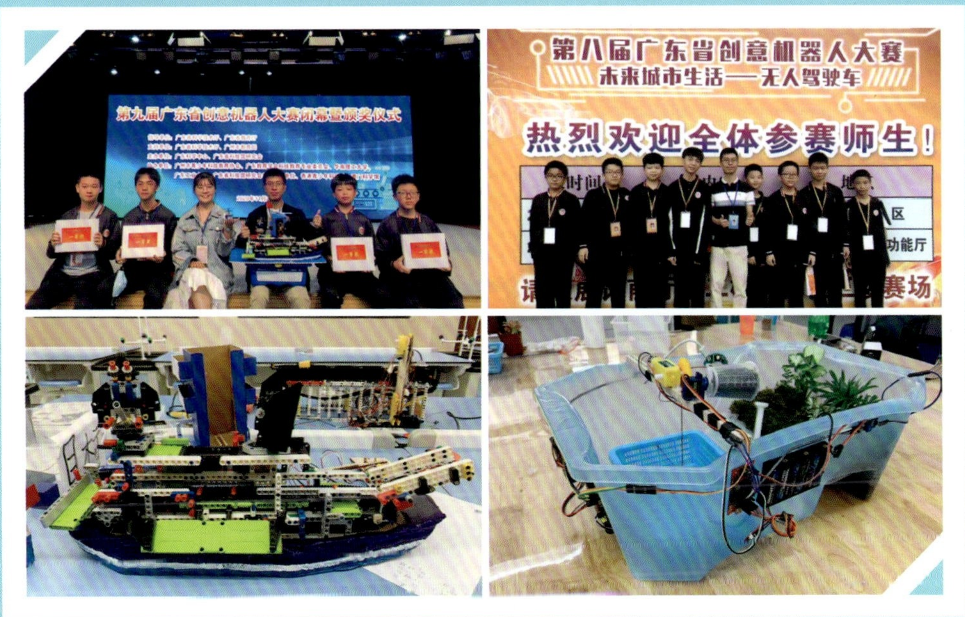

基于 STEAM 教育的创意机器人项目式实践活动
——工业机器人项目实践活动

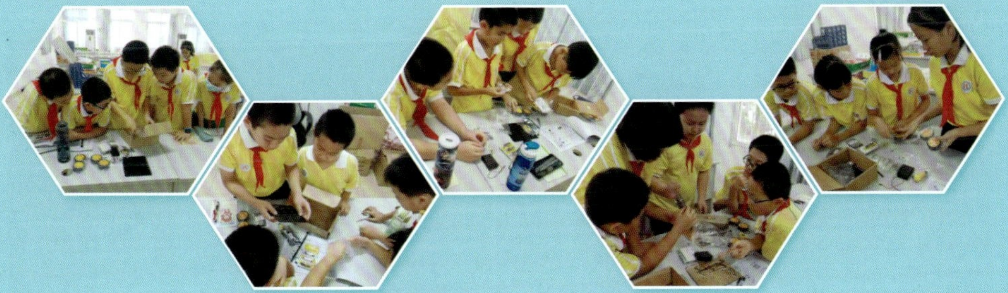

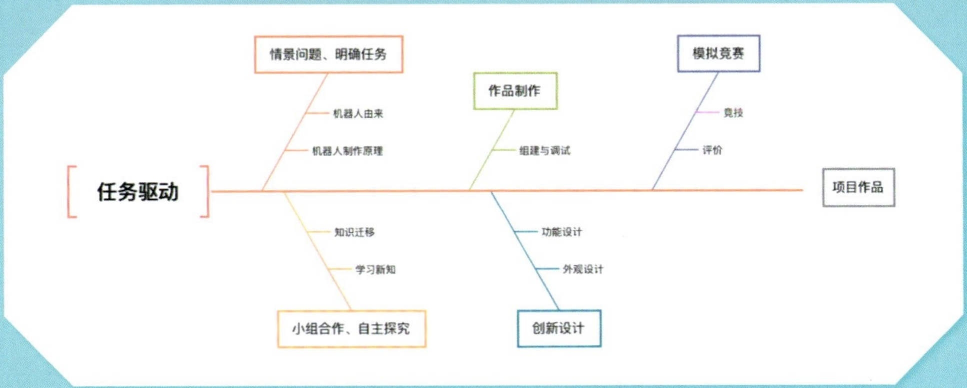
任务驱动
情景问题、明确任务
机器人由来
机器人制作原理
作品制作
组建与调试
模拟竞赛
竞技
评价
项目作品
知识迁移
学习新知
小组合作、自主探究
功能设计
外观设计
创新设计

解决真实问题　培养计算思维
——基于 STEAM 的小学创意机器人教育活动

# 部分优秀案例图片展示

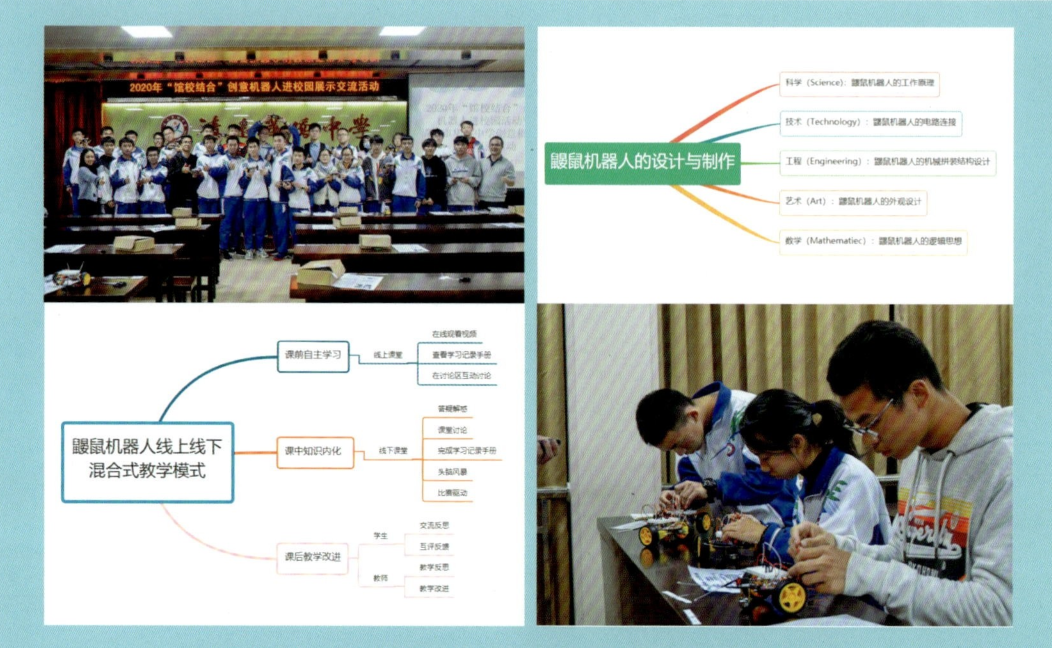


基于混合式教学模式的高中 STEAM 课程案例设计
——以鼹鼠机器人教学实践活动为例

基于 STEAM 的创意机器人教育活动案例
——以广州南沙麒麟中学无人驾驶车创意机器人教育实践活动为例

## 部分优秀案例图片展示

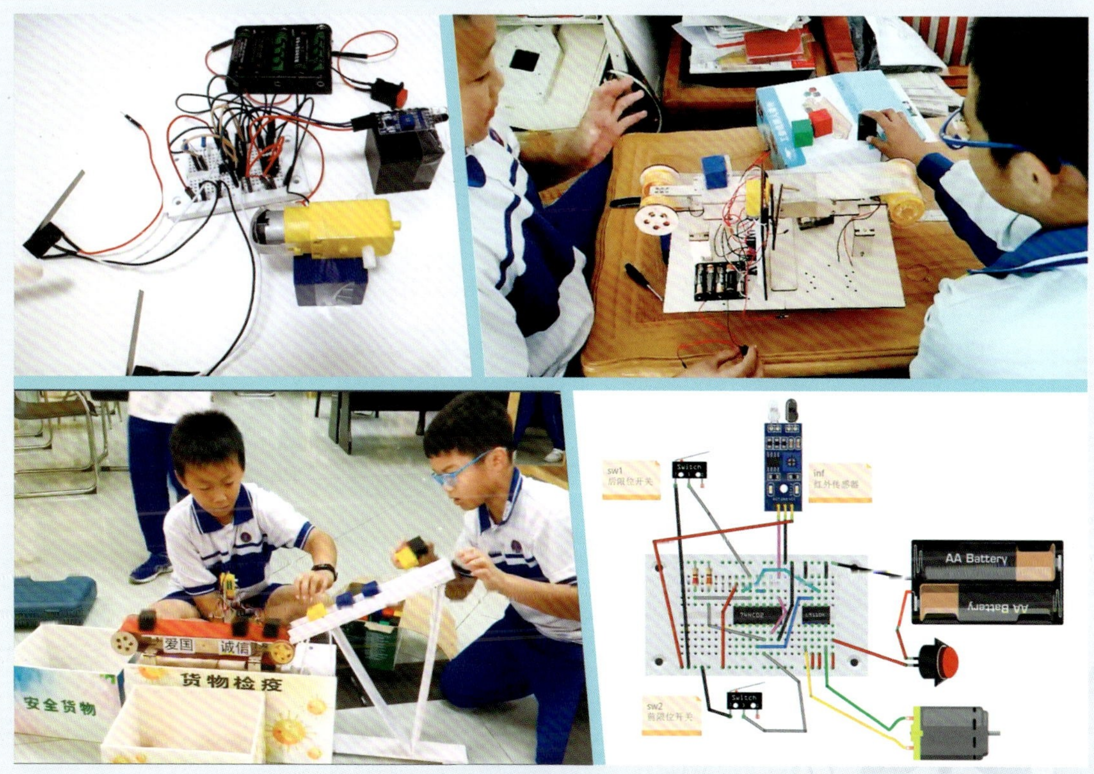


寓创作于实践中，注重创新教育
——STEAM 教育理念下的工业机器人教学活动

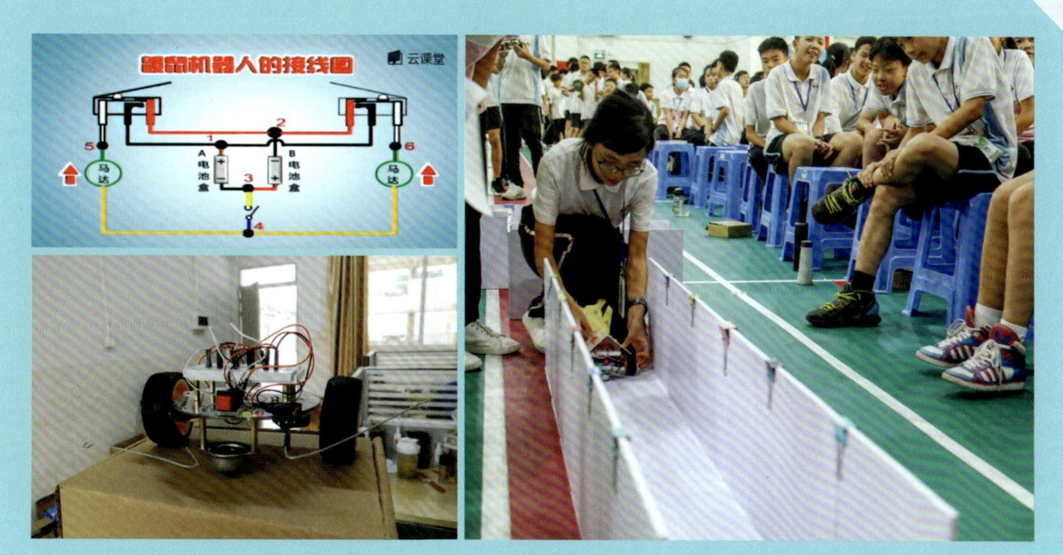


疫情挡不住热情，鼹鼠机器人搭起“馆校结合”桥梁
——大墩中学第二届鼹鼠机器人比赛案例

## 部分优秀案例图片展示

基于主题项目式教学的创意机器人大赛创新实践探索

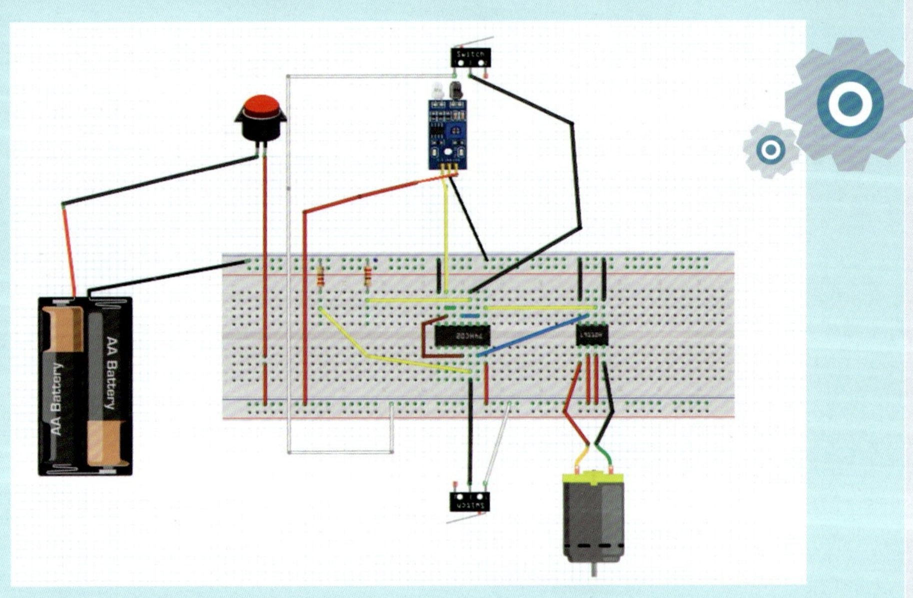

夯实基础， 酝酿创意

——基于“STEAM 教育 + 伙伴学习”的创意机器人教学实践活动

# STEAM在“馆校结合”创意机器人创新实践活动中的应用教育案例集Ⅱ

邱银忠　侯的平　佘协元　主编

SPM 南方传媒
全国优秀出版社
全国百佳图书出版单位
广东教育出版社
·广　州·

**图书在版编目（CIP）数据**

STEAM在“馆校结合”创意机器人创新实践活动中的应用教育案例集. Ⅱ / 邱银忠，侯的平，佘协元著. —广州：广东教育出版社，2022.12

ISBN 978-7-5548-5347-4

Ⅰ. ①S… Ⅱ. ①邱… ②侯… ③佘… Ⅲ. 机器人技术—教案（教育）—中小学 Ⅳ. ①G633.672

中国版本图书馆CIP数据核字（2022）第249215号

STEAM在“馆校结合”创意机器人创新实践活动中的应用教育案例集Ⅱ
STEAM ZAI “GUAN XIAO JIEHE” CHUANGYI JIQIREN CHUANGXIN SHIJIAN HUODONG ZHONG DE YINGYONG JIAOYU ANLIJI Ⅱ

---

出 版 人：朱文清
策划编辑：杨龙文
责任编辑：丁西飞　李映婷　巢　琳　刘　默
责任技编：许伟斌
装帧设计：喻悠然
责任校对：黄　莹
出版发行：广东教育出版社
（广州市环市东路472号12-15楼　邮政编码：510075）
销售热线：020-87615809
网　　址：http://www.gjs.cn
E-mail：gjs-quality@nfcb.com.cn
经　　销：广东新华发行集团股份有限公司
印　　刷：广州小明数码快印有限公司
（广州市天河区高普路83号B栋C5号）
规　　格：787 mm × 1 092 mm　1/16
印　　张：15　　插　页：4　　字　数：300千
版　　次：2022年12月第1版
2022年12月第1次印刷
定　　价：48.00元

---

《STEAM在“馆校结合”创意机器人创新实践活动中的应用教育案例集Ⅱ》

# 编委会

主　编　邱银忠　侯的平　佘协元

副主编　傅泽禄　方美玉　韩　俊　吴志庆

编　委　（按姓氏笔画排序）

朱金辉　朱培玉　刘载兴　羊荣兵　关婉君

许玉球　孙　宏　李　益　吴成涛　邱涛涛

陈承声　陈健秋　赵　璟　钟志云　黄炳军

黄嘉健　雷晓晖　蔡衍燕　管　昕　黎晓娟

# 序

2015年，联合国教科文组织发布报告指出“学习的模式在过去20年里发生了巨大的变化”。STEAM教育理念因其具有开放性、主体性、情境性、关联性和发展性，顺应了全球教育改革的发展态势，在全球蓬勃发展，在我国也受到国家极大重视和各中小学师生的热烈欢迎。2015年9月，教育部在《关于“十三五”期间全面深入推进教育信息化工作的指导意见（征求意见稿）》中，首次提出要“探索STEAM教育、创客教育等新教育模式”。2021年12月，我国《“十四五”机器人产业发展规划》明确指出要“加大科普工作力度，提升青少年机器人科技素养”。

广东科学中心作为吉尼斯世界纪录认证的世界“最大的科技馆/科学中心”，除开展基于展品展项的科普活动外，还探索、开发和实施了大量拓展性、创新性的科普教育活动。“创意机器人创新实践活动”是其中一个特色活动。机器人活动能够有效融合科学、技术、工程、艺术和数学等学科教学，成为STEAM教育的极佳载体。

经过多年实践，广东科学中心在组织和开展创新实践教育活动中积累了丰富的经验，并形成了独具特色的机器人教学案例。2020年，广东科学中心首次征集并出版了第一本教育案例集，社会反响良好，对推动广东省甚至全国“馆校结合”科普育人工作，全面培养广大青少年的创新思维和创新实践能力具有重要作用和深远意义。

为进一步总结、深化和推广创意机器人系列创新实践活动经验，2021年广东科学中心再次面向全省广大中小学科技教师征集案例并最终评选出20个优秀教育案例，拟出版第二本教育案例集。本次评选出的优秀教育案例侧重于经验分享，从设计思路、表现方法到实施流程，都具有鲜明的机器人活动特色，有一定的借鉴性。同时，对活动实施过程中遇到的困难和解决方法等，也提供了参考方案和提示。案例具有较高的可复制性和实操性，可为更多学校尤其是基础设施相对薄弱的中小学校，在开展基于STEAM理念的教育活动时提供有效借鉴。

当今社会需要更多复合型人才，光靠阅读科普读物不足以培养孩子的科学精神。此案例集具有较高的可操作性和实践性，能让更多的科技教师加入STEAM教育创新实践活动中，为提升青少年科学素养，培养其创新思维、激发其创新精神发挥积极作用，为我国构筑未来人才优势做出应有的贡献。

广州市机器人软件及复杂信息处理重点实验室副主任

朱金辉

2022年1月于广州

contents

# 目录

# 基于STEAM教育理念下的项目式教学实践

## ——以创意机器人“火星音乐会”的创作为例

连州市慧光中学　欧少平　汤梓琳

**案例简介**　本案例以荣获2021年创意机器人特训营银奖的作品“火星音乐会”的创作为例，通过对该作品的项目式教学、设计与制作过程的具体描述及分析，探讨学生跨学科知识综合运用的有效教学方法，培养学生的批判性思维和综合知识素养，旨在发展学生的科学创新精神、动手能力和团队协作能力，进一步明确STEAM教育理论对机器人教学的现实意义，为机器人教学活动提供实践参考。

**关 键 词**　STEAM　项目式教学　创意机器人　程序设计

近年来，许多学校和机构都开设了机器人教育课程，但当前的机器人教育对大多数教师、学生以及家长而言并非一门独立完整的学科，仅仅只是一门课外兴趣活动课[1]，家长和教师都认为学生更应该把时间投入学科理论知识的学习当中，从而忽视了学生动手实践能力的培养。如今，教育界掀起了一阵“新风尚”——STEAM教育，STEAM教育综合了科学（Science）、技术（Technology）、工程（Engineering）、艺术（Art）和数学（Mathematics）的特点[2]，打破了学科间的界限，促进知识的融合以及迁移应用，以培养学生利用不同学科知识来解决实际问题的能力。基于STEAM教育理念下的创意机器人项目式教学能让学生学到机器人运

☆本文获2021年广东省“馆校结合”创意机器人创新实践教育案例征集活动一等奖。

作的原理和制作的方法，吸引更多学生参与机器人科技创新实践，极大地培养学生的核心素养及科技创新能力，本案例作品——“火星音乐会”的创新实践正是基于STEAM教育理念设计的。

## 一、设计思路

### （一）设计背景

在两千多年前，有一位诗人写下长诗《天问》，表达他对宇宙间的万物充满了好奇，这位诗人就是屈原；2020年7月23日，我国火星探测器“天问一号”向天空出发，到更深处的宇宙奥秘中寻找“天问”的答案；2021年5月15日，“天问一号”探测器成功着陆火星乌托邦平原，我国首次火星探测任务着陆成功……这一系列的航天新闻引发了学生对未来是否能在火星生活产生极大的兴趣，同时，这也引发了学生的思考和讨论，在未来的火星生活中自己能否贡献出一分力量呢？教师顺势引导学生根据时事新闻结合本次创意机器人特训营的主题“机器人与音乐”进行联想。经过一番激烈的讨论，学生快速精准地找到了本次创作作品的主题——“火星音乐会”。

### （二）主题和对象

#### 1. 项目主题

“火星音乐会”这一主题是通过引导学生自行查阅时事热点，再进行情景联想而确定的，实现这一构想首先要了解机器人原理、前沿动态、关键技术的研发过程和产品研制过程，之后自主制作机器人并编写机器人程序，最后通过程序实现对机器人的智能控制。

#### 2. 活动对象

参加本次活动的是从学校科创社挑选的4名优秀学生，这4名学生经过一年的创新实践活动的历练，对编程有一定的认识和了解，其中有2名学生曾参加过创意机器人大赛，具有一定的实践经验和编程思维，他们能根据以往累积的经验对另外2名未参加过比赛活动的学生起到帮扶作用，学生中有1名学生曾学过钢琴，有一定的乐理知识基础，在本次比赛中编曲部分起到关键作用，有1名学生曾学过素描，有一定的手绘造型基础，在外观设计中担起重任。4名学生根据自身的优点进行头脑风暴，各施所长，合力完成了机器人的创作。

### （三）特点和创新性

#### 1. 项目特点

作品主题创意大胆新颖，编程技术创新实用，机器人造型设计和场景设计美观得体，具有一定的观赏性和实际舞台场景设计应用的概念展览示范作用。

#### 2. 项目创新性

（1）选曲特征：学生自己选择的音乐具有现场感染力，旋律动听、节奏感强烈，符合青少年的艺术审美特点。

（2）编曲艺术：利用MuseScore打谱软件重新编曲，加入自编架子鼓元素生成音乐。

（3）编程技术：利用Python程序算法生成与音乐的旋律节奏相对应的音乐序列和时间戳。利用电脑搭建MQTT服务器，在MQTT服务器端运行主控程序，执行音乐播放，根据两组音序和时长有节奏地发出两个主题消息，分别控制钢琴机器人和打鼓机器人动作，钢琴机器人和打鼓机器人执行的动作是同步音乐的节奏。

（4）舞台艺术：利用4个LED灯环设计成“火星”上各种造型的“飞碟”，停留在“火星音乐会”舞台上空充当舞台射灯，2条LED灯条放置在机器人的“椅子”和“乐器”旁边，随音乐节奏闪烁，2个单支RGB灯分别设计在机器人的手臂上，随着机器人动作挥舞出现闪灯特效，增强舞台气氛。七彩LED灯环、灯条和RGB灯的灯效产生由程序控制，闪烁的频率也同步音乐节奏和机器人动作，营造出“音乐会”的气氛，产生强烈的视听效果。

项目涵盖的内容丰富、有趣，涉及多个学科的知识融合，学生从作品项目主题发散思维，到编程技术知识的分解学习，到整合项目知识及迁移运用，再到项目文字描述，最后到项目解说和演示，能够在“做中学，学中玩”，在实践中收获知识，体验学习的乐趣，且通过动手设计与制作，培养学生将内在的知识转化为实践的能力，并鼓励学生在实践中进行大胆创新，在创作中培养学生的编程思维、逻辑推理、科学思维、科学探究、科学态度与责任、艺术判断和审美感知、艺术审美表现能力等多学科核心素养。

## 二、教育目标

本项目旨在培养学生的科学创新思维、动手实践能力和团队协作能力，发展学生的核心素养，根据学生学习基础和活动内容的要求，设定了如下三维目标：

### （一）知识与技能

根据STEAM教育的内涵，知识与技能目标设定如下：

1. 科学：认识AI与深度学习的原理；了解主控板（单片机）、传感器、执行器等开源电子的功能及运行原理，掌握编程控制其工作的能力。

2. 技术：学会Python编程基础和嵌入式编程，了解物联网技术。掌握应用Python程序制作音乐数列；懂得通过编程并应用物联网技术，实现机器人和LED灯效随着音乐节奏而同步律动的功能。

3. 工程：了解并使用“云台”装置，应用在音乐机器人的结构制作中。学会机器人外观造型的设计与制作，掌握电子元件组装与电路连接。

4. 艺术：理解乐理知识，了解并使用Magenta Studio软件，学会使用MuseScore软件编写曲目，并生成音乐；掌握场景外观设计和手绘能力、色彩搭配能力；学会选择应用身边废品材料；学会绘制机器人模型设计图。

5. 数学：学会应用数学思维计算机器人尺寸、场景模型尺寸；掌握规划测量能力，数据收集、分析与统计能力，几何图形组合能力。

### （二）过程与方法

从项目内容的实际要求出发，运用项目式理念，融合STEAM教育的核心理念，包括跨学科、情境性、做中学、综合性、协作学习、设计性等特点，进行实践教学，培养学生解决实际问题的能力。在教学过程中，鼓励学生进行头脑风暴、发散思维，打破学科间的界限，融入各学科的知识，有创造性地开展探究活动，综合运用不同学科知识来解决实际问题；创作过程中强调学生结合自己的兴趣，根据情境进行思维构建，联系理论结合实际，灵活解决实际问题；鼓励学生以实践为主，将知识应用在实践中，在实践中思考；鼓励学生以团队协作的方式进行，共同提出问题，协作解决问题[3]。

### （三）情感态度与价值观

1. 通过本项目，了解祖国航空航天事业发展，激起学生对航天科技的热情。

2. 实践过程提高学生综合应用知识能力和合作交流能力，进一步激发学生探索科学的积极性。

3. 通过音乐编曲和外观设计创作，丰富学生的视觉、听觉和审美经验，发展学生的多学科核心素养。

本项目的重点：学会Python嵌入式编程，实现机器人能随音乐的节奏进行律动；难点：能精准联动机器人的律动和LED灯效与音乐节奏。

## 三、表现方法

### （一）融合了STEAM教育理念

本案例中的创意机器人具有STEAM教育的如下特征：

1. 跨学科：案例中的创意机器人打破了学科间的界限，融合了信息技术、音乐、美术、语文等多种学科，如程序设计属于信息技术学科，曲目编制属于音乐学科，外观设计属于美术学科，作品描述则应用了语文学科的基础知识。

2. 体验性：在作品的设计与制作过程中，学生通过动手实践，亲身体验到创意机器人设计的乐趣。

3. 情境性：“火星音乐会”的主题设计是学生对未来的憧憬，构建出了一个具象的情境。

4. 协作性：案例中的创意机器人是多个成员共同协作努力的成果。小组之间互相讨论，成员之间互相学习、相互协同是开展项目式教学的意义。

5. 设计性：作品涵盖了丰富的创新设计元素，包括编程技术、音乐编曲、机器人造型设计和舞台场景设计。

6. 艺术性：作品选编的音乐曲目受学生喜爱并具有强烈节奏感，舞台外观设计具有很强的观赏性，从场景设计、太空人外观到色彩搭配以及制作工艺都具有很强的艺术性。音乐与舞台的完美结合呈现出很好的艺术观赏性。

### （二）在教学中运用项目式学习模式

项目式学习法打破传统的讲授式教育模式，是教和学的模式，它更强调学科的中心概念和原则，让学生在任务完成过程中积极主动地学习，使学生自主地进行知识的建构。项目式教学是建立在学生兴趣与需要基础之上的，将有目的的活动作为教育过程的核心或有效学习的依据，对于跨单元、跨学科的学习具有重要作用。本案例将项目式学习引入创意机器人教学中，能有效培养学生的动手能力、逻辑思维能力、创造能力和协作能力。机器人课程是一项复杂的课程，让学生在活动中设定活动目标、掌握学习方法、建立良好的工作程序是成功的必要保证[4]。

### （三）思维导图

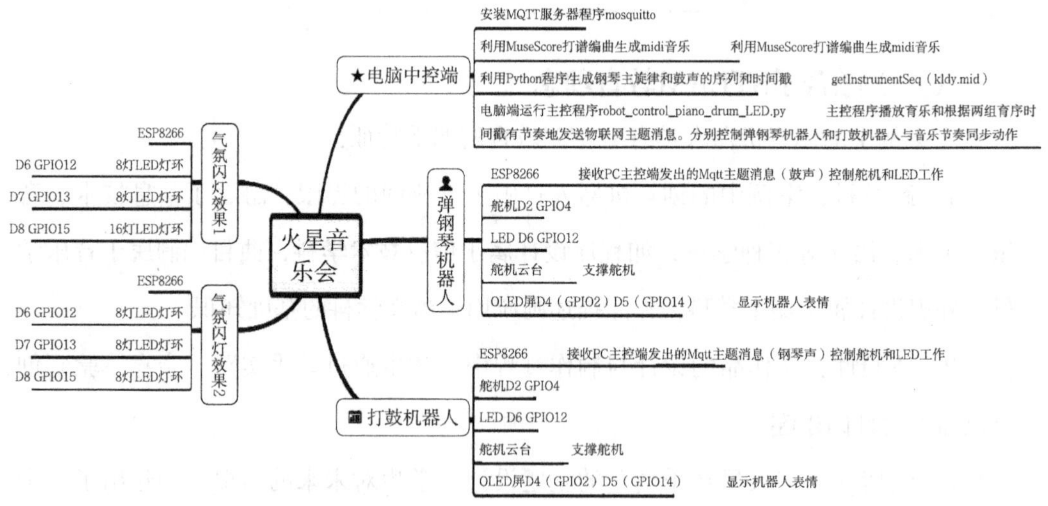


图1　音乐机器人的功能结构思维导图

### （四）音乐机器人功能的实现与编程技术

本项目是基于Python程序设计开展的模块化项目式教学，程序模块分为电脑主控端、打鼓机器人端、弹钢琴机器人端、气氛闪灯效果端四部分。

1. 电脑主控端。

（1）安装MQTT服务器程序mosquitto。（2）利用MuseScore打谱编曲生成midi音乐kldy.mid。（3）利用Python程序生成钢琴主旋律和鼓声的序列和时间戳，用终端cmd运行命令：python .\midi2text\InstrumentSeq.py assets\kldy.mid，返回midi文件中所有音轨中指定音符的音高列表和对应时间戳的列表。

电脑端运行主控程序robot_control_piano_drum_LED.py，主控程序播放音乐并根据两组音序时间戳有节奏地发送物联网主题消息，分别控制弹钢琴机器人和打鼓机器人与音乐节奏同步动作。

2. 打鼓机器人端程序：ESP8266接收电脑主控端发出的MQTT主题消息（钢琴音序）控制舵机和LED工作；OLED显示机器人表情图片。

3. 弹钢琴机器人端程序：与打鼓机器人程序思路一样，修改主题消息即可。

4. 气氛闪灯效果端程序：主要随全彩LED灯环简单的七彩灯效和接收到主题消息的频率做出闪烁效果。

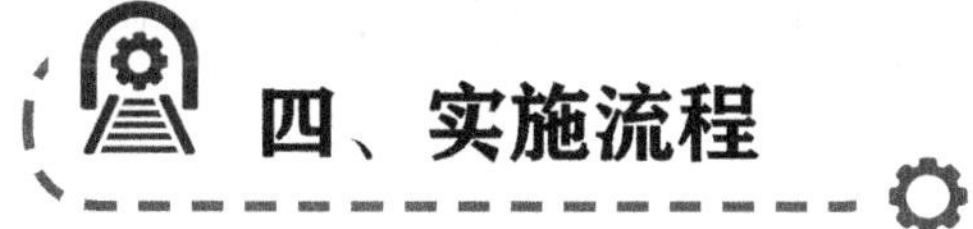

## 四、实施流程

### （一）教学准备

1. 场景灯光：2个单色RGB灯、3个8灯LED灯环、1个16灯LED点阵、2条8灯LED灯条。

2. ESP主控板：2个ESP8266、1个ESP12F、1个ESP32。

3. 机器人硬件：4个舵机、2个云台、1块OLED屏。

4. 外观设计：KT版、纸巾、雪糕棒、筷子、超轻黏土、颜料、废旧塑料盒等。

### （二）课时安排

由于本次任务的难度系数较高，考虑到学生的学习基础和年龄阶段，特训营活动课时计划共8天，其中项目内容的培训学习课时4天，项目作品设计制作课时3天，展示交流课时1天。

ESP8266主控板

舵机

LED灯环

云台

OLED屏

图2　机器人元器件实物图

## （三）项目学习，分步实践

2021年创意机器人特训营活动以线上线下“双（多）师型”远程会议直播的教学模式开展，线上教师讲解项目主题相关知识，线下教师辅助学生实践指导。具体学习过程如下：

**第一天：**

1. 围绕项目主题“机器人与音乐”所需的软硬件进行编程环境搭建和设备调试。

2. 上午线上教师讲解“智能机器人技术研学——音乐机器人”。

**学习目标：**（1）学习机器人和人工智能的基本原理。（2）掌握机器人和人工智能的基本编程。（3）综合运用软硬件知识，研究并设计机器人乐队。线下教师辅助学生进行实践操作，最终每组需提交机器人乐队创意设计初稿并进行展示汇报。

3. 下午线上教师讲解“Python基础知识和Python编曲生成音乐”。

**学习目标：**（1）了解Python基础知识。（2）掌握Python基本操作。（3）理解音乐基础知识。（4）学会Python编曲以及生成音乐。再由线下教师辅助学生进行实践操作。

**第二天：**

1. 上午线上教师讲解“嵌入式编程——ESP8266编程基础”。

**学习目标：**（1）了解机器人控制器。（2）学会软件安装。（3）学会简单程序——闪烁的LED。（4）学会进阶程序——闪烁的LED。再由线下教师辅助学生进行实践操作。

2. 下午线上教师讲解“嵌入式编程——传感器模块”。

**学习目标：**（1）学会触摸开关的编程方法。（2）了解加速度传感器的编程方法。（3）了解“锡纸”触摸开关的方法。再由线下教师辅助学生进行实践操作。

**第三天：**

1. 上午线上教师讲解“嵌入式编程——执行器模块”。

**学习目标：**（1）学会OLED显示屏的编程方法。（2）学会 LED灯环的编程方法。（3）学会 RGBLED幻彩灯的编程方法。（4）学会蜂鸣器的编程方法。（5）学会舵机的编程方法。再由线下教师辅助学生进行实践操作。

2. 下午线上教师讲解“嵌入式编程——MQTT通信”。

**学习目标：**（1）理解MQTT的原理。（2）掌握MQTT服务器端——Mosquitto软件的使用方法。（3）掌握电脑客户端paho-mqtt的编程方法。（4）掌握ESP8266客户端MQTT的编程方法。再由线下教师辅助学生进行实践操作。

**第四天：**

1. 上午线上教师讲解“MuseScore生成音乐”。

**学习目标：**（1）学会MuseScore软件的操作方法。（2）学会使用MuseScore生成音乐文件。

2. 下午线上教师讲解“了解并使用Magenta Studio软件开启音乐”和“认识AI与深度学习——人工神经网络基础”。

**学习目标：**（1）了解Magenta Studio软件。（2）学会安装并使用Magenta Studio软件。（3）了解什么是人工智能和深度学习。（4）了解模型与参数的过程。（5）了解人工神经元模型。（6）了解人工神经网络算法理论。再由线下教师辅助学生进行实践操作。

图3　学生认真进行线上学习，并做好笔记

## （四）明确任务，引导创设

### 1. 引导学生进行作品设想

（1）教师引导学生结合时事新闻，围绕“机器人与音乐”主题大胆发挥想象力，记录自己的想法，通过与同学讨论，集思广益，确定设计题目。

（2）鼓励学生发散思维，上网查阅资料，与同学讨论制定实施方案。

（3）学生汇报交流讨论结果，根据火星探测器“天问一号”成功着陆的时事新闻，同学们一致确定本次主题为“火星音乐会”。

教师明确揭示了主题任务，从任务中牵引出需要解决的问题，引导学生进行头脑风暴，从多角度去寻求解决方案，这一过程融合了STEAM教育“以学习者为主体，以教师为辅导”的理念，充分调动学生的积极性和学习动机，为学生营造良好的学习环境，给予学生充分的空间和时间，大胆发挥自己的想象，通过发动学生的小组协作、讨论交流、发表想法，培养学生间相互合作交流的态度和能力，让学生能从问题本身出发去解决实际问题。

### 2. 进行项目制作，感受STEAM乐趣

（1）教师引导学生根据设定的情境，讨论需要解决的问题。

（2）学生讨论汇报需要解决的问题有布局要合理、外形要美观、灯光布置要合适、组装要稳固以及如何组装线路更方便合理、组装以后是否方便控制等。

（3）教师引导学生画出设计草图，并运用数学知识估算所需材料数量，可通

图4 学生明确任务安排，分工合作

过“因形选材”和“以形造型”的方法去选择外观材料对机器人进行装饰，设计外观的材料尽量能“变废为宝”。

（4）学生根据场景发挥想象力，画出外观设计草图，分工合作收集外观制作的材料，完成设计方案。教师明确安全问题和注意事项，学生分工合作、动手设计，教师巡回指导。

（5）在装饰设计方面，学生根据现有的材料大胆进行创作，如黏土的塑料盒形状酷似飞碟，因此想到用黏土将其装饰成飞碟的样式，进而又联想到飞碟的边缘是发光的，正好可以将其与灯环粘在一起做出灯光效果。一开始学生还未考虑LED灯应放置在何处才能发挥其最大的灯效，但经过反复试验后发现LED灯呈现出的是有动感的线性灯效，因此，学生马上想到将LED灯安装在机器人的手臂上，起到加强机器人动作的动态效果，如此一来，学生经过不断的实验，创新性思维就愈发的发散和有趣。

（6）请有音乐基础的学生编辑音乐生成MIDI格式音乐文件，以备通过程序代码把音乐文件转成数字序列，再通过MQTT编程技术有节奏地发布主题消息，从而有节奏地控制机器人动作和LED灯的闪烁。

（7）根据培训学习的程序设计内容，搭建MQTT服务器，编辑电脑服务器控制端程序代码和ESP主板受控端程序代码，把项目分步学习的程序代码综合起来调试合成机器人动作（控制舵机工作）和LED灯效功能。这部分工作由两名学生共同完成，边讨论边测试，并根据测试结果及时修改代码，这是整个作品创作的核心，也是难点，教师可给予指导帮助。

反复实验，锲而不舍，仔细观察，认真分析……这是学生的科学态度和钻研精神的体现。实践过程中学生的计算思维、编程思维、编程技术得到了锻炼，这是科学学习的体现。

一件优秀的创意机器人模型不能只重视功能的实现，还应具有精美的工艺与合理的设计布局，对于学生而言，制作外观需要的不仅仅是手巧和耐心，还需要精准的数学计算能力，每一尺寸都需要按精准数据进行裁剪才能实现完美的粘缝，在制作的过程学生的审美能力、数据分析能力和动手实践能力得以提升，也是STEAM教育中工程、艺术和数学重要的体现，而引导学生选择身边容易获得的材料进行创新加工再使用，既起到环保、节约的作用，又能激发学生的创新性和可持续发展的绿色环保理念。

图5　打鼓机器人造型和灯光细节

图6　飞碟造型和灯光细节

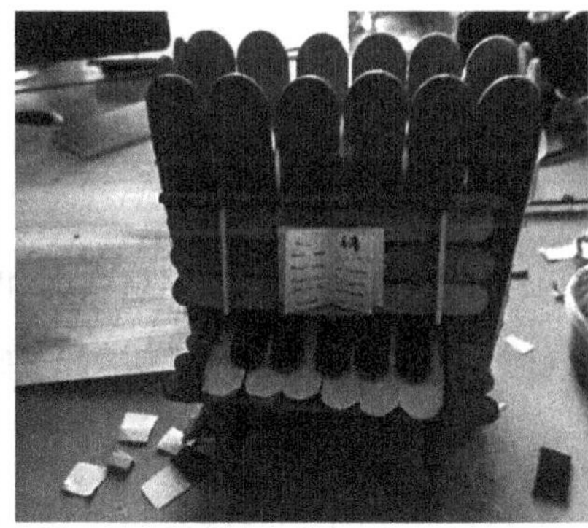

图7　环保材料制作的架子鼓和钢琴

## （五）展示交流，科学评价

1. 学生展示自己的作品，并制作PPT对自己的作品进行介绍和阐述，教师引导学生进行自评和互评，再整合学生的评价，给予完整的评价。

2. 学生分享自己学习的心得体会。

3. 小组讨论交流，提出该项目还可优化和改进的地方。

展示交流是一个重要的环节，在这个环节中，学生能够通过对比其他同学的作品全面地观察到自己的不足，还可以互相借鉴、互相学习交流。教师引导学生以自评为主、互评和师评为辅的方式进行三方位的评价，只有在展示中结合评价，学生才能对自己有全面的反思，根据评价让学生自行提出需要改进的地方，既能给学生一些拓展的空间，又能让学生养成及时发现问题、纠正问题的良好行为习惯，从而提高学习效率。

图8　学生作品展示

## 五、教育效果

项目式的创新教育过程是教师和学生在STEAM教育理念的带领下共同完成的一次体验之旅，获益良多。既能拓宽学生的思维深度和广度，又能拓宽知识的应用范围，提高学生跨学科知识迁移应用、综合运用各学科知识的能力，让学生从一次次的磨炼中总结出STEAM教育的内涵。本项目将STEAM教育理念与机器人教育进行融合，不仅能完善机器人教育，还能够解决当前机器人教育面临的一些窘境，这是一个新思路和新方向[1]，因此STEAM教育理念在培养创新人才上有着巨大的优势。

在活动过程中，学生的科技劳动信息素养有了一定的提高，学生认为："我体会到了现代科技的发达，未来会给人们带来更加便捷的生活，人工智能提升了我对科技的认识。我学习到了平常学习不到的知识，如编写物联网程序、嵌入式开源硬件编程等，也体会到现代科技的重要性。我实践了许多学科的知识，如文字组织和语言表达、工程规划和设计、美工制作和创意等，做了许多我不熟悉的事情，还学会了团队协作，加深了我与团队的友谊。"

表1　活动评价结果

| 一级指标 | 二级指标 | 三级指标 | 评分结果表现（A优秀；B良好；C待加强） | | |
|---|---|---|---|---|---|
| 文化基础 | 人文底蕴 | 人文积淀 | A√ | B | C |
| | | 人文情怀 | A√ | B | C |
| | | 审美情趣 | A√ | B | C |
| | 科学精神 | 理性思维 | A | B√ | C |
| | | 批判质疑 | A | B√ | C |
| | | 勇于探究 | A | B√ | C |
| 自主发展 | 学会学习 | 乐学善学 | A√ | B | C |
| | | 勤于反思 | A | B√ | C |
| | | 信息意识 | A | B√ | C |
| | 健康生活 | 珍爱生命 | A√ | B | C |
| | | 健全人格 | A√ | B | C |
| | | 自我管理 | A | B√ | C |

（续表）

| 一级指标 | 二级指标 | 三级指标 | 评分结果表现（A优秀；B良好；C待加强） | | |
|---|---|---|---|---|---|
| 社会参与 | 责任担当 | 社会责任 | A√ | B | C |
| | | 国家认同 | A√ | B | C |
| | | 国际理解 | A | B√ | C |
| | 实践创新 | 劳动意识 | A√ | B | C |
| | | 问题解决 | A | B√ | C |
| | | 技术运用 | A | B√ | C |

依据中国学生发展核心素养框架，培养全面发展的人是一项需要长期锻炼培养的育人工程。基于STEAM教育理念下的项目式教学实践有利于培养中国学生发展核心素养，培养全面发展的新时代中学生。就本次活动的评价结果分析，学生在文化基础方面：人文底蕴表现较好，科学精神的理性思维、批判质疑、勇于探究还有待锻炼培养；自主发展方面：乐学善学、珍爱生命、健全人格表现较好，勤于反思和信息意识还不够自主，需要教师引导，自我管理还需要提醒；社会参与方面：责任担当中对社会责任和国家认同表现较好，但国际理解方面还需放眼看世界，多了解国际新闻，实践创新的劳动意识表现比较积极，对问题的解决能力还需长期培养，技术运用能力一般，程序设计、编程思维、计算思维需要更系统更长时间的学习、积累、锻炼。

## 六、推广价值

本案例是STEAM教育理念下的项目式教学实践过程，创作的作品“火星音乐会”融合了多学科知识，在展示活动中荣获银奖，成效显著。但由于活动惠及的学生人数有限，此案例需再加以提炼和改进，化繁为简，在不影响整体设计思路和功能的前提下精减主控板和外设硬件，满足大班分组教学需求，技术应用方面继续发挥ESP8266的优势，以物联网应用编程为技术核心，普惠更多学生。因此本案例具有STEAM教育理念下的项目式教学的优秀案例示范作用，以及中小学STEAM创新教育的实践意义和推广价值。

## 参考文献

[1]刘玮松，刘海东，焦晓武，等. 中学机器人教育与STEAM教育融合探索[J]. 北京：中国教育技术装备，2017（10）：11-13.

[2]朱学彦，孔寒冰. 科技人力资源开发探究：美国STEM学科集成战略解读[J]. 高等工程教育研究，湖北：2008（2）：21-25.

[3]杨豪. 基于STEAM教育的小学机器人教育课程开发与实践[D]. 重庆：重庆师范大学，2018.

[4]李扬. STEM教育视野下的科学课程构建[D]. 浙江：浙江师范大学，2014.

## 专家点评

本案例以广东科学中心举办的2021年创意机器人特训为例，探索了一个机器人项目式教学实践。学生在学习机器人和人工智能基础上提出创意，制作机器人和舞台，编写机器人智能程序，实现了一个非凡的火星机器人演奏会。案例有两个突出亮点：一方面，实践主题是创造音乐机器人乐队，内容融合了科学、技术、工程、艺术和数学，真正体现了STEAM的理念；另一方面，活动采用专家线上辅导和教师线下辅导相结合的方式，是一个成功的活动模式实践案例，值得进一步推广。

# 基于STEAM教育的创意机器人项目式实践活动

## ——工业机器人项目实践活动

广州市增城区华商外语实验学校　梁德航

**案例简介**　本案例基于广东科学中心举办的第九届广东省创意机器人大赛——工业机器人进行活动设计，“以赛促学”的形式让本学习活动得以有效开展。本案例从教育理念、教学策略、课堂流程等多个维度阐述我校在开展机器人学习方面的经验和心得，为有意于探索创意机器人和创客项目教学的广大同行提供思路。

**关 键 词**　STEAM教育　创客教育　创意机器人　综合实践活动　通用技术

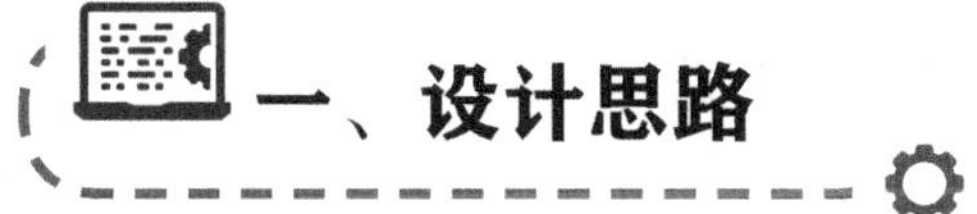

## 一、设计思路

### （一）设计背景

参考《广州市中小学人工智能课程改革意见》的内容，我校积极开展了创客教育，依托“STEAM”教学理念，结合实际情况开展实施了“5I”课程模式，即Integrated（全面的）、Individualized（个性化的）、Imperative（急需的，必要的）、Interesting（有趣的）、Inventive（有创造力的）。其中，在创客教育方面，

☆本文获2021年广东省“馆校结合”创意机器人创新实践教育案例征集活动一等奖。

我校教学目标是开好创意机器人和编程的培训课程，培养学生的创新精神和创造能力，引领学生搏击科技的浪潮。

### （二）设计依据

#### 1. STEAM教育理念

在现代教学中，实施素质教育的有效手段有多种，而STEAM作为新的教学理念在各国已逐渐普及应用，为各学科的教学提供了新的思路。创意机器人是我校开设的一门既有理论又有实践的社团课程，通过案例分析与教学，引导学生思考问题，学会综合运用各学科知识，充分发挥学科融合的作用，培养多种能力。

#### 2. 活动中心课程理论

以杜威为代表的经验主义课程论强调：（1）学生是课程的核心；（2）学校课程应以学生的兴趣和生活为基础，学生在课程开发过程中起重要作用；（3）考虑学生的身心发展次序，充分关注学生现有的经验和能力。

### （三）活动主题和对象

#### 1. 活动主题

第九届广东省创意机器人大赛——工业机器人。

#### 2. 活动对象

七年级、八年级机器人社团课学生。

### （四）特点和创新性

以机器人为主题的项目式实践活动，能更好地培养学生的创造性思维和工程思维，为教学设计提供了较好的思路和资源。

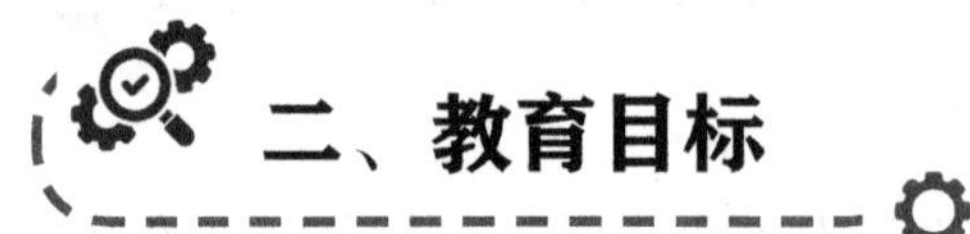

## 二、教育目标

### （一）知识和技能

1. 学习工业机器人的拼装，熟悉各零部件间的位置关系及结构功能，并设计制作出符合小组主题的传送带结构。

2. 理解各电子原件在系统中的工作原理。

3. 掌握工业机器人的电路连接及功能实现的程序编写。

4. 学会编写设计说明书。

### （二）过程和方法

1. 小组讨论设计主题，确定工业机器人的应用场景及相关功能。

2. 通过动手实践进行结构部件的组装，制作创意外观和创意传送带结构。

3. 学习Mixly编程软件的使用，实现工业机器人分拣工作的程序编写。

### （三）情感态度与价值观

通过创意机器人的学习，培养学生的动手实践能力、逻辑思维能力；培养学生团队协作的能力，在比赛过程中学会尊重与鼓励队友；养成下课前收拾教具和零配件的习惯，培养有条有理、有始有终的良好素养；在学习过程中逐渐激发学生对机器人学习的兴趣，思考未来职业方向；培养全面发展，面向未来社会的核心素养。

## 三、表现方法

STEAM教学是近年来各学校和教师正在探索的新教学模式，不同的学校和教师对STEAM教育有着自己的独特理解。一般来说，对STEAM教育的理解是从字母意义分为“科学（Science）”“技术（Technology）”“工程（Engineering）”“艺术（Art）”“数学（Mathematics）”，是将各学科有机结合的一种教学模式；而我校在STEAM教育和创客教育教学中则是将5个字母再次进行融合，理解为“用创造性思维和工程思维解决实际问题”的教育。在本案例的教学中，让学生进行了创造性思维学习和工程性思维学习。创造性思维学习是让学生通过发散思维、逆向思维、联想思维等创造性思维的方法，构思创意外观设计和创意功能设计；工程性思维学习，即让学生配合使用各类电子元件和控制器完成功能目标，在此过程中分析机器人系统并进行优化。

## 四、实施流程

在参加第九届广东省创意机器人大赛之前，学生已经在日常的课堂中积累了理论知识并培养了动手实践能力。因此，在本项目的教学过程中，教师的教学能够从容不迫，学生的学习能够轻松愉悦，形成了不以竞赛成绩为目的的教学氛围，在整个过程中不仅关注学科知识学习，更关注立德树人的培养。

### （一）机器人学习基础积累

我校每周开展2节社团课，由专职教师担任指导工作。

**第一阶段**：组织乐高机器人的学习。以乐高机器人为基础项目，组织学生完成“太空挑战”“足球机器人竞赛”等一系列活动。对于大部分没有创客和编程经验的学生而言，可以以此为起点，学习相关的结构搭建原理、机械原理、传感器原理、编程思维等方面的知识。

图1　乐高机器人项目学习

**第二阶段**：组织学生参加“第八届广东省创意机器人大赛——未来城市生活：无人驾驶车”竞赛项目。在2019年新学年，从培训学习到参加线下竞赛仅仅只有一个月的时间，在此过程中，学生以“无人驾驶车”为主题，从乐高机器人过渡到Arduino单片机的学习。逐步了解单片机的使用、传感器和执行器的工作方式、

Mixly编程的方法，学会解决问题的工程思维，学生以“试一试”“玩一玩”的心态参加了人生中第一次机器人比赛活动，为本次第九届的“工业机器人”比赛做了较好的积累与铺垫。

图2　学生参加第八届广东省创意机器人大赛

**第三阶段：**注重综合实践活动课、通用技术课的实施。除了关注本校社团课的实施，教师更应该发挥个人的特长，在日常普班教学中开展实践活动，如科学课、综合实践活动课、通用技术课等，这些是开展STEAM教育和创客教育最好的机会。我校在每月至少安排一次实验课的情况下，利用综合实践活动课和通用技术课指导学生开展了一系列创作项目，如使用木棍材料制作创意作品，利用纸皮制作创意房屋建筑模型、桥梁模型等，来学习结构学与力学的基础知识。在多个创作项目的学习中，让学生逐渐提升创造性思维和工程思维。此外，还通过开展电路焊接基础实操课，使学生在没有学习物理电学知识的情况下提前了解简单的电路知识，焊接能力在后续创意机器人活动中发挥着相当大的作用。

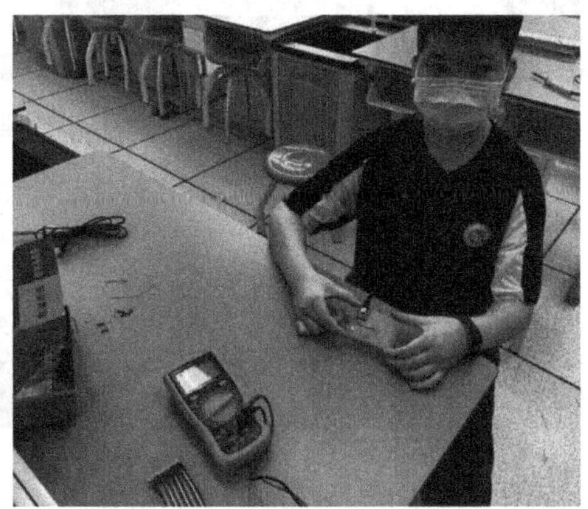
图3　综合实践活动中的电路焊接基础课堂

## （二）竞赛准备

**第一步：熟悉比赛规则与任务要求。**赛前准备的第一步应当是带学生一起熟悉比赛规则，对学生存在的疑问进行解答，让学生对未理解的规则进行提问。此外，梳理任务需求后，学生在教师的协调下进行分工，每个人重点负责项目中的1～2项任务，如程序编写、电路接线、外观设计、作品介绍等。

**第二步：准备创意方案及材料。**设计创意外观和创意结构是比赛中最具难度的一部分，创意主题决定了机器人的功能、意义和外观风格。因此，如何引导学生想出有创意的主题是关键性的任务。在创意部分，我校采取的策略是"头脑风暴"+"5W"（即"what、who、when、where、how"）引导学生思考创意。通过集思广益、深入探讨，让学生在小组讨论的过程中使用思维导图确定所做的机器人"是什么、给谁用、什么时候用、在哪用、怎样工作"。最后根据选择方案再次进行讨论，列出制作创意外观和创意结构所需的材料。

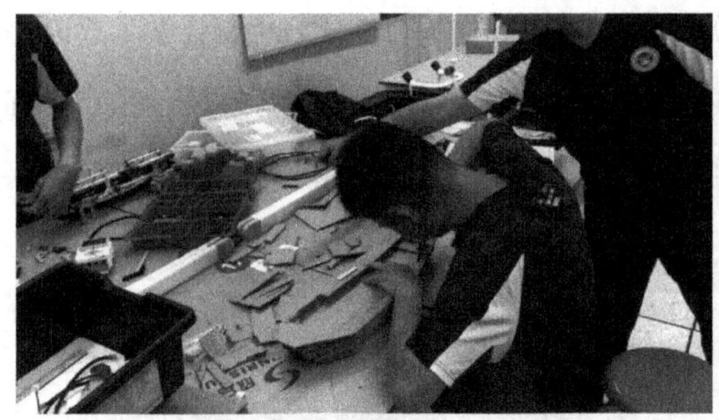

图4　创意外观设计与制作

## （三）专项学习

表1　第一阶段学习安排

| 序号 | 教学内容 | 设计意图 |
|---|---|---|
| 1 | 指导学生完成组装机械臂基座的任务 | 让学生了解每个零部件之间的关系，对整个机器人的系统组织有初步的了解 |
| 2 | 介绍单片机控制系统的工作方式和原理 | 掌握机器人各电子元件的控制方式 |

（续表）

| 序号 | 教学内容 | 设计意图 |
|---|---|---|
| 3 | 带领学生一起安装Mixly编程软件 | 通过亲身安装，当电脑出现故障需要重新安装程序时学生知道应当如何操作 |
| 4 | 讲解如何选择正确的端口和单片机板型 | 熟悉相关硬件 |
| 5 | 介绍杜邦线的分类、输入与输出设备的分类 | |
| 6 | 讲解红外传感器、光敏电阻的工作原理 | |
| 7 | 学习编写程序，让板载13号灯点亮 | 初步了解编程软件的界面和操作 |
| 8 | 学习编写程序，利用光敏电阻结合三色LED灯识别物体颜色 | 实现识别不同颜色方块的功能 |
| 9 | 学习编写马达驱动程序 | 实现机械推臂的控制 |
| 10 | 整合与优化程序 | 实现机器人的整体功能和联系 |

**表2　第二阶段学习安排**

| 序号 | 教学内容 | 设计意图 |
|---|---|---|
| 1 | 结合小组确定的主题设计传送带结构 | 培养学生的创造性思维能力，增强学生的团队协作能力，完成创意外观和结构设计任务 |
| 2 | 设计制作机器人外观 | |
| 3 | 指定规则，现场调试程序和让机器人推动不同颜色方块 | 强化学生对机器人和程序的理解 |
| 4 | 教师改变学生所编写的程序和机器人的电路接线，要求学生检查出错误并进行修改 | 训练学生遇到问题的处理方式和应变能力 |
| 5 | 编写创意说明，并进行介绍和模拟答辩 | 增强学生的表达能力和对作品的认知 |
| 6 | 列出比赛所需设备和材料清单，小组合作进行整理打包 | 培养学生的大局思维和关注细节的能力，学会收拾和整理项目材料 |

在本案例中，学生使用乐高零件设计并搭建出具有特色的传送带。在结构设计中，如何使用一个普通的TT马达带动60厘米长的传送带，并且能在上面放置方块后保持稳定并流畅运行，是学生最需要考虑的问题，也是教师做教学设计的难点。

图5　学生使用齿轮传动设计的作品

关于齿轮传动的教学，在课程当中以“齿轮的分类”“齿轮的用途”“齿轮的相互作用”三个模块展开，并通过3个课堂任务将理论与实践相结合，让学生“学中做，做中学”，自主探索相关的物理知识并将创意物化。

**任务一**：完成表格填写。

表3　任务表格填写

| 参数 | 大齿轮带动小齿轮 | 小齿轮带动大齿轮 |
|---|---|---|
| 传递动力（产生扭力） | | |
| 转动速度 | | |
| 转动方向 | | |
| 施力状况 | | |

**任务二**：传动比设计。已知：有齿数为8齿、12齿、20齿、24齿的齿轮各一个，请设计出二级传动时传动比为1：5的齿数。

表4　传动比设计

| 总传动比：<br>$i1 \times i2$= | 一级传动比：<br>$i1 = Z1/Z2$ = | 二级传动比：<br>$i2 = Z3/Z4$ = | |
|---|---|---|---|
| 齿1数= | 齿2数= | 齿3数= | 齿4数= |

**任务三：**动动手，完成简易二级减速器的搭建。

图6　二级减速器搭建参考图

## （四）赛后反思与素养提升

在最后一课教师需要对学生日常学习和比赛状况进行总结，分析每个学生的表现并进行评价。如我校的参赛队伍，虽然最终在比赛中取得优异的成绩，但是在线上的初赛过程中，小组内是存在矛盾的。比如在机器人调试的过程中，学生相互指责对方出现的问题，以致在比赛的过程中小组的整体氛围不太愉悦。因此在反思课上，教师需要秉着公正的态度进行批评，阐明比赛背后的内涵应当是团结协助、迎难而上。同时，通过赛后的设备材料整理、课室的打扫清洁让学生明白他们才是课堂的主人公，是创客团队的一员，每个人都应肩负起共同的责任。

图7　学生共同整理学习材料

# 五、教育效果

## （一）第九届广东省创意机器人大赛成绩

在“第九届广东省创意机器人大赛——工业机器人”的活动中，我校师生凭着对机器人学习的兴趣与激情、对项目的努力和付出，最终在比赛活动中获得了一等奖、二等奖、教师园丁奖、优秀组织奖等多项殊荣，为日后在STEAM教育和创客教育中走得更远迈出了重要一步。通过整个项目的研究，能够永恒保存在学生心中的不仅仅是取得的成绩，更是在学习过程中掌握到的能力和获得的价值体认。

图8　我校参赛队伍荣获第九届广东省创意机器人大赛一等奖

## （二）荣获2021年广东省中小学科技劳动教育实践活动一等奖

通过参加第九届广东省创意机器人大赛，学生的理论知识、动手能力都得到了一定程度的提升。我校获二等奖的队伍希望能将本次竞赛所学的知识融会贯通，取得更高的荣誉，在赛后继续参加教育部门举办的其他竞赛活动。在广东省教育厅举办的2021年广东省中小学科技劳动教育实践活动中，该队学生为解决养殖与种植业在现实生活中人力投入大、管理难等问题，自主开发和设计制作了一套智能化的渔业、农业养殖系统，可通过手机实现自动控制模式与手动控制模式的切换，达到智能化管理的目标。该队伍凭借着锲而不舍的创新精神和勇于开拓的反复实践，最终在本次比赛评比中获"AI劳动实践项目"一等奖的优异成绩。

图9　我校学生参加2021年广东省中小学科技劳动教育实践活动的项目作品

## 六、推广价值

本案例的机器人实践活动能使学生更有效地构建创造性思维和工程思维，培养学生的综合素养，让学生做学习的主人。同时，本实践活动也是对STEAM教育和创客教育的一次成功探索，让我们更加坚信STEAM教育和创客教育会在未来教育中起着重要的作用，使教育回归到"发展人"的本质。

### 专家点评

本案例基于广东科学中心举办的"第九届广东省创意机器人大赛——工业机器人"活动设计，参考《广州市中小学人工智能课程改革意见》积极开展创客教育，依托"STEAM"教学理念，结合学校实际情况开展实施"5I"课程模式，与当前多学科融合教学要求吻合。

活动设计注重知识、技能、情感态度三维目标的融合，以提高学生学科素养为核心展开，利用通用技术课程学习为"馆校合作"项目开展打下基础，展示方式图文并茂，表达清楚有效。

以赛促学的形式让此综合性学习活动得以有效开展。案例从教育理念、教学策略、课堂流程多个维度阐述学校开展机器人学习的经验和心得。案例中用乐高积木作本项目前期铺垫，为学生学习机器人打下基础，具有一定的特点和创新性，为其他学校开展这项活动提供了经验。学校在相关比赛中也取得了优异成绩。

# 基于STEAM的创意机器人教育活动案例
## ——以广州市南沙麒麟中学无人驾驶车创意机器人教育实践活动为例

广州市南沙麒麟中学　林瑞金　黄瑶芬

**案例简介**　本案例是基于广东科学中心自主研发的智能交通——无人驾驶车创意机器人项目套件，面向中小学生设计的教育活动。本活动具有趣味性、知识性和创新性，兼顾了低成本、易普及和可操作性，真正让学生能参与、能创作，是青少年创新能力实践的合适载体。我校把智能交通——无人驾驶创意机器人项目引入课堂，作为我校的校本课程。课程中教师采用基于STEAM的教学模式实施教学，通过设计问题情境，让学生小组合作，综合多学科知识来解决问题，以期在活动过程中收获知识，培养能力，在相互的沟通交流中学会团队协作。

**关 键 词**　馆校结合　无人驾驶　创意机器人　STEAM教育

## 一、设计思路

### （一）设计背景

STEAM是以科学（Science）、技术（Technology）、工程（Engineering）和数学（Mathematics）为引导，并进一步植入艺术（Arts）的因素，以培养学生终身学

☆本文获2021年广东省“馆校结合”创意机器人创新实践教育案例征集活动一等奖。

习能力为目标，以跨学科整合的方式，将五门学科有机整合，强调了对实际问题的解决，鼓励学生在具体项目的研习中思考、探索、体验和收获。

目前的高中课程仍以分科教学为主，课程整合和跨学科教学的实践较少，我校以广东科学中心智能交通项目——无人驾驶创意机器人套件为载体，立足于跨学科探索，探讨STEAM教育理念在高中教育阶段开展创新教育的课程实践的思路和模式。

这些丰富多彩、有趣好玩又具有一定知识性和科学性的智能机器人项目活动，能够激发学生的科学兴趣，培养学生的科学素养、技术素养和创新能力，也为我校参加各项科技活动培养了优秀的后备力量。

### （二）设计依据

#### 1. 互帮互助，尊重差异

在机器人基础理论课程的学习阶段，要求每个学生都要学习基础的计算机编程知识，但同时也尊重学生之间的差异性，在学习中遇到问题时，允许并鼓励学生互帮互助，找出问题并解决。随着学习的深入，部分学生会在计算机编程上表现突出，而另一部分学生则可能会在硬件组装和外观设计上表现优秀，在这个过程中了解自己，也了解同学，为后期自由组队时找到更适合的小组成员做准备。

#### 2. 小组合作，共同进步

项目学习、问题解决、综合素养是STEAM教育的重要组成部分。项目学习是处理一个真实的问题情境，具有系统性和综合性的特点。单个学生视角单一，能力也各有长短，不利于项目的完成，小组合作的形式让学生可以自由地讨论、交流，相互交换自己不同的观察角度，再进行比较、分析以及综合，这样往往能碰撞出火花，找到比原本任何一个人都更好的方案。

### （三）活动主题和对象

1. 活动主题：通过“智能交通——无人驾驶机器人”项目作为载体，学习基础理论知识，再参加各项机器人比赛，运用所学知识，完成编程型智能机器人项目。

2. 活动对象：以社团招新的形式，向全校招收对机器人感兴趣的学生，由于套件数量的限制，一般控制在20人左右。

### （四）特点和创新性

我校机器人校本课程教学并不是单纯讲授编程方法，而是采用STEAM教学模式实施教学，与实际生活相联系，通过智能交通项目和智能家居项目作为载体，将科学、技术、工程、艺术、数学等科目进行有机整合，让学生亲自参与机器人各项功能的研发与实践，引导学生创造性地开展跨学科探究活动。在这个过程中学生逐渐建构起自己的知识体系，掌握了科学探究的一般方法和技能，提高了团队协作和交往能力，促进了语言和表达能力的发展，提高了科学素养、技术素养和创新能力。

## 二、教育目标

跨学科、跨领域的知识融合是STEAM教育的核心特征，STEAM教育通过整合多个学科和领域的知识与技能，为学生建立起相互关联的知识体系，让学生形成全面、系统的综合素质。所以，在创意机器人项目的实施过程中，我们应设定注重以真实的项目情境为载体，交叉运用多学科知识，相互协作、共同解决问题的目标。

同时，STEAM教育在实施的过程中应关注接受教育的学生群体有不同的认知水平、学习兴趣、学习能力、审美情趣以及不同的身体条件和行为能力等多种因素。

### （一）知识与技能

1. 了解电机驱动、红外对管、RGB管等常用的电子元器件，并能用它们实现常用的功能。

2. 掌握基础、常用的编程语句，能够使用Arduino编写的程序控制电机转动以及红外对管、RGB管等常用的电子元器件。

3. 了解工业设计和机器人外观构思和设计的常用方法。

### （二）过程与方法

1. 通过机器人的组装、电子电路的连接、创意外观的构思和设计，培养学生的动手能力、协作能力以及好奇心和想象力。

2. 通过机器人的调试、检测过程，熟悉机器人常见的故障，分析故障发生的原因，以及运用控制变量逐个排查的方法。

3. 通过自主探究设计机器人来解决实际生活问题，培养解决复杂情境问题的思维方式，提升跨学科综合能力、真实情境问题解决能力。

### （三）情感态度与价值观

1. 在项目完成过程中，通过与同伴沟通、交流，学会团队协作和与人分享。

2. 通过不断的调试和出错的过程，培养学生严谨的科学态度和扎实进取的毅力。

## 三、实施流程

本项目实施的过程，主要以我校每周一次的社团活动为保障，参加人员主要有我校科技游戏联盟社团的成员及社团指导教师，授课方式为任务驱动结合实例讲授，让学生进行分组合作并共同完成项目。

### （一）第一阶段：初识机器人的世界

1. 通过视频材料，向学生介绍机器人的发展历程与构造。

2. 播放往届科学中心创意机器人大赛的视频，让学生了解比赛时自己要做的是什么样的机器人。

### （二）第二阶段：机器人技术和理论的学习

将无人驾驶创意机器人项目引入课堂，引导学生思考智能交通——无人驾驶车的功能有哪些？这些功能将如何实现？学生以小组合作方式自主探究学习各种传感器功能以及其他相关知识，最终完成作品。学生具体完成的任务如下：

#### 1. 拼装无人驾驶小车

用提供的材料拼装完成无人驾驶小车，并完成动力系统（电机）和控制系统（芯片）的线路连接。主要锻炼学生对机器结构的感觉以及使用工具、沟通协作方面的基本能力。

#### 2. Arduino软件的安装和编程实现LED灯的闪烁

主要是让学生学会安装和使用Arduino软件，并通过自己编写和优化闪灯程序，知道一个完整的Arduino程序的基本结构：setup（ ）函数和loop（ ）函数以及Arduino程序的基本语法。

3. 编写程序实现无人驾驶车的前进、后退、左转、右转和停车

编写程序，控制任务1中拼装的无人驾驶小车能够前进、后退、左转、右转及停车。前进后退比较简单，学生基本能自主编写，转弯的程序则要教师引导学生自己把程序的逻辑想清楚，再尝试自主编写。

4. 编写程序实现无人驾驶小车沿墙行走

前面的课程主要是控制电机转动杆的方向和速度，几乎不受环境影响，调试比较简单，学生基本能够比较顺利地完成。但这部分内容，因为红外对管容易受到自然光的干扰，调试的难度开始增加。这是无人驾驶小车项目的第一个难点。

（1）小车硬件的安装。取一对红外对管，并固定在小车的右侧车灯位置（先不用胶枪固定，方便调试时调整红外对管的角度），并介绍红外对管的基本原理。

图1 学生正在编写程序

（2）编写小车寻路的程序与调试。用红外对管的信号强度给车和路边线设置一个合适的距离，让车始终与路边线保持这个距离行走，当路右拐，车与路边线距离变大，调用右转子程序控制小车右转，直到车与路边线的距离缩小至设定的值，左拐逻辑相同。

这一逻辑看似简单，具体实测起来却发现有很多问题，学生需要根据调试时出现的各种实际情况进行讨论分析，或请教教师，找出可能的原因，并有针对性地进行排查与改进。比如车灯（红外对管）的安装位置，安装的时候一前一后没有对齐，导致环境光（早上和中午）会影响接收管接收信号的强度，从而影响芯片对小车的控制。这一环节会让学生认识到硬件的安装与编写程序同样重要，在安装硬件的时候一定要有科学严谨的态度。

（3）改进和优化：减小环境光的影响。在之前程序的基础上，进一步改进程序，减小环境光的影响，提高小车控制的稳定性。

5. 障碍物停车与红灯停绿灯过

在之前程序的基础上编写程序，让小车遇到障碍物能够识别并自动停车，遇到红灯能够识别并自动停车，变绿灯后启动并继续行走。

（1）硬件安装：取一对红外对管，装在车头正中作为前灯，用于检测与障碍物间的距离以及是否遇到红灯。

（2）程序编写与调试：车前灯发射管射出红外信号，如果前面遇到障碍物会有较强的信号反射回来，被接收管接收到，信号越强说明障碍物越近，通过设定某个数值，就能控制小车在遇到障碍物时会在合适的距离调用"停车"子程序自动停车，障碍物移开后自动调用"向前走"子程序自动继续行走。如果前面接收到红灯发出的红外信号，即调用"停车"子程序在合适的距离停车，否则说明是绿灯，继续行车。

程序慢慢地变得越来越复杂，且红外对管易受外界影响，使得调试的难度逐渐增大，出现的状况也越来越多，但恰恰是排查问题的过程，让学生无论在知识上还是在能力与技能上都收获了更多。

6. 编程实现倒车入库

（1）硬件安装：取一对红外对管，在车头中线的前部位置垂直地面安装，用于检测车库的位置（赛场会在路面上贴一条黑胶布标示车库的位置）；再取一对装在车尾，用于检测倒车时与车库墙壁的距离。

（2）编写程序与调试：这是智能交通项目要实现的功能中最难的一个，要考虑怎样编写程序才能让小车在检测到车库的黑胶布后，准确地倒进车库中，并且通过后灯检测判断倒车是否到位。这里需要引导学生把一个复杂的动作分解成几个小动作，逐步地实现这个功能。

表1　智能交通无人驾驶项目教学内容、知识要点和技术能力

| 序号 | 教学内容 | 知识要点与技术能力 | 课时 |
| --- | --- | --- | --- |
| 1 | 拼装无人驾驶小车 | 了解小车的结构，能选择合适的工具完成组装，在此过程中培养协作沟通与动手的能力 | 1 |
| 2 | Arduino软件的安装与闪灯程序 | 完成Arduino软件的安装<br>能用简单的程序控制LED灯的闪烁，并能根据要求对闪烁频率进行改进 | 1 |

（续表）

| 序号 | 教学内容 | 知识要点与技术能力 | 课时 |
|---|---|---|---|
| 3 | 控制小车前进、后退、左转、右转及停车 | 知道setup（ ）函数和loop（ ）函数，懂得在程序中使用变量<br>懂得前进、后退、左转、右转和停车的算法，如果实际情况出现偏差，懂得修改参数进行调试 | 2 |
| 4 | 控制小车沿墙行走 | 掌握红外对管的工作原理与电路连接<br>明白自动寻路的算法，能够写出程序实现自动寻路<br>实际调试中出现问题时，能够通过分析，找到问题并排除错误<br>在调试的过程中，培养学生分析问题、解决问题的能力，并在调试过程中逐渐形成严谨的科学态度 | 3 |
| 5 | 障碍物停车与红绿灯的识别 | 提高学生编写程序的能力，并根据智能小车的实际情况，分析并排错 | 3 |
| 6 | 倒车入库 | 知道黑胶带的作用<br>懂得通过分析，把复杂的倒车入库动作分解为几个简单动作，逐步实现倒车入库功能 | 3 |

## （三）第三阶段：外观设计

外观设计是创意机器人项目中重要的组成部分，一个好的外观设计，无疑能给智能机器人生命力，起到画龙点睛的作用。

如果说在前面的学习中，我们更多地侧重于科学、技术、工程和数学算法，那么在这一阶段正好是STEAM教育中艺术因素的具体体现，也是培养学生组内沟通协作很好的教育载体。

图2　学生根据安卓机器人制作的小安

图3　学生制作的机器人

## （四）第四阶段：学以致用，巩固提升，参加创意机器人大赛

广东科学中心主办的创意机器人比赛，提炼出实际生活中多种复杂机器人系统的核心思想，设计适合青少年的主题式普适型的教育机器人简化模型，每年的主题与时俱进，如智能交通、智能家居、工业机器人、陪伴机器人等，是学生发挥所学，在实践中巩固提高的极好的项目。

教师根据比赛主题开展项目教学，2～4名学生组成团队，根据主题进行问题分析、方案设计、作品制作、作品测试与完善。在这个过程中，小组成员进行合理分工，动手能力强的学生负责线路连接和作品结构制作，美工好的学生负责外观设计，编程好的学生负责程序编写调试，在广东科学中心统一提供的机器人基础套件上，加入自己的创意，完成独一无二的创意机器人作品。

图4、图5、图6是我校学生在完成基础理论课程学习后，参加历届创意机器人大赛制作的一些作品：

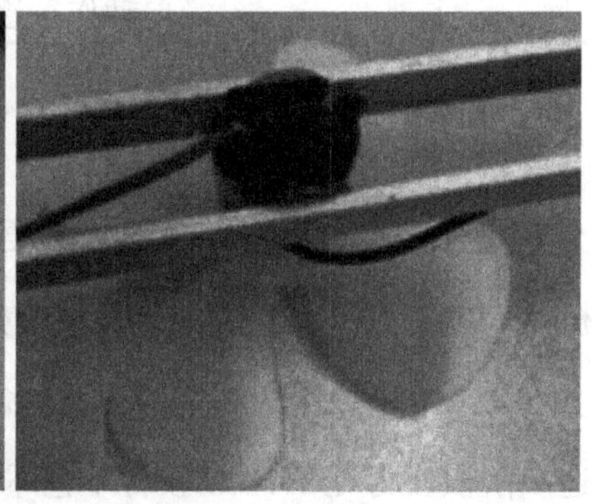

图4　第四届扫地机器人比赛中用一次性杯子、雪糕和小马达设计的吸尘装置雏形

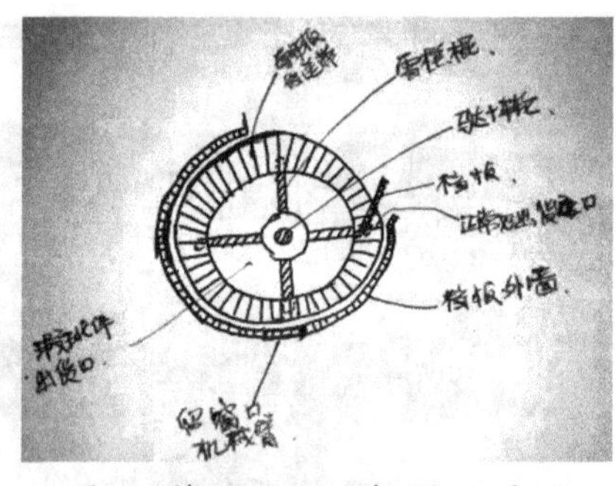

图5　第五届工业机器人圆形传送带图稿

图6　工业机器人传动装置传动测试

# 四、教育效果

## （一）比赛成绩

由于社团活动保障了稳定充足的学习时间，参与学习的6组同学都顺利完成智能交通——无人驾驶车项目，实现了智能交通项目所有设定的功能包括设计机器人的基本结构，编写基本的程序等，并在相关的机器人项目比赛中获得了较好的成绩。

表2　我校历届参加创意机器人大赛的获奖情况

| 第四届创意机器人大赛 | 一等奖1个、二等奖1个、三等奖1个、优秀组织奖 |
|---|---|
| 第五届创意机器人大赛 | 一等奖1个、二等奖1个、优秀组织奖 |
| 第九届创意机器人大赛 | 一等奖1个、优秀组织奖 |

图7　第四届广东省创意机器人大赛颁奖礼

图8　第五届广东省创意机器人大赛入场前合影

## （二）学生知识与技能的提升

1. 工具使用：学生从没有用过胶枪，不会使用电钻，变成后面用起工具轻车熟路。

2. 知识迁移：设计一个好的机器人，将会运用到非常多学科的概念与理论。通过机器人的项目式教学，学生会在设计与编程过程中，学习到如何实际地、有逻辑性地运用这些知识，动手的经验让学生更能理解并牢记这些概念，完成跨学科的应用。

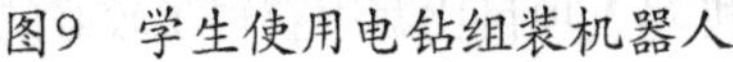

图9　学生使用电钻组装机器人

图10　垃圾分类机器人大赛中学生在维修机器

3. 能力提升：本项目提升了学生主动探索能力、动手能力、创新能力以及与他人合作的能力。

## 五、推广价值

本案例是我校社团活动的初次尝试，相关的理论学习和技术实践都有对应的校本教材和PPT课件等资源，内容丰富翔实，教学效果很好，得到了学生的认可和好评。

广州市南沙麒麟中学校本教材系列

Arduino智能机器人

校本教材

编辑：信息技术科组
通用技术科组
Arduino科技社团

感谢广东科学中心老师的培训！

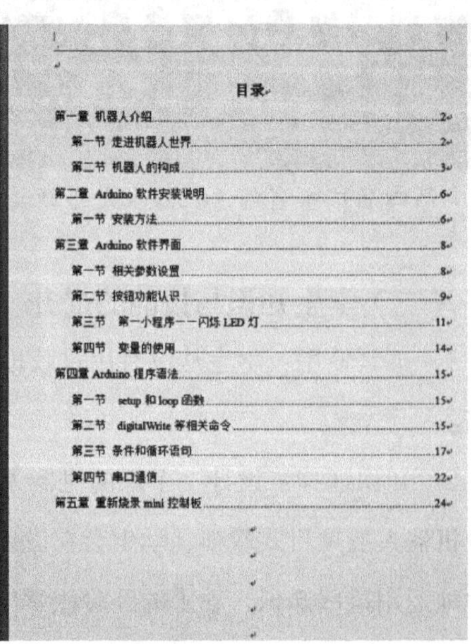

目录



图11　我校编写的智能机器人校本教材

创意机器人的主题套件具有低成本、易普及、易操作等特点，因此在套件上需要的投入不多，而且对学校的硬件要求也低，一个小的场地，几台普通的电脑用于编写程序，再配一些常见的工具如胶枪等即可，容易开展实施。

除了广东科学中心的创意机器人大赛外，现在省、市、区都有很多机器人主题的比赛机会和平台，学生能够在自我探究的道路上持续地实践并不断地磨炼、提升自我。

## 专家点评

本案例以无人驾驶车创意机器人为载体，利用学校社团活动课，深入挖掘、积极探索。通过教学实践，将创意机器人教育活动变成学校校本课程，成为提高学生综合能力的有效手段。

学校在多次创意机器人大赛中取得了很好的成绩，这些优秀成绩的取得并非偶然。通过本案例可以发现，教师在创意机器人项目实施过程中，努力创造学生自主合作学习的环境，让每一个学生都能发现自己的能力优势，并与其他学生取长补短，在合作中做到集思广益。这些不仅能够保证学生学习活动高效深入地开展，更能有效提高学生的学习能力和综合素养。

此外，在本项目实施流程中，教师将整体任务分解成4个阶段。其中第2阶段又分解为6个具体环节，每个环节都有明确的教学内容及知识要点和技术能力要求，而且有非常准确的课时安排。为了项目实施，学校编制了校本教材，对于每个课时的教学，教师都准备了课件及相关资源。这些措施都充分说明创意机器人项目作为本校的校本课程得到了真正落实。因此，本案例在创意机器人项目由竞赛活动转化为校本STEAM课程方面具有很好的推广和参考价值。

# 黑白之间，通往终点的道路就在旁边
## ——无人驾驶车创意机器人教学实践活动

广州市增城区凤凰城中英文学校　祝乔　林纯敏

**案例简介**　本案例基于广东科学中心自主研发的无人驾驶车创意机器人套件进行研究，主要的设计思路：结合STEAM教育理念，以项目式探究为主开展教学；结合"5E"教学法，以学生为学习的主体和活动的中心，教师是指导者和帮助者的角色。本案例创新点在于STEAM项目评估、概念驱动、任务驱动、非线性需求教学等教学方法的结合应用。

**关 键 词**　馆校结合　STEAM 教育理念　"5E"教学法　无人驾驶车

未来的教育在向着智慧教育、人工智能教育方向发展。作为信息技术教育者，在让学生体会到科技给学习生活带来便利的同时，也要让学生了解人工智能相关的课程内容，这有利于让学生在学习中学会发现问题，寻找解决问题的方法，并通过验证，最后学会解决实际问题。在这一过程中让学生形成解决问题的逻辑框架并掌握如何解决未知问题、应对未知的挑战；培养学生的创新精神、爱国主义精神，促进学生为国家科技事业贡献一分力量。

---

☆本文获2021年广东省"馆校结合"创意机器人创新实践教育案例征集活动一等奖。

# 一、设计思路

## （一）设计背景

第八届广东省创意机器人主题套件为无人驾驶车，竞赛规则提到，无人驾驶车巡线地图内线与巡线地图外线分别有不同的得分比例（如图1所示）。

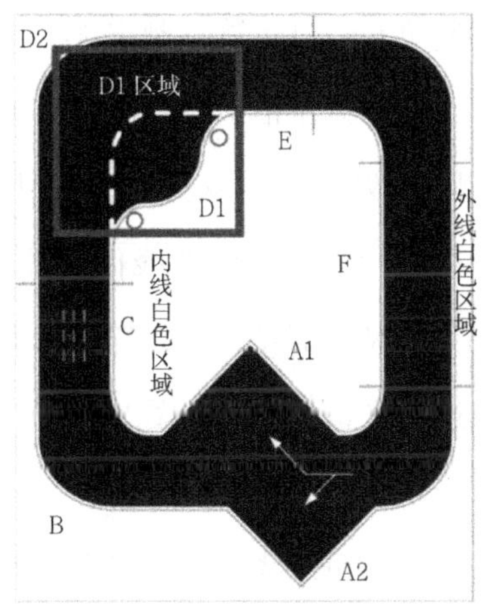


图1　无人驾驶车巡线地图

赛事要求参赛学生通过单边巡线完成赛道的行驶过程。在无人驾驶车组装完成后，如何控制无人车在指定的黑色区域道路中正常行驶？它的原理是什么？掌握双边巡线传感器的工作原理，是参赛学生完成比赛的基础。无人驾驶车在行驶到特别区域D1时，如何让它在引导线不完全的情况下，也可以快速准确通过？掌握多巡线传感器的使用方法，是赢得加分的关键。

该案例旨在让学生明白双边巡线传感器巡线的原理，并过渡到理解单边巡线的不同机制，最后通过单边多巡线传感器完成高精度单边巡线任务。

## （二）设计依据

### 1. 原理机制

无人驾驶车在行驶过程中，需要使用一种安全的驾驶原理机制，来控制无人驾驶车在正确的道路上进行正常安全行驶，巡线传感器就是自动驾驶的眼睛。通过巡线传感器的引导信号，配合控制单元这个大脑，来给无人驾驶车传送正确的行驶指令，并使用巡线传感器持续为控制单元提供稳定的引导信号，是无人驾驶车稳定安全驶向终点的关键。

无人驾驶车在行驶过程中，通过使用多个巡线传感器提供的有效信号，提交到控制单元进行相应的逻辑运算；通过编程，让处理控制单元正确地判定巡线传感器提供的有效巡线信号，是成功通过无正常引导线的D1区域的关键。

无人驾驶车正常巡线时，控制单元通过巡线传感器1传递的有效信号进行正常的巡线，控制无人车正常行驶。当经过无正常引导线的D1区域时，巡线传感器1信号丢失，巡线传感器2、巡线传感器3介入，通过多传感器的介入辅助，控制单元经过运算，判定无人驾驶车是否还在无正常引导线区域。如果是，则接收2、3号传感器的辅助信号进行巡线行驶，直到巡线传感器1发回正常的巡线信号，无人驾驶车即按正常巡线状态行驶（如图2所示）。

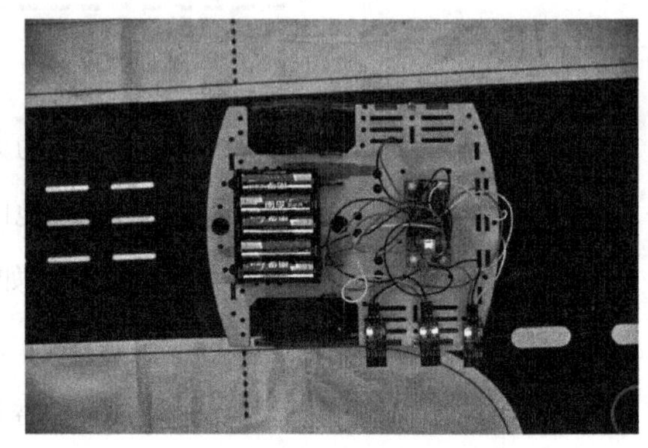

图2　单边多传感器巡线图

2．"5E"教学法

"5E"教学法是STEAM课程的一个重要特征。"5E"教学法十分注重教师的教学行为与学生的学习行为协调一致，在这两者的行为中，学生是学习的主体，是活动的中心，教师是指导者和帮助者的角色，教师所做的一切，都是为了促进学生更好地探究从而获取科学的概念。

3．STEAM教育理念

本案例结合STEAM教育理念，以项目式主题探究活动为主，用科学探究方法和工程设计方法，帮助学生运用跨学科知识和技能解决生活中的实际问题。

## （三）主题和对象

1．活动主题

无人驾驶车的搭建。

2．活动对象

我校5～8年级的学生。对于我校的小学生，由于他们刚接触积木式搭建的编程课程，对无人驾驶车的编程原理了解尚浅，因此，如何让他们掌握双巡线传感器的巡线原理机制，是本次教学的重点。在学习双边巡线的原理后，学生继续理解掌握地图外线巡线的机制原理，确保参赛选手能完成整个比赛内容；对于我校中学生，学生对编程有一定的了解，因此要求学生必须完全掌握多巡线传感器的工作原理机制，通过多巡线传感器的工作原理，能最大限度地获取比赛中的加分项，从而取得较好成绩。

## （四）特点和创新性

### 1. 结合STEAM教育理念，实行STEAM项目评估

首先，教师在项目过程中以学生为中心，把过程性评价与终结性评价进行有机整合，比如学习过程中通过课堂观察，任务成功展示，学生笔记、报告、小测等不同的评价方式对学生进行过程性评价；在项目结束时以期末测试对学生进行终结性评价。其次，在课堂上强调多元主体共同参与评价，其中包括教师评价、学生自评、小组互评等。最后，除了评价学生对学科知识的掌握外，还需要评价学生应用知识解决问题的能力。

### 2. 在教学过程中，采取任务驱动法

教师主要引导学生去分析问题，寻找解决问题的方法，验证方法的可实行性，从而使用验证的方法解决问题。教学过程中，学生花费时间较多的任务之一是对传感器的位置安装调试：通过对比传感器在不同位置时对程序的影响，找到传感器安装的最优位置。学生通过探究实践，不断调整单元驱动左右电机的速度，这一任务的完成效果将极大影响无人车正确响应的时间。

### 3. 在教学过程中，体现学生主体性，教师负责引导辅助

教师在教学过程中对学生提出的各种猜想，不予以直接的答复。让学生自己通过运行程序后进行判断，在通过实践解答自己的疑问基础上，教师在课堂上进行引导，确保学生找到解决问题的方法，不偏离教学整体框架。

### 4. 问题驱动，分层教学

学生在学习的过程中会遇到各种问题，发现问题、寻找解决问题的方法，再通过实践检验解决问题的方法的可行性。

主要问题1：无人驾驶车行驶的路线是S字形，如何实现对于无人车的控制？首先，我们要引导学生了解巡线传感器的工作原理，当巡线传感器检测到白色与黑色时，它会分别输出1和0的高低电平（如图3、图4所示）。当左巡线传感器传回高电平时，表示左轮已经到达白色区域，此时控制单元降低右轮速度，提升左轮速度，

偏右行进；当右巡线传感器输出高电平时，表示右轮进入白色区域，这时控制单元降低左轮速度，提升右轮速度，偏左行进，修正无人驾驶车前进路线。控制单元通过接收到巡线传感器发回来的高低电平，判断巡线传感器当前所在的位置是在白色区域还是黑色区域，通过驱动左轮或者右轮的快慢来引导无人驾驶车转向，让无人驾驶车一直行驶在特定的区域中。

图3　传感器在白色区域

图4　传感器在黑色区域

主要问题2：在学生掌握了双边巡线的原理后，需要解决如何实现只用一个传感器的单边巡线机制这一问题。当安装在左边或者右边的单个巡线传感器传回高电平时，无人驾驶车一直持续偏向左或者右行驶，解决问题的办法是让无人驾驶车向偏右或者偏左的反方向行驶极短的一段时间，然后继续在偏向左或者右方行驶，持续上面的行进路线直至终点，我们可以发现无人驾驶车行驶的路线是“之”字形的，这一原理是学生需要理解掌握的难点。利用软件算法来减少对硬件的依赖，通过这个事例可以引导学生明白：合适的程序算法可以提升无人驾驶车的运行效率以及避免因硬件故障而影响无人驾驶车的正常行驶。毕竟，在保证基础硬件设备完善的前提下，硬件使用越少，出现故障的概率越低。

主要问题3：解决完只用一个传感器的单边巡线机制的问题后，教师通过展示无人驾驶车经过比赛地图D1区域时，巡线传感器因无法正确识别区域，而出现失控情况，从而引发学生思考当无人驾驶车出现一直循环旋转的问题时要如何解决。教师这时可以引入单边多传感器介入辅助巡线，从而让无人驾驶车完成正确巡线，这是参赛学生必须要掌握的知识技能。

### 5. 非线性需求教学

在“巡线的原理机制”教授过程中，常规采用的解决方法：左右巡线传感器将黑色路线包含在中间，通过左右巡线传感器内侧的光电信号来检测，并判断无人驾驶车是否一直行驶在正确的引导线上。如果以比赛的竞赛规则来教授巡线机制，是无法实现这个效果的，无人驾驶车的宽度会超过竞赛规则的要求，它们是相互矛盾的。所以要教授巡线机制，必须要换个思路，让学生明白巡线的原理：通过巡线传感器的高低电平来触发驱动机制，并通过高低电平的触发去计算驱动左右电机马达的转动速度，从而保证无人驾驶车一直行驶在引导线区域内。

## 二、教育目标

### （一）知识与技能

1. 了解双巡线传感器巡线的机制与原理，使用合理的条件判断语句来完成双边巡线程序编写。

2. 在双边巡线程序的基础上，通过使用合适的算法，完成单边巡线传感器的程序编写。

3. 理解掌握多巡线传感器的逻辑运算，完成单边多巡线传感器的算法程序编写。

### （二）过程与方法

1. 通过小组合作，学会讨论、分析、调试机器人，掌握机器人调试的基本思路与方法。

2. 通过小组合作、主动探究学习，培养学生的能动性，运用ATL的学习技能，培养学生动手、思考和解决问题的能力。

### （三）情感、态度与价值观

1. 体会“知识迁移与比较”方法对学习的促进作用。通过学习实践，培养面对问题、解决问题的优良品质。

2. 通过不断分析，完善程序，锻炼逻辑思维能力。体验挫折感以及解决问题之后的喜悦。

## 三、表现方法

在教学活动中，结合STEAM教育理念，通过运用“5E”教学法，培养学生的动手、思考、交流等能力，促进学生全面发展。

在课堂上注重“概念驱动”，让学生通过概念的学习，从而运用概念思考问题、解决问题，锻炼学生的思维能力。

利用小组合作让学生进行头脑风暴并创作思维导图，主动去寻找解决问题的方法，在协助中完成任务，从而降低任务的难度等级，确保学生能完成学习任务。

## 四、实施流程

表1 项目导入

| 教学环节 | 教师活动 | 学生活动 | 设计意图 |
|---|---|---|---|
| 项目导入 | 播放无人驾驶公交、仓库无人驾驶车等视频 | 带着问题观看：这些车为什么可以在指定的道路上行驶？它们如何知道要行驶在指定的路线上的呢？ | 问题驱动学生进行思考 |
| 头脑风暴 | 引导学生进行讨论分享 | 学生思考，小组讨论，分享观点（可以上网找资料） | 培养学生的思考、分享能力 |
| 小结 | 无人驾驶车在指定的道路上行驶，因为它有自己的“眼睛”，可以看到指定的道路 | | 培养学生总结的能力 |
| 问题驱动 | 巡线传感器就是无人驾驶车的“眼睛”吗？它的工作原理是什么呢？可以猜想一下<br>展示：让巡线传感器分别在黑色和白色区域通电 | 学生观察它们的不同，讨论并分享猜想 | 科学教育，让学生直观了解传感器电子元件；问题驱动学生进行思考 |

**表2　项目实施**

| 教学环节 | 教师活动 | 学生活动 | 设计意图 |
|---|---|---|---|
| 概念驱动 | 讲解巡线传感器的工作原理，并在无人驾驶车左右两侧各安装一个巡线传感器进行展示（如图5、图6所示） | 学习、观察、思考 | 科学教育，让学生理解无人驾驶的工作原理；锻炼学生运用概念解决问题的能力 |
| 问题驱动 | 高低电平分别对应着传感器检测到黑色区域或者白色区域，检测的信号与驱动轮子的转向如何对应呢? | 思考讨论，通过思维导图方式呈现对应关系 | 问题驱动学生思考，借助思维导图整理思路 |
| 自主探究方案设计 | 师生进行讨论确定流程图 | 学生尝试写出程序执行流程图 | 锻炼学生使用流程图细化思路 |
| 问题剖析方案实施 | 帮助学生分析测试程序失败的原因：传感器信号与驱动轮的对应关系出错，程序编写有误等，引导学生进行修改完善 | 通过教师发放的操作指引，学生尝试动手完成双边巡线传感器的程序，并上传到无人驾驶车中测试是否可行 | 工程教育，实现人机互动，锻炼学生的探究能力 |
| 形成性评估 | 教师完成评价，指出学生问题 | 成功完成任务的学生在全班示范，并解说相关原理，强化理解巡线原理机制；其他同学学习或点评同学的观点、作品，并且做出评价 | 及时反思，发现问题 |

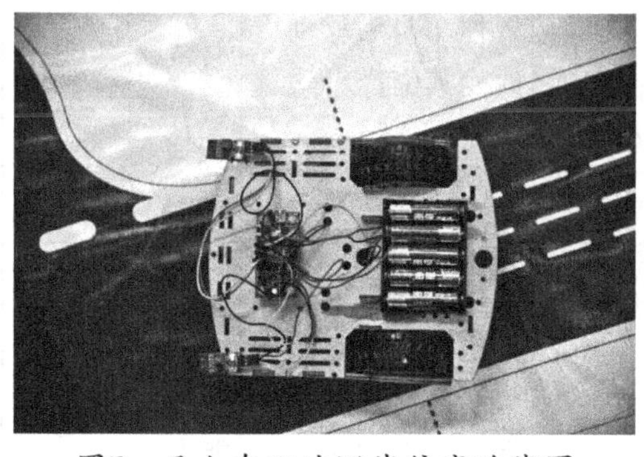
图5　无人车双边巡线偏离路线图

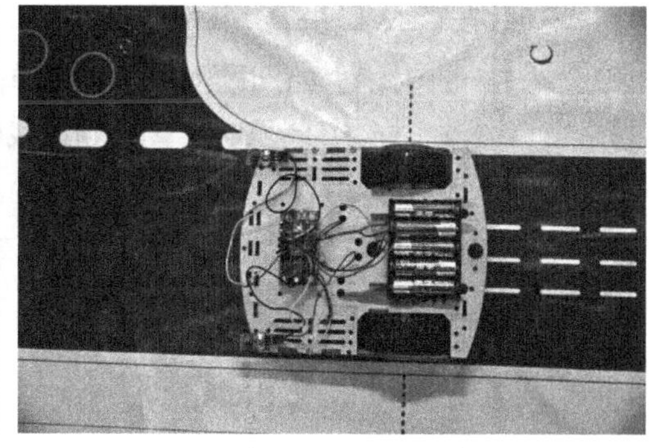
图6　无人车双边巡线正常巡线图

表3 项目拓展：单边巡线引导

| 教学环节 | 教师活动 | 学生活动 | 设计意图 |
| --- | --- | --- | --- |
| 问题驱动<br>头脑风暴 | 如何只使用一个巡线传感器来进行巡线行驶？ | 学生讨论、思考并绘制思维导图<br>学生对单边巡线原理进行猜想，教师辅助确认可行性<br>学生绘制程序执行流程图 | 利用问题解决问题 |
| | 师生进行讨论确定流程图 | 学生尝试写出程序执行流程图 | 锻炼学生使用程序流程图细化思路 |
| 知识迁移 | 巡视指导 | 学生尝试在双边巡线程序的基础上进行修改，完成单边巡线程序 | 给予学生尝试知识迁移的机会，锻炼学生知识迁移能力 |
| 问题驱动<br>问题剖析 | 学生将程序上传到无人驾驶车上，巡外线时普遍可以成功，但是巡内线时，无人驾驶车经过D1区域会失败，车子出现失控现象，该如何解决？ | 学生思考并回答问题<br>有学生提到：能否使巡线传感器的位置往车身后移动，改变其位置 | 问题驱动，培养学生解决问题的能力 |
| | 教师引导学生分析失败的原因，当丢失引导信号时可以怎么解决？ | | |
| | 针对学生的问题提出：控制单元是否在进入D1区域时会接收到巡线传感器发回的引导信号？ | | |
| 分析实践 | 教师引导学生进行安装测试 | 通过实践可知：此方法只是延迟了丢失巡线信号的时间，不能解决丢失信号后的失控情况 | 锻炼学生自主解决问题的能力 |

（续表）

| 教学环节 | 教师活动 | 学生活动 | 设计意图 |
|---|---|---|---|
| 问题驱动<br>自主探究<br>方案测试 | 是否还有其他的方法不丢失信号？<br>提示学生当巡线传感器进入到D1区域时，巡线传感器的信号丢失，那么有没有办法让巡线传感器不丢失信号呢？或者换个思路，有没有办法产生新的巡线信号给控制单元呢？新的巡线信号从哪里获取？ | 学生思考，能否增加新的巡线传感器用来获取新的巡线信号<br>学生进行安装，新增巡线传感器2，接入控制单元信号 | 工程教育，让学生学会硬件组装；问题驱动，培养解决问题的能力 |
| 能力提升<br>方案改进 | 硬件安装完成后，如何让多个传感器协同工作？巡线传感器2在什么时候代替巡线传感器1开始工作？巡线传感器1要在什么时候恢复信号引导呢？ | 学生思考，找到两个传感器的逻辑关系，引入逻辑运算<br>学生完成流程图，对照流程图完成程序编写，上传程序进行测试 | 数学教育，让学生思考逻辑关系；层层递进的问题，引导学生深入探究 |
| 形成性评估 | 教师完成评价，指出学生问题 | 学生演示作品，介绍制作思路；其他同学完成评价 | 及时反思，发现问题 |

**表4　极限引导，项目评估**

| 教学环节 | 教师活动 | 学生活动 | 设计意图 |
|---|---|---|---|
| 问题驱动<br>头脑风暴 | 无人驾驶车在经过D1区域时，即使使用了两个巡线传感器，但是成功率不是100%，那么要怎么样才确保100%的成功率呢？ | 学生分析通过率不为100%的原因：当空白线段刚好卡在两个传感器中间时，两个传感器同时丢失信号，这时就会巡线失败 | 数学教育，让学生通过实践进而考虑传感器间的距离；问题驱动，培养解决问题的能力 |
| | 如何解决这个问题？ | 学生分析，猜想方法：<br>①再增加传感器；<br>②调整两个巡线传感器的位置，确保经过D1区域时，两个巡线传感器的信号不会丢失 | |

（续表）

<table>
<tr><th>教学环节</th><th>教师活动</th><th>学生活动</th><th>设计意图</th></tr>
<tr><td>实践探究</td><td>引导学生按照猜想方法解决问题<br>设计并完成作品后，请学生在作品基础上进行模型外观的整理与改造，使其更美观更具创意</td><td>学生分别对两个方法进行验证，确定两个方法都是可行的，最终问题解决<br>完善作品模型外观</td><td>工程、艺术教育，培养学生的实践与审美能力</td></tr>
<tr><td>项目评估</td><td>教师完成评价，指出学生问题</td><td>学生展示最终作品，介绍制作思路，分享遇到的问题以及解决方法，完成自我评估表；其他同学进行评价</td><td>及时反思，发现问题</td></tr>
<tr><td rowspan="2">总结</td><td>你学到了哪些知识与技能？<br>在学习过程中，你是如何解决问题的？<br>你有什么特别的收获？</td><td>学生思考回答</td><td rowspan="2">让学生养成总结的习惯</td></tr>
<tr><td colspan="2">让控制单元持续地接收到巡线传感器传回的引导信号，是保证无人驾驶车不失控的正确解决方法。在机器人调试的过程中，我们遇到各种问题，通过分析问题，提出解决方案，进行实践检验，最终找到解决问题的方法，由此可得：在解决问题的过程中，我们需要大胆猜想、大胆实践，那么问题总会解决的</td></tr>
</table>

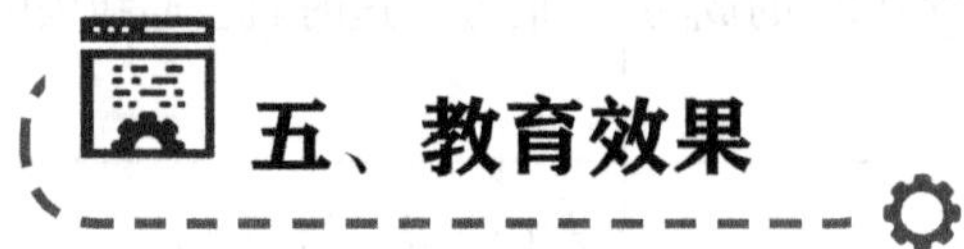

## 五、教育效果

我校师生一直大力支持并积极参与广东科学中心的活动，曾在比赛中获得过一等奖、三等奖的名次。通过参与这些活动，学生的动手能力有了极大的提高，自我管理能力明显提高，更具时间观念。

在比赛中，团队协作能力决定团队是否能完成最终任务。通过课堂的训练学习，我校学生在团队协作任务中具有很高的完成度。

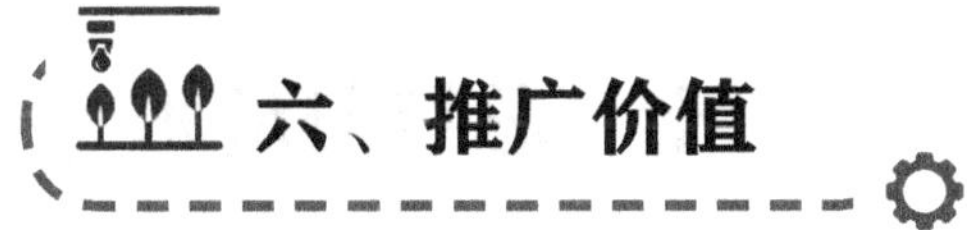

## 六、推广价值

### （一）可操作性强

本案例主要涉及教学方法的多样化应用，例如："5E"教学法、实行STEAM项目评估、问题驱动教学、概念驱动教学、小组合作探究，只要教师熟悉各种教学方法的开展形式以及应用特点，将其运用到课堂设计中，也可以设计出高质量的课堂，适用性较高。

### （二）借鉴性强，强化学生的逻辑思维能力

在本案例中，为促进学生学习与机器人相关的知识内容，教师设计了多种有效的教学模式与方法，有效地强化了学生的逻辑思维能力，锻炼学生将抽象化问题不断具象化，分解成多个小问题进行解决的能力。本案例中的多种教学方法不仅适用于机器人的教学，也适用于其他课堂教学，运用合适的教学方法能够使课堂更生动有趣，体现学生的主体性。

### （三）促进学生信息技术素养提升

本案例以项目的完成为主导，更有利于培养学生解决问题的能力；与此同时，多学科的介入将使得分析、解决问题的方法不再单一，学生通过多维度的视角思考问题，从而获取知识、技能，形成概念，并转化成自己的认知，使得学生获得解决未知问题的思维方法与信息技能。

### （四）通过案例的学习、设计与实践，提升教师的教学能力

教师通过创意机器人的教学，可以了解并发现适合的教学模式与方法，在实践中不断积累经验，为设计高质量的课堂教学奠定知识技能储备。

### （五）促进建设以信息技术为基础的、跨学科的校本课程

本案例中涉及科学探究方法的学习与使用，数学应用，工程学科的搭建，组装技术的应用，车型的艺术建造等多种学科的知识，通过这些学科的融合，学生可以从多维度去思考问题，应用周围的资源解决问题，通过案例的实施开展从而促进我

校学生信息技术质量的提高，促进学校跨学科校本课程的开发与应用。

## 七、总结与反思

本案例围绕“黑白之间”的巡线展开教学与学习研究，在设计上力求创新先进，结合STEAM项目评估、概念驱动、任务驱动、非线性需求教学等教学方法，为学生提供高质量的课堂体验。学生通过深入学习，掌握了如何让无人驾驶车自动识别黑与白，最终到达终点。通过本案例的实施，发现学生一有问题，第一个想法就是问教师，在未来的学习中，问教师不一定是最好的解决问题的方法，所以教师在教学中需要有意识地引导学生通过网络、小组协作等方式先让学生尝试自行思考问题、验证方法、寻找最优方法、最终解决问题。学生通过无人驾驶车的搭建不仅学会了去发现问题，寻找解决问题的方法，并通过验证，最后解决实际问题，同时也得到了德育熏陶，选择正确的“道路”，每个人都可以到达自己人生胜利的终点。

## 专家点评

该案例基于无人驾驶车套件开展活动，融合STEAM理念、结合“5E”教学法进行，并且较好地运用了项目式探究、任务驱动等方法，既符合实际，也有一定的创新性。活动中的无人驾驶车，在引导线不连续的情况下，如何实现正确巡线是其技术的关键点，也是该套件的亮点之一。针对该问题，该案例提供了详细的实施流程，由浅入深地引导学生进行探究，学生在活动中的主体性得到了较好体现，学生的参与度、主观能力性、动手能力无疑都得到较好的提升，从而也获得了较好的教学效果。综合来看，该案例有较高推广价值。

# 寓创作于实践中　注重创新教育

## ——STEAM教育理念下的工业机器人教学活动

广州市白云区棠涌小学　龙肖媚
广州市白云区加禾小学　吴俊煌

**案例简介**　广东科学中心STEAM教育创意机器人项目以STEAM教育为理念，倡导融合科学、技术、工程、艺术、数学等教育于一体，培养学生科技素养、综合素质和工程技术能力，通过开展师资培训、理论探索、课程建设、机器人成果评价等项目作为交流实践活动内容，并每年举办教学案例分享，形成交流理论成果，逐步建立了“馆校结合，创意机器人进校园”交流合作常态化机制。

**关 键 词**　STEAM教育　工业机器人　教育理念　创新教育

近年来，广东省科技厅和广东省教育厅加大力度推广、支持中小学校开展STEAM、创客教育，从政策保障、项目支持、师资培训、教学普及、专项特训、课程试点、交流合作等方面综合施策、系统推进，STEAM教育已呈百花齐放、蓬勃发展之势。

☆本案例获2021年广东省“馆校结合”创意机器人创新实践教育案例征集活动二等奖。

# 一、设计思路

## （一）设计背景

我校地处广州市白云区城乡接合部，创办于1945年，是白云区教育局属下的一所公办小学，校园幽雅舒适，育人氛围浓厚。学校非常注重学生终身科学素养培育，常年探索寻找一条可持续发展之路。近两年，我校抓住机会，结合广东科学中心开发推广的创意机器人教材内容，提出了一个与生活相关的真实情境，将问题镶嵌在生活情境中让学生进行自主探究、学习创作的创客学习模式，提升了我校师生科技项目专项素养。

学校创设了创意机器人工作坊，成员是以创客社团和第二课堂科普驿站小组四、五、六年级学生为主。此年龄段学生“好奇、好动”，探求新知欲望高，对机器人成品有一定接触，较熟悉；而对创意机器人相关电路原理与结构制作了解得比较少，基础弱，底子薄。随着我校一系列的创意机器人创客实践活动开展，校园科技文化氛围愈加浓郁，学生优点突显：动手能力强，创作思维活跃，团结协作素养好，并养成勤思考、善思考，勇于实践、善于创造，爱科学、爱劳作、爱钻研、善探究的习惯。活动开展收效明显，展现了人工智能赋能STEAM和创客教育的魅力。

## （二）设计依据

STEAM教育理念倡导跨学科式学习方式，将多种学科的知识融入与生活息息相关的问题中，引领学生像生活一样学习，在实践中把学习到的知识应用到探究世界相互联系的过程中。让学生通过机械配件、电路、传送带、主题背景下的创意外观等的作品制作及实践过程中遇到的问题，了解自主创作的基本过程，结合与教师的讨论、引导，进一步实践调试再设计，最终完善作品，达成相应任务的一个自主创作过程，培养我校学生创新思维[1]。

## （三）主题和对象

本活动的主题：STEAM教育理念下的工业机器人教学。以学校创客社团、第二课堂科普驿站小组等对机器人制作研究以及对新一代人工智能感兴趣、具有较好的创新思维和动手能力的同学为对象。

### （四）特点和创新性

1. 特点：通过校内科普活动开展，向全校师生广泛推广宣传创意机器人科技知识，掀起创新实践学习热情，辐射周边社区，逐渐形成爱科学、用科学的氛围，达到家、校、社融合。

2. 创新性：构建自主的、生活化的课堂，让创作融于学生动手实践活动中，培养学生创新能力。

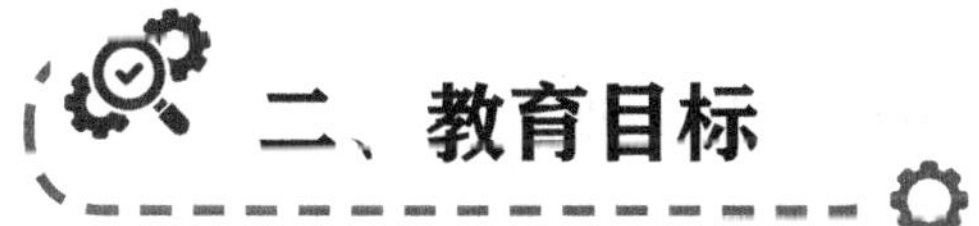

## 二、教育目标

### （一）知识与技能

1. 认识工业机器人机械结构设计、电路制作原理。

2. 了解掌握工业机器人相关传感器运用。

3. 了解认识工业机器人逻辑芯片原理。

4. 学习认识工业机器人控制原理，掌握工业机器人功能实现和调试的方法。

### （二）过程与方法

1. 通过工业机器人机械结构组装过程，让学生亲身体验劳动创造的成就感。

2. 通过工业机器人机电路、传感器、逻辑芯片的实践运用，让学生亲身感受科学技术的严谨性。

3. 通过工业机器人分拣货物功能的实现和调试，让学生感悟理论与实践紧密结合的重要性和劳动参与的趣味性。

4. 通过工业机器人创意理念酝酿、创意外观制作全过程，让学生体会机械实际应用生活化的魅力。

### （三）情感、态度与价值观

1. 通过解决实践过程中遇到的问题，提升学生交流与合作等能力，养成学生良好设疑、动手创作、探究习惯和团结协作等素养。

2. 通过机械配件、电路、传送带、主题背景下的创意外观等制作，开阔学生的思维，提升学生的审美观，培养学生的动手能力、创新能力，激发学生参与科技探究、创意学习的乐趣和热情。

## 三、表现方法

2020年赛事以"工业机器人"为主题，参赛选手需按要求合作完成设计和制作工业机器人和传送带，模拟智能工厂的生产过程，进行产品识别、加工等系列操作，并完成相应任务。

### （一）抓审题，围绕主题开展

每一次开展功能实践练习前，都有针对任务的具体要求，并注有提示，学生都可以看得懂。但问题是不少学生急于求成，不看要求拿起就做，效果往往不理想或有错误。针对这个现状，教学时笔者都会逐项提示讲解，对于熟悉的知识点，先设疑反问，要求学生先讲清楚先做什么，再做什么，最后做什么，无一遗漏后再实际操作。如："传感器"安装，基础型使用的是红外传感器，编程型使用的是光敏电阻+RGB全彩LED。安装位置及微调需要根据多方因素来定（与光线、色块运动速度等相关）。每次出现笔者都不厌其烦地指导学生按照要求不折不扣地操作，先动手实践组装识别，再不断调整识别，反复对比，最后定位。这样做能让学生掌握元器件间相互联系和协调的特点，也能让学生明白实践过程要细心、有序，否则就易出错，影响后续环节。

### （二）找规律，培养解决问题能力

基础训练项目多而杂，教师在教学时，不可能面面俱到向学生罗列出来。所以在教学中笔者很注意引导学生找规律，积累各种技巧。如"面包板杜邦线连接"这一类型的实验项目练习，充分利用导线的颜色是一个好习惯。通过基础实验，学生明白了线路连接一般两端接电正负极，行连通与列连通，为接下来学习完整电路连接打下基础。实践证明，学生掌握了解制作规律，收到事半功倍的效果。

### （三）攻难点，合理分配时间

每个基础实验项目都有几个关键环节，且难度不等。对于一些新出现、易出现的，难度较大的，体现本质性技术重点的环节，让学生要多花时间，重复实验，而对学生熟悉的其他环节的练习，简单带过，学生自己消化。如：进行分拣色块项目实验时，传感器检测到目标物体，要多长距离的感应（灵敏度）才能把检测到的色块分辨出来，并使操纵杆的伸缩长度刚好能将目标物体分拣出去或放过。这里学生进行了大量的实操练习，并且在进行实操过程中，传感器受不同的时间段的光线和各方面外在因素的影响，需要学生有很大的耐心进行反复的实践调试练习。在调试的过程中的每个微妙变化，学生都要观察到并且进行传感器和线路及推杆之间的调整，这个练习对学生的耐心和专注力都有很大的磨炼作用。这样合理地分配时间，才能达到预定的目标。

### （四）明要求，重联系

对于一些逻辑性强的实验，为确保学生练习到位，使学生的能力得到提高与发展，就要寻找出知识的难点与内在联系。相对小学生来讲，逻辑门芯片知识比较抽象，不易弄懂弄悉，从而容易造成电路接错，此处作为学习重难点，耗时较多，收效一般。因此，在教学时，要注重知识的巩固与拓展，克服盲目训练，达成预定目标为止。

### （五）从模仿到重新组合，引导创新

许多发明创造都是原有事物的再次发现和重新组合。因此，培养学生再次发现和重新组合知识的能力尤为重要。在工业机器人“传送带”制作时，从模仿到重新组合，注重培养学生的观察力和想象力。让学生仔细观察科学中心提供的现成传送带的运作过程，发现问题的所在然后细心模仿制作。在制作中可能会遇到装上制作好的履带的长度变长，剪短后的传送不是很流畅，有卡顿现象；运行时履带会出现一侧向外脱落现象等。学生通过模仿制作，对皮带限位件进行了改进，加高；履带用料的选材由纸质（易断）、胶材质（弹大），换到真皮（拼接难），最后用上地毯布料；传送带马达驱动由开始的双马达驱动及专用的电源供应调整为速度较快单马达驱动。这些都是学生通过尝试与体验，最后形成创新的一个过程。通过这个过程，学生即找到适合的传送带，又对传送带这部分机械性能有了进一步的了解，为以后自己的创作积累了最原始的经验。

## 四、实施流程

表1　教学实施流程表

| 教学环节 | 问题情境设置 | 设计意图 |
| --- | --- | --- |
| 生活情境导入 | 1. "机器人"的发展历程介绍<br>（1）机器人基本组成 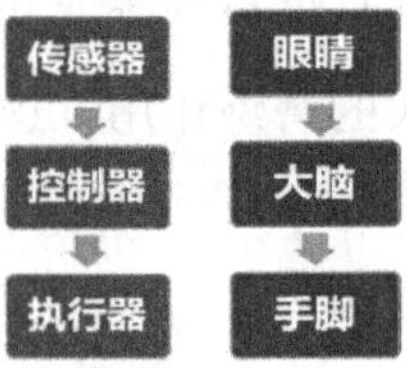<br>传感器 → 控制器 → 执行器<br>眼睛 → 大脑 → 手脚<br>（2）了解制造业主角工业机器人  <br>2. 引出学习主题：工业机器人 | STEAM教育是以项目学习为基础，问题解决为导向而进行的组织教学。从"电气时代"的工业生产到"数字时代"的视觉辅助、环境感知、数据收集再到"智能时代"的自然语言处理数据分析，人机交互无处不在。教学中，注意挖掘项目内在的乐趣，引导学生对身边的事物、发生的现象产生好奇心，激发学生用自己的思维来体验探知的全过程。让学生带着浓厚的兴趣开展探究学习 |
| 学习研讨 | 1. 了解材料包 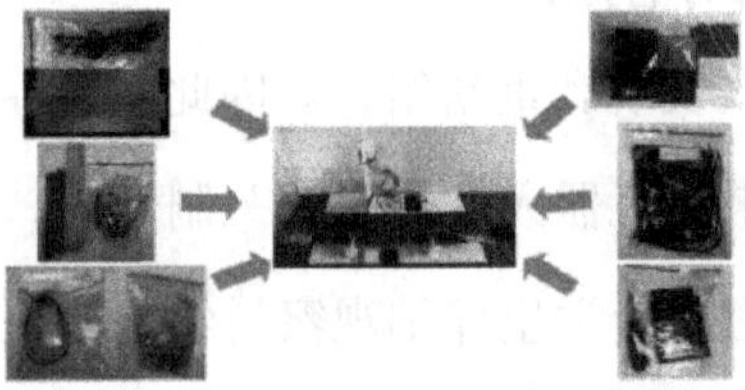<br>A. 师：同学们，知道所需材料有哪些？<br>B. 教师出示制作材料包<br>2. 了解电路原理 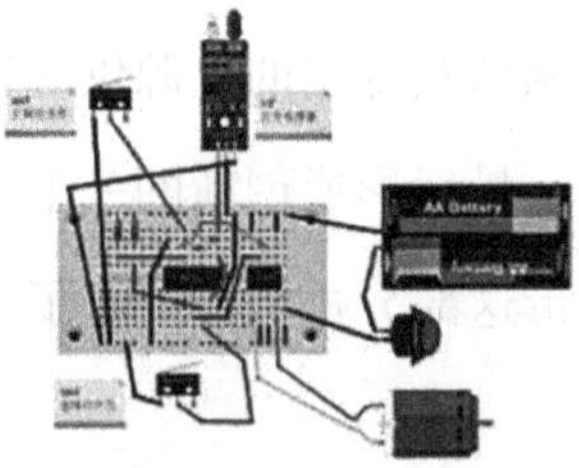 | 了解与归类项目配件，是进行实践活动的初始阶段<br>项目内容研究需要熟悉图示与意图，尝试各项功能。体验不同原理呈现的现状，尝试找出各类未知因素，探索各种解决问题的方案，寻求通俗易懂的方式、方法，让学生课前做到心中有数，在有限的时间里，达到最大实效的收获 |

（续表）

| 教学环节 | 问题情境设置 | 设计意图 |
|---|---|---|
| 自主实践 | 1. 教师引导：<br>师：同学们，想不想自己动手制作呢？拥有材料，我们应该先完成什么？<br>2. 任务布置：<br>电路部分；机器部分；传送带部分；传感器调试等。（根据教师给大家准备的材料，依据设计图模仿实验）<br>3. 小组成员领取制作材料，进行自主实践制作，如下左图。<br>（1）完整电路连接；（2）进行传送带创意制作   | STEAM教育的教学宗旨是让学生掌握解决实际问题的能力。在课堂中，学生为了解决某个问题，以小团体的形式自主开展项目学习，围绕作品设计的要求，进行设计、实验、观察、修改、讨论、试验等学习活动。教师针对过程中出现的问题，进行扶持引导。在此双边活动中，教师起到了引领学生综合运用科学、技术、工程、艺术和数学多门学科知识，并把这些知识进行整合、加工、升华的作用 |
| 交流评价 | 1. 小组内进行交流探讨 <br>2. 跨组参观交流 <br>3. 教师与同学们一起进行点评，调试<br>4. 说说影响传感器准确度的可能原因是什么？ | STEAM教育是以任务学习为驱动力的教学，注重过程的培养，但对作品成果的评价也很重要。学生经历一番的努力，对自己的作品很有期待，是否能达到要求，甚至超出想象呢？此时，教师组织大家进行成果展示，在小组和小组间，分别分析作品成功之处和须改进的地方。在此环节中，学生能客观评价，并学会尊重自己和他人的劳动成果，是我们的情感、态度与价值观教育正效应的展现 |

（续表）

| 教学环节 | 问题情境设置 | 设计意图 |
|---|---|---|
| 创意拓展 | 1. 说说你自己设计制作的工业机器人想解决什么生活问题，有哪些优点<br>2. 课后任务：观察周边工地、工厂的外观形象、文化氛围等 | 谈谈自己小组创意理念来源，深化对所学知识的理解，融会贯通；加入课后延伸，开阔学生视野，培养学生的发散思维和创新思维，实现深层次的学习 |

## 五、教育效果

回顾一学期“工业机器人”的教学实践，笔者深有体会：要让学生以后具备“首创前所未有事物”的创新能力，就要从小培养其创新意识、创新精神。我校在开展“实践中创作”的创新教育活动同时，也注重校园氛围宣传打造，为提升我校师生科技项目专项素养，展现人工智能赋能STEAM和创客教育的魅力助力。

### （一）开展策略探讨

#### 1. 教学活动开展适合学生生理、心理特点

教学内容选取与学生的生活相联系，与学生认知水平相适应的，具有趣味性、实践性、综合性的内容，通过课堂与现实生活的紧密联系，使学生在实践中发现问题、解决问题，不断激发学生的智力和创新能力。

#### 2. 从动手实验入手，增强学生创作能力

参与创意机器人制作实践探究源于学生的兴趣，充分利用学生的好奇心和求知欲。实践活动开展以不同难度实验操作为基础，循序渐进，结合科学、技术、工程、艺术和数学等相关知识，整合教学资源，提高学生的动手能力，也帮助学生建立系统的研究思路，逐步引入深层次教学内容。如进行分拣色块项目，先实验机械安装，在驱动下传送带能平稳走动；为达到按所需色块分拣控制的目的，再尝试面包板控制电路及传感器装置调试（考虑传感器敏感度的光线影响），进一步进行工业机器人总体外观、造型创意设计。

### 3. 促进各水平层次学生的均衡发展

开展STEAM教学，教学内容和教学方式根据学生的特点有所侧重，选取不同的教学方法，制定差异性的教学目标。本次活动对象侧重为小学高年级（四、五、六年级）学生，需要对学生的探究问题及解决问题能力进行培养，引导学生通过实践操作的方式来寻找答案。如竞速要求下，对工业机器人的稳定性及任务完成能力有很高的要求，如何安装辅助工具来达到最佳的机械稳定性，对学生解决问题能力有很高的要求。

## （二）展示的平台与活动效果

### 1. 科技节展示活动

在学校的科技节中，我校以此作为契机，将工业机器人展作为重点项目开展，推动广大师生参与科技创新活动。通过科技节，进一步引导我校学生积极参与科技教育活动，提升我校科技教育活动水平和科技模型竞赛水平，培养了学生积极动手、乐于探究的精神，促进我校学生科学素质的提高。

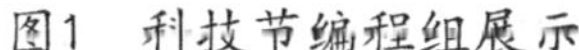

图1　科技节编程组展示

图2　科技节基础组展示

### 2. 结合防疫安全宣传活动

活动开展体现了科技人工智能与安全教育的结合。以防疫安全为核心的社会性发展在本堂课中得到充分体现，本活动中安全知识和科技创新教育相互融合、相互渗透，令人回味。选择生活化的内容，以作品编程组“机场防疫分拣机器人”、基础组“冷链进口食品分拣防疫机器人”构建自主的、生活化的课堂，实行生活化的教学，使科技教育在生活里萌芽，在生活里成长，在生活里结果。

3. 比赛检阅

积极组织队伍参加2019年第八届广东省创意机器人大赛白云区选拔赛、2019年第八届广东省创意机器人大赛、2020年第九届广东省创意机器人大赛白云区选拔赛、2020年第九届广东省创意机器人大赛等，让学生接受赛场的检阅。

图3 比赛裁判组

图4 编程组比赛现场　　图5 基础组比赛现场

4. 收获与成果

学校学生创意机器人团队在2019年、2020年连续两年获得广东省创意机器人大赛比赛资格。两位老师获得"园丁奖"。

在2019年第八届广东省创意机器人大赛白云区选拔赛中，获得一等奖1项、二等奖2项、三等奖2项。在2019年第八届广东省创意机器人大赛中以"独眼龙环保卫士无人车驾驶”获得广东省三等奖1项。

在2020年第九届广东省创意机器人大赛白云区选拔赛中，获得一等奖3项、二等奖1项、三等奖1项。有两队同时获得代表白云区参加广东省比赛资格；在2020年第九届广东省创意机器人大赛中，以作品“机场防疫分拣机器人”“冷链进口食品分拣防疫机器人”分别获得广东省二等奖及优胜奖；龙肖媚老师获得“园丁奖”。

**5. 辐射周边，共享资源**

我校在校内开展“创意机器人”教育的同时，也注重和周边兄弟学校资源共享，多次受邀前往棠涌小学进行交流教学，收效明显，达到让区域更多学生能体验“创意机器人”实践活动创造的魅力，激活学生的创新思维、创新意识和创新能力的目标。

## 六、推广价值

我校推行“自主、生活化”的创新教育课堂模式，在“实践中创作”提升我校师生科技项目专项素养，展现人工智能赋能STEAM和创客教育的魅力。紧跟广东科学中心科研步伐，让STEAM教育理念下的创客制作比赛活动，为提升我校家、校、社区结合，共筑和谐校园助力。

践行“引进来，走出去”策略，将好的技术理念引进来，把好的实践经验送出去，让区域更多学生能体验“创意机器人”实践活动创造的魅力，激活学生的创新思维、创新意识和创新能力，使学生的观察力、想象力、动手能力、艺术欣赏能力等得到发展，使学生的创造潜能得到开发。可以说“创意机器人”实践活动是以培养创新精神为目标的创新教育中的一朵小浪花，推广价值明显。

### 参考文献

[1] 王同聚：创客教育和STEAM教育有助于提升学生创新思维能力[J]. 北京：中国信息技术教育，2016（16）：66-67.

## 专家点评

本案例介绍了STEAM教育理念下基于学校创客社团和科普驿站小组开展工业机器人教学活动的情况。该校作为一所城乡接合部的小学，将创意机器人教育作为实施STEAM教育理念的一个切实可行的项目，通过开展师资培训、理论探索、课程建设、教学评价等丰富多彩的活动内容，按照抓主题—找规律—攻难点—明要求—导创新的表现方法，通过举办一年一度的科技节和举办教师的创意机器人案例分享会，为学生和教师搭建了展示交流的平台。常态化、社团化、课程化是本案例显著的特点，具有较高的推广价值。

# 疫情挡不住热情，鼹鼠机器人搭起“馆校结合”桥梁

## ——大墩中学第二届鼹鼠机器人比赛案例

佛山市顺德区大墩初级中学　吕琴梅　何美弟　谢仁花

**案例简介**　鼹鼠机器人是广东科学中心自主研发的一款仿生机器人，这款机器人小巧灵活，安装简单，非常适合中小学生机器人入门学习。我校2020年收到了广东科学中心赞助的30套鼹鼠机器人套件，在疫情防控要求下，我们主要在七年级18个班进行宣传，组织了18支队伍进行培训和比赛。这次活动得到了学校和家长的大力支持，也深受学生喜爱，举办得非常成功。家长和学生都希望以后有更多的机器人进校园。

**关 键 词**　鼹鼠机器人　馆校结合　动手能力　创造能力

## 一、设计思路

### （一）设计背景

我们学校作为一所农村学校，在学生的科技教育方面起步非常晚。在2018学年非常有幸收到了广东科学中心资助的30套鼹鼠机器人组装包，借助这30套设备我们开展了学校的第一次创客节，举办得非常成功，让师生们都感受到了科技的魅力。

☆本案例获2021年广东省“馆校结合”创意机器人创新实践教育案例征集活动二等奖。

有了第一次的成功经验，我们对第二次的活动更有信心。

2020年我校举办了第二届创客节，其中的鼹鼠机器人是重头戏，我们邀请了七年级各班代表参与到我们的活动中，让他们通过鼹鼠机器人这一载体，综合运用科学、技术、工程、艺术和数学等多个领域的知识和技能。七年级的学生通过学习机器人知识、组装机器人、调试机器人、展示机器人功能等活动，充分锻炼了创新思维和创造性解决问题的能力。

### （二）主题和对象

#### 1. 活动主题

感受科技魅力，"智造"仿生鼹鼠机器人——大墩中学第二届创客节。

#### 2. 活动对象

七年级学生。

### （三）活动素材

广东科学中心提供的30套仿生鼹鼠机器人组装包。

## 二、教育目标

### （一）知识与技能

1. 了解什么是仿生机器人。
2. 了解鼹鼠的特性与鼹鼠机器人的避障原理。
3. 掌握电路基本知识。

### （二）过程与方法

1. 学习掌握拼装鼹鼠机器人的方法。
2. 学会看电路图，能独立连接电路图。

### （三）情感态度与价值观

1. 在活动中提升自己与他人合作、沟通、交流的能力。
2. 通过机器人外观设计提高自己的审美能力。
3. 通过活动提高学生对科技的热爱。

## 三、表现方法

鼹鼠机器人虽然材料简单，但它是集科学、技术和艺术于一体的一款设计巧妙的产品，在活动过程中，我们结合STEAM教育理念，着重体现鼹鼠机器人以下几个方面的特征：

### （一）科学性

鼹鼠机器人是一款仿生机器人，仿生对象就是鼹鼠，我们带领学生学习了解鼹鼠的生活习性，让他们更加明确这款机器人要实现的功能，让生物学科和我们的活动紧密结合起来。同时电路的连接又让学生学习了简单的电路知识，与物理学科也联系起来。

### （二）技术性

技术性主要体现在机器人的拼装方面。鼹鼠机器人的拼装不算难，但需要注意以下几个细节：①光盘容易断裂，不可以用力弯折光盘；②各个小孔要对应准确；③马达的安装要牢固，否则机器人在行动过程中会歪歪扭扭，同时马达一定要装正，否则轮胎就会产生偏斜，机器人就很难走直线了，所以拼装技术也是很重要的。

### （三）艺术性

艺术性主要体现在鼹鼠机器人的外观设计上。在外观设计的造型、配色、手工制作等方面都能发挥学生的创造力和对艺术的审美感受能力。

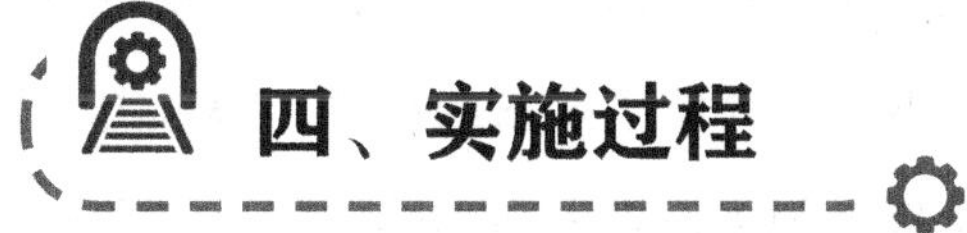

## 四、实施过程

### （一）做好前期宣传

考虑到2020年的特殊情况（疫情防控），这次活动主要面向七年级的学生。由于不能让学生大面积的聚集，我们的宣传活动只能依靠学校广播及宣传海报。在活动之前，我们在学校广播站通过广播直接跟同学们介绍了鼹鼠机器人及这次的培训、比赛活动，让同学们先对鼹鼠机器人有个基本的了解，接着我们印制了很多张海报，贴在学生人流量较多的饭堂、宿舍、体育馆等场所，进行进一步宣传。同时，我们也把资料发给班主任，让班主任利用班会课的时间对学生进行宣传，尽最大努力激起学生参与的兴趣。

### （二）选拔、组队

由于疫情原因，我们不能大规模地开展培训选拔活动，所以这次的选拔放在班级内，借助班主任完成，每班选出两名同学组成一队，后面的活动都将以班级为单位进行，最后的比赛评比也关系班级荣誉，所以班主任在选拔方面也很尽心尽力，选来参加的同学都是对这个鼹鼠机器人非常感兴趣的，在学习培训中都很投入。

### （三）培训

由于七年级的学生对电路知识接触不多，所以培训的重点是电路的讲解，其次是拼装技巧。培训主要分以下几个内容：

1. 认识套件里面的各项东西。材料有面包板、马达、轮子、杜邦线、触碰开关、万向轮及各种型号的螺丝等。首先需要讲清楚每个东西的作用及功能是什么。

2. 了解鼹鼠机器人的工作原理。怎么避障？如何实现避障？这里就鼹鼠机器人的电路来对避障功能进行讲解说明。笔者觉得广东科学中心提供的教学视频非常好，画风清新，讲解清楚，学生一看就很明白，所以在讲这个内容时，笔者借助了这个视频进行讲解，感觉学生很快就能听明白。哪怕从来没有接触过电路的学生，他们对节点接线法掌握得也很好。

3. 鼹鼠机器人的拼装。鼹鼠机器人的拼装有广东科学中心的视频教学和纸质版的《鼹鼠机器人安装说明》，所以拼装教学相对比较容易。在拼装前，我们给学生进行了一个简单的科普，先介绍了鼹鼠的特性。鼹鼠由于长期生活在地里，眼睛基本已经退化，它就是靠触须来辨别方向和感应外界，当触须碰到障碍物时，就会转向。我们这个活动的鼹鼠机器人是仿造鼹鼠的特殊功能，当鼹鼠机器人的触须碰到障碍物时，也能转向，从而顺利通过我们设计的赛道。同时我们还给学生展示了上年学生的部分作品，形象、生动地让鼹鼠仿生机器人走起来，让鼹鼠机器人的可爱形象、功能效果立刻展现在学生的面前，激发他们学习的兴趣。培训过程中着重让学生知道拼装的注意事项，一是光盘不能拆开，两张光盘必须粘连在一起；二是面包板背后的胶布不能撕掉，否则会形成短路。整个拼装过程中教师要适当引导学生学会思考，学会发现问题、解决问题。

4. 鼹鼠机器人电路连接，首先培养的是学生的科学、工程学的知识与技术。七年级的学生好奇心强，但由于他们还没有接触过物理，对于电路的知识没有了解，给我们接下来的电路连接教学带来了很大的难度，因此电路连接是我们培训过程中花费最多时间与精力的地方。在教学中首先是让学生认识面包板，理解面包板的电路原理。面包板由于板子上有很多小插孔，很像面包中的小孔，由此而得名，它是专为电子电路的无焊接制造的。在进行电路实验时，可以根据电路连接要求，在相应孔内插入电子元器件的引脚以及导线等，使其与孔内弹性接触簧片接触，由此连接成所需的实验电路。图1为SYB-46型面包板示意图。

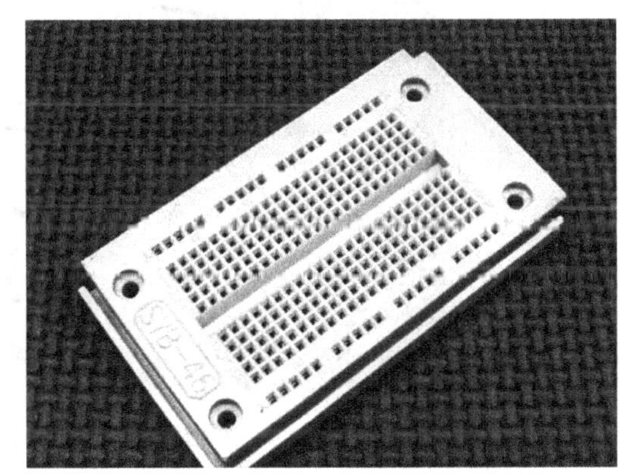

图1　SYB-46型面包板

面包板常见的最小单元分上、中、下三部分，上面部分和下面部分一般是由一行的插孔构成的窄条，中间部分是由中间一条隔离凹槽和上下各5行的插孔构成的宽条。同一列中的5个插孔是互相连通的，列和列之间以及凹槽上下部分则是不连通的。

其次是让学生了解简单的电路概念。电路是由电线和电子部件组成的回路。短路是发生了某种事故导致电线路的供电没有经过负载，而是把供电线路直接连在一起。短路会造成电路过度发热，出现损坏电源或设备情况，也有可能引起火灾。因此这是电路连接时应尤其注意避免的一种非正常情况。断路是指处于电路还没有闭合的开关，或者电线没有接好的情况下整个电路在某个地方断开的状态。除了正常断开电源开关使电路出现断路的情况，通常以下状况也会发生断路：一是在电路接连处部分出现接触不良的状况；二是用电器里面出现断线的情况；三是通过电路的电流太大，保险丝被烧断了出现断路的情况。

再次是让学生掌握节点接线法。节点就是电路中导线相互交叉相连接的点。所谓节点法就是在图中标出电路中各个节点来分析确定电路连接方式的方法。节点法可以快捷、迅速地判断电路中各个元件的连接方式，而且不易出错，非常适合七年级的初学者使用。

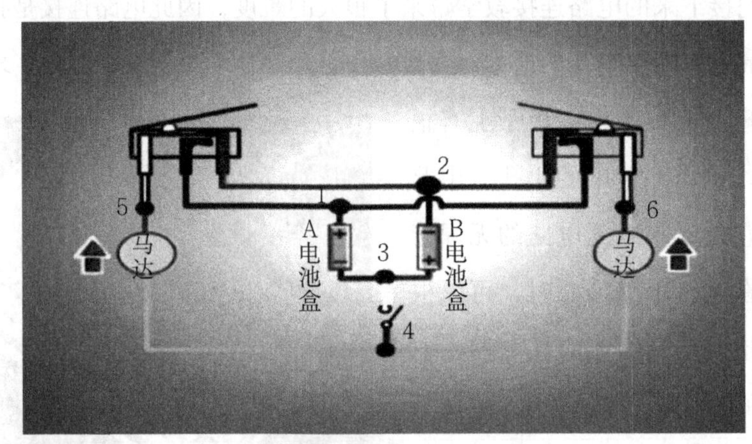


图2　鼹鼠机器人的接线图

最后是当学生完成电路的连接后，引导他们对电路进行检查和故障排除，培养学生通过科学知识和实际操作技术来解决遇到的问题。

5. 上赛道调试机器人。刚拼好的机器人可能会出现各种问题，我们在电脑室后面拼了一个简易的赛道，让学生进行调试。调试是一个非常重要的过程。很多鼹鼠机器人连直线赛道都无法通过，Z字形赛道就更无法通过了，这是什么原因呢？笔者让学生自己去思考，让他们自己去找原因，以及找解决问题的办法。这一步是最有意思的，是真正考验他们的时候。

### （四）比赛

拼装调试完成后，我们就要进入最后的环节——比赛。我们沿用了上一年的比赛方式，分为三个环节，第一个环节是造型得分，我们邀请了学校的美术老师来对学生作品进行造型评分。第二个环节是直线赛道，直线赛道长1.8米，总分50分，其中第一个10分是检查机器人的拼装完整性，只要机器人拼装完整，没按开关的情况下能停在原处，就能得分；第二个10分是检查开关的可用性，按下开关机器人能向前走，就能得分；剩下的30分是看机器人向前走的距离，每0.6米加10分，最高30分。第三个环节是Z字形赛道，每过一个转弯点得20分，共两个转弯点，能走完整个赛道就能得50分，这个赛道是最难的，主要就是考验鼹鼠机器人的避障功能，这也是我们制作这个机器人的最基本的要求。比赛现场气氛激烈，在比赛过程中，每组学生有两次机会，在第一次比赛后如果发现机器人发挥不理想，可以有临时调整的机会，调整后进行第二次比赛，最后成绩取两次比赛的最好成绩。

图3　比赛现场照片

## 五、教育效果

本次比赛一共评选出一等奖2名、二等奖3名、三等奖5名，并现场对获奖的同学进行了颁奖。

同时，学校领导也对我们这次活动进行了总结，并用数学的方法分析了比赛中关于机器人不走直线的问题，鼓励同学们以后要多参加这种机器人比赛活动，多培养自己的动手能力及创造能力。

受疫情影响，这次活动举办得较为简单，但从同学们的表现及作品中还是看出大家都学到了很多东西。首先，从机器人的外观来看，同学们花了很多心思，有手绘的各种造型，也有手工制作的造型，有炫酷的装甲车，也有可爱的动漫形象，同学们的艺术修养得到了提高和展示。其次，本次比赛是两个学生一组进行的，其间需要他们密切配合，否则很难完成作品，充分锻炼了与人合作的能力。活动结束后有学生还问我“老师，下学期还有没有这种机器人比赛的活动？我还要参加！”可见，这类活动还是很受学生欢迎的，并且相对于第一次活动，这次有更多的女同学也愿意加入进来，可见我们之前的活动对她们还是有很大影响的。

这次鼹鼠机器人比赛，让七年级的学生体验到了动手实践的快乐，也让他们懂得了在遇到问题时要学会思考，找到解决问题的办法才是最重要的。

这次活动由于受疫情影响，不能让更多学生来现场参加，我们也将拼装过程和比赛现场录制了视频，放在网盘上，供有兴趣的学生下载观看。

## 六、推广价值

拼装鼹鼠机器人看似简单，其实要想机器人能很好地避障，还是需要想很多办法的。这次鼹鼠机器人比赛，一共十八个小组来参加比赛，下面的表格是这次比赛情况的统计数据：

表1　比赛情况统计

| 完成情况 | 赛道类别 | | |
|---|---|---|---|
| | 直线赛道 | Z字形赛道 | 两个赛道都成功 |
| 完成组数 | 8 | 9 | 3 |
| 完成率/% | 44.44 | 50 | 16.67 |

从数据可以看出，学生比赛的完成率并不高，于是赛后我们进行了反思和小结，总结以下需要改进的地方：

### （一）马达绑紧、轮子摆正，走直线更容易

赛后检查发现有13组学生没有把马达绑紧，占总组数字的72.22%，从而导致鼹鼠机器人行走时，不能最大限度走直线。马达没有绑紧一般有两种情况，一是没有把扎带拉紧，二是扎带安装错误。对于扎带没有拉紧的情况，只需要利用钳子拉紧一下就可以了。但对于扎带安装错误的情况，就需要学生将旧的扎带剪断，重新按照正确的方法扎紧马达。

马达绑紧后，要重新安装轮子，尽量让轮子摆正，不能出现内八或外八的情况。只有马达绑紧、轮子摆正后，鼹鼠机器人才能尽可能地走直线。

### （二）调整设计触须形状，增加灵敏性

鼹鼠机器人是一种仿生机器人，它最大的特点是可以模仿鼹鼠利用触须避开前

行的障碍物。虽然我们第一步已经让马达绑紧、轮子摆正，但由于马达的占空比问题，让两边轮子的转速不可能是一样的，因此我们第二步就需要调整触须，让鼹鼠机器人具备碰到障碍物就能避开的特性。

赛后我们观察学生的鼹鼠机器人，全部触须的摆放都是如图4所示，左右两根触须成交叉往外的标准摆放，在比赛过程中有部分机器人出现了触须反应失误的情况，于是我们尝试去改变触须的形状，以提高触须的反应灵敏度。通过实验，我们发现如果将触须按照图5所示的方式进行摆放，鼹鼠机器人能够更加容易地通过赛道，触须可以有效地将前方障碍物信息传递给轮子并及时避开。当然，具体效果如何，还要进行多次的测试和调整。

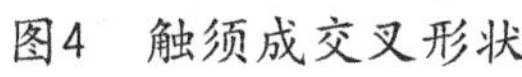
图4　触须成交叉形状

图5　触须往外弯

鼹鼠机器人设计巧妙，用最简单的零配件就可以制作出一款简单易懂、趣味性强的仿生机器人，非常适合中小学作为创客入门设备来使用，值得大力推广。在此也非常感谢广东科学中心提供给我们的这批设备，让我们的同学体验到了机器人的魅力，为我校的创客教育奠定了一个良好的基础；也感谢佛山科学馆给予我校的大力支持！希望我校的创客教育在广东科学中心和佛山科学馆的带领下越走越远！

## 专家点评

本案例中的创客节活动，通过前期宣传—组队培训—比赛展示，让学生体验到

了学习机器人基础知识和动手实践的乐趣。通过学习机器人知识、组装机器人、调试并实现机器人的核心功能、开展从外观设计等活动，发挥学生的创造力和对艺术的审美感受能力，培养学生的创新思维和解决问题的能力。赛后的反思和小结做得很好，为今后完善和推广机器人活动，提供了有价值的参考意见。

该案例的设计思路清晰，过程切实可行，达到了教育目标，具有较好的推广价值。

# 解决真实问题　培养计算思维

## ——基于STEAM的小学创意机器人教育活动

广州市白云区汇侨第一小学　陈璇　魏可如

**案例简介**　基于STEAM的小学创意机器人教育活动是一项跨学科的主题实践活动，将融合科学、技术、工程、艺术、数学等多个学科知识，引导学生运用所学知识解决生活中的问题，构建基于解决问题的课堂模式。本案例基于广东科学中心自主研发的蝙蝠战车机器人，结合我校的人工智能课程，引导学生主动实践，参与合作，通过项目式学习方式，从机器人的基础结构、电路知识、拼接调试、模拟竞赛、外观创新等多个方面系统培养学生实践创新的能力。

**关 键 词**　STEAM　项目学习　蝙蝠战车　创意机器人

我校长期开展人工智能科普教育活动，组建了创意机器人科技社团。为了让学生有机会接触更多关于STEAM相关的教育，我校以信息技术科组为主导，与科学、体育、美术科组相互合作，推进开展了创意机器人活动。广东科学中心的创意机器人项目是我校一直参加的科技项目，项目的套件经济实惠且每一届都有不同的主题，多元化的主题能够激发学生更多的创意，增加学生的挑战力和探究力，学生在不同的项目中能够得到更多的实践机会。

☆本案例获2021年广东省“馆校结合”创意机器人创新实践教育案例征集活动二等奖。

# 一、设计思路

## （一）设计背景

我校基于科技教育特色，引入STEAM教育理念，借助项目式教学法，在STEAM教育理念下，面向全校学生结合教育部人工智能实验课程，利用创意机器人社团以点带面，开展基于STEAM创意机器人教育活动。学生在创意机器人教育活动中，通过不同项目的主题进行不断地思考与尝试，组装、设计、制作作品，提高学生的创新能力和实践能力，培养和提升学生的综合素养和科技技能。

## （二）设计依据

以往的创意机器人教学主要是以教师为主体进行传授式的教学，学生在这个过程中不是为了想学而学。为了改变这种状态，让学生成为学习的主人，我校在教学中融入STEAM教育。不同于传统的学科教学，STEAM教育将科学、技术、工程、艺术及数学等学科进行融合，注重以真实问题的解决为驱动，强调基于问题的学习[1]，主张以学生为中心开展教学活动，采用项目式教学，以生成创新作品为结果，以任务驱动、以赛促教等方式促进学生的主动性和创造性。

在创意机器人教育活动中，学生基于真实问题情境，以项目为引导，启发学生在创作过程中解决问题，强调学生的自主学习，培养学生的实践能力与创新能力，这与STEAM教育理念不谋而合。

## （三）主题和对象

### 1. 活动主题

本案例的主题是以仿生机器人——蝙蝠战车为载体，在社团课堂中开展设计与制作。学生首先进行蝙蝠战车机器人运行理论及制作方面的学习，然后通过以赛促教的方式让学生进行拼装、运行，围绕主题进行创意设计，最后进行竞赛。

### 2. 活动对象

创意机器人教育活动主要是面向3～6年级的学生，学生在人工智能课程和信息技术课程中已经对创意机器人有所了解，但是在实践经验上比较缺乏。普及此次活动，可以让更多学生夯实理论知识，并通过动手操作和创意设计提高他们的动手能力和创新意识。

### （四）特点和创新性

#### 1. 活动与课程相结合

课程融合STEAM教育，利用项目式学习方法，以制作作品为驱动，增强学习兴趣；开展合作学习，利用教师和学生、学生与学生、学生自己等多种协作模式，进行学习共享；在问题情境下，学生通过讨论如何解决问题，开始进行知识架构的建构。基于项目开展创作活动，在情境下运用所学知识和技术去处理问题，从作品中反映学生在项目学习所掌握的知识与技能。

#### 2. 跨专业分工合作

活动主题能够发挥学科优势，促进各学科联动、分工合作。科学、体育老师负责套件组装教学，信息技术教师负责电路、编程教学，美术教师负责外观设计教学，学生在学习中掌握多学科知识，运用于创意设计中。

#### 3. 全员参与，互学共促

常态化教学以科技社团为基地，以点带面，在全校、校际交流展示成果，科技社团成员充当小老师，讲解机器人运行原理，辅导操控机器人，激发学生学习科技知识的兴趣和欲望，了解机器人在生活中的运用，提高学生对人工智能的认识。

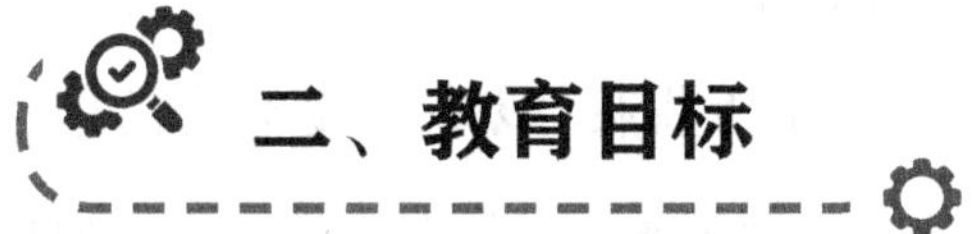

## 二、教育目标

### （一）知识与技能

1. 了解机器人的工作原理。

2. 认识机器人制作的相关电子元器件。

3. 学会机器人的组装、电路连接等基础知识。

### （二）过程与方法

1. 通过融合STEAM教育理念，进行小组合作，基于问题情境下，围绕主题进行讨论、学习机器人的制作原理、电路知识，动手组装套件，掌握电子元器件的使用，学会制作机器人。

2. 从身边事物及所学数学、美术和技术等课程出发，测量机器人的基础外形数据并进行绘画稿图，寻找简单的材料模型，利用3D打印笔、环保材料设计创作创意机器人外观。

### （三）情感、态度与价值观

在解决问题过程中，感受科学、技术、工程、艺术、数学等学科的密切联系，培养计算思维，提高利用STEAM知识解决实际问题的能力，体验科技带来的神奇之处，激发科技创作的兴趣。

## 三、表现方法

创意机器人教育活动通过理论知识的学习、拼装、运行、外观设计、竞赛，激发学生的学习兴趣。在教育活动中，学生处于一种解决问题的学习环境，教师通过不断提问，激发学生进行思考和探究的能力。通过真实的情境引入问题，任务驱动增强学生学习的兴趣，利用自主探究和小组合作的形式理解、分析问题的关键，进行讨论问题，学习需要解决问题的知识和技能，在同伴和教师的启发下，小组内分工开始制作作品，对作品进行创新设计。基于STEAM教育理念下，以学生参加2020年广东省创意机器人大赛白云区预选赛为例阐述一下具体教学过程。

### （一）创设情境，引出问题：以蝙蝠战车为情境

STEAM创意机器人教育活动是一项面向全校学生，通过社团活动吸引感兴趣的、有基础的同学参加的科技教育活动。在活动教学中，教师利用视频、实物展示等形式向学生介绍"蝙蝠战车"的由来及制作原理，在情境中教学，向学生展示制作完成的蝙蝠战车并引入本节课的问题：如何制作蝙蝠战车这一款机器人？需要学习什么知识？蝙蝠战车包含哪些部件？每个部件的功能以及联系是什么？利用阶梯的问题式情境，激发学生的求知欲，引导学生进一步明确学习任务，为后面进行主动探索研究打下基础。

**2020年广东省创意机器人大赛（白云区）**

**蝙蝠战车**

蝙蝠战车机器人是一款能模拟蝙蝠功能的机器人。它通过超声波模块检测前方的障碍物，若与前方障碍物距离过小时，蝙蝠战车会后退；若与前方距离过大时，蝙蝠战车会前进。多台蝙蝠战车行走可以组成队列进行接力游戏。蝙蝠战车头顶的LED灯还可以指示机器人是否工作正常。除此之外，学生根据自己的想法对蝙蝠战车的外观进行设计，突显他们的创造力。

图1　2020年广东省创意机器人大赛白云区预选赛

## （二）自主探究与合作：加强学习、团队合作意识

通过在问题情境下的学习，学生已经对蝙蝠战车这款仿生机器人的硬件和软件知识有了一定的了解。为了让学生进一步实践体验学习，教师将所有学生分成4人小组，让学生以小组合作形式进行，采用小老师的形式，团队中安排具备一定机器人知识的学生为组长，带领其他学生先对蝙蝠战车的零件包（多种电子元器件）开展探究活动，在不断探究的过程中，提高小组之间的协作性。

图2　小组学习

超声波传感器、芯片知识、电路知识涉及STEAM中的科学知识，对于学生来说是重难点。为了让学生更加清楚电路知识，教师可通过绘画简易的电路图介绍串

联、并联知识，介绍面包板上的每一行和每一列之间的关系，展示在面包板上如何进行电路的连接，将抽象的知识转为实践探究，学生通过连接操作，尝试运行，突破重难点。

### （三）拼装与调试：思维的碰撞

采用小组分工的形式拼装机器人。为提高学生的动手能力和拼装速度，小组拼装时采用计时方式，教师负责记录各小组拼装战车整体的时间，并让时间最少的小组和时间最长的小组进行分享，在思维碰撞下，学生可对拼装过程进行调整。为了让作品更具科学性，需要不断地进行验证、调试。所以在中段学习过程中，设计了学生对作品进行调试的环节，其间学生对遇到的问题不断进行讨论交流，进一步完善作品。

经过不断地验证和调整，学生的作品得到了优化。教师利用以赛促教的方式进行比赛，并让学生总结为什么选择这样的分工方式？在比赛过程中遇到了什么问题？是如何解决的？如何做到更加节省时间？

### （四）采用所学知识与技术：设计与创新

为了更加贴合“蝙蝠战车”主题，融合STEAM教育理念，学生对蝙蝠战车机器人外观进行设计。学生利用数学知识测量机器人机身的长度、宽度、高度，绘画出三个不同方向的草图，通过讨论、修改、完善，得出最佳的设计方案。

学生根据修改好的图纸自由讨论选用哪种材料进行外观的设计，教师在课堂中穿插3D打印笔等技术的教学，让学生通过所学的知识与技术去创新，解决外观对机器人运行造成影响等问题。最后，小组之间展示作品，并说明为什么要这样去设计？利用了什么材料，为什么选择这样的材料？作品体现了怎样的小组理念？最后每个小组进行互评，相互倾听学习。

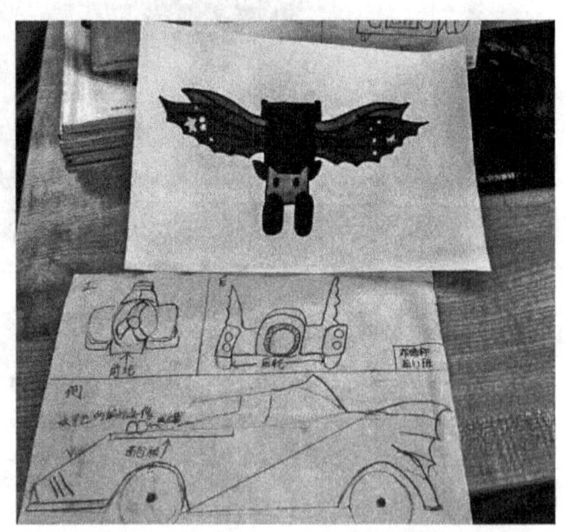

图3 创意外观设计平面图

图4　STEAM创意机器人作品展示

## （五）模拟竞赛

### 1. 竞技

为了让学生在学习过程中更具有体验性和实践性，因此在教学最后一个环节安排小组之间进行机器人模拟竞赛，让蝙蝠战车在规定的赛道上运行，通过比赛，学生不断反思怎样才能够在比赛中让蝙蝠战车能够运行得顺畅、稳定、快速，从而提升整个团队的技术水平。

图5　STEAM创意机器人竞技比赛

### 2. 自评

赛后，教师再次抛出问题让学生进行思考，引导学生对前期的学习进行反思：①比赛过程中，你做得最好的地方是什么？哪里做得不够？如何进行补救？②集训中，你最大的收获是什么？③你觉得与其他小队有什么差距？学生以小组为单位展开讨论，分析问题的所在，提出解决办法，教师进行适当的引导。小组在讨论的基础上，加上自己的思考，进行汇报，最后教师评价，总结经验，使得学生在往后的赛事中能够更加游刃有余。

### 3. 他评

基于项目的学习与传统教学模式的其中一个重要区别在于学习评价，它不但要求对结果的评价，同时强调对学习过程的评价。项目式学习是一种自我知识的建构，学生在每一次活动的过程中，教师都会进行记录，然后进行整理，让学生在每一次活动中，见证自己的成长并且不断反思，达到自我建构的目的。

# 四、实施流程

## （一）学科教师合作与分工

课程发挥学科优势，融合多学科知识，促进各学科联动、分工合作。在课程实施过程中科学教师负责引导学生进行机器人组件的搭建，增强学生的动手能力；信息技术教师负责电路、编程知识的教学，利用小老师形式进一步促进学生的学习，从而让学生获得成就感，增强自信心；美术老师负责外观设计教学。学生在学习中掌握多学科知识并将其运用于创意设计中。

## （二）活动实施方式

### 1. 以人工智能课程为基础课程进行普及

我校是教育部人工智能课程实验校，在创意机器人教育活动中有一定的学生基础，创意机器人的学习易上手，能够增强学生学习的兴趣和自信心，基础性的学习为后面创意机器人的制作与创作打下坚实的基础。

### 2. 社团基于STEAM项目的学习

基于STEAM项目的学习主要由内容、活动、情境和结果四大要素构成[2]，STEAM

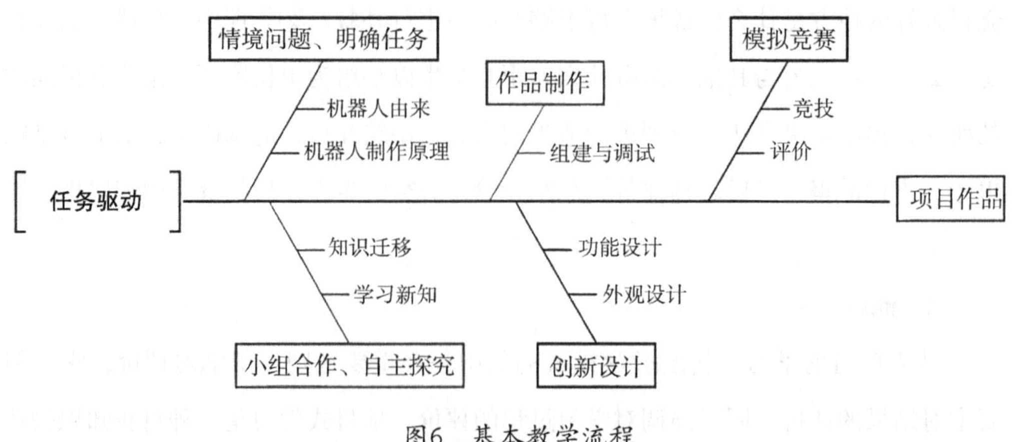


图6　基本教学流程

创意机器人活动的开展围绕这四大要素展开，基本教学流程包括任务驱动、情境问题和明确任务、小组合作和自主探究、作品制作、创新设计、模拟竞赛六个环节。

广东科学中心的每一届机器人的主题都不同，多样化的主题让学生在每一次学习中都能掌握不同的电子元器件知识，对机器人也会有不同的认知，促进他们的思维发展。利用项目式学习，学生的自主性、独特性得以展现，学习兴趣增强。

3. 以赛促教

基于创意机器人大赛的选拔契机，学生以竞赛的模式进行学习。一方面，小组间设置竞赛，利用任务驱动模式，提高学生的自主性，组内的凝聚力得到升华。另一方面，利用模拟竞赛的形式选拔出优秀的科技苗子，提高学生的学习水平和创新能力，增强了他们的团队合作意识。

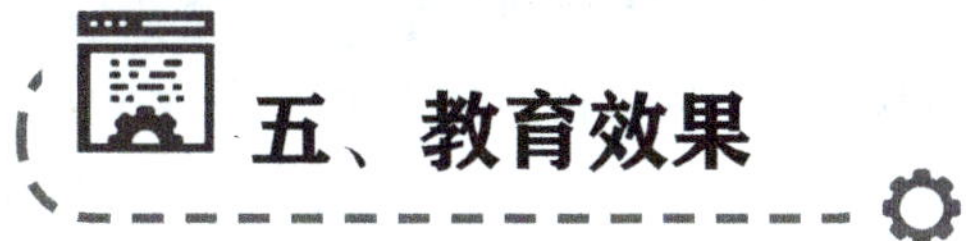

## 五、教育效果

### （一）学生科技作品

1. 智能垃圾分类车

A组四名同学通过对基础机器人的学习，结合垃圾分类要求设计了一款智能垃圾分类车，利用智能机器人实现环保行为。

A组的作品介绍：智能垃圾分类车来到社区，用户使用“任意门”下到楼下，扫描二维码，打开小程序——垃圾分类原则，离线也可以查询，把垃圾分类投进垃圾车的四个储存箱里，垃圾车再到下一个社区重复此制作，储存箱满了后，垃圾车自动到达垃圾回收厂，倾斜四个储存箱使垃圾掉进垃圾回收机。

2. 无人物流车

B组四名同学经过机器人的学习之后，对身边常见现象进行思考，以如何减轻快递小哥的负担，以让道路更安全为思考方向，制作了一辆“无人物流车”。B组的作品介绍：只要通过扫车上面的二维码，输入要寄送的地址，再挑选箱子的规格，把快递放入箱中后付钱就能寄快递了。这辆车可以利用雷达自动寻找地点，减少人力，智能生活，优化生活。

3. 物流分拣机器人

C组四名同学学习完基础机器人的知识后结合新冠肺炎疫情想出机器人助力人类抗疫的主题，制作了一款物流分拣机器人。

C组的作品介绍：物流分拣机器人通过红外线扫描识别包裹来源地及途经地，实现包裹安全等级自动分类。分类级别包括安全、低风险、中风险、高风险、危险。对于安全级别的包裹自动放行，对于中低风险进入对应级别消毒池，然后进行不同程度消毒。消毒完成后通过病毒检测，识别为安全级别的方可放行。杜绝包裹携带病毒进入投递环节，助力人类抗击疫情。

## （二）我校各项科技类活动获奖情况

表1 我校各项科技类活动获奖情况

| 活动时间 | 活动项目 | 获奖 |
|---|---|---|
| 2019年 | 贺新年，悦健康"白云区科技体育活动竞赛 | 一等奖1项、二等奖2项、三等奖9项，优秀指导教师2项 |
| 2019年 | 2019年白云区中小学创客大赛小学组 | 一等奖2项、二等奖1项 |
| 2019年 | 第八届广东省创意机器人大赛白云区选拔赛 | 一等奖3项、三等奖1项 |
| 2019年 | 第八届广东省创意机器人大赛"无人驾驶车"比赛 | 三等奖2项、园丁奖1项 |
| 2019年 | 2020年度广东科学中心创意机器人研学活动 | 优秀指导教师1项 |
| 2019年 | 第五届白云区中小学"乐创空间、我行我秀"科技主题实践活动 | 优秀指导教师2项 |
| 2019年 | 2019年白云区青少年"放飞梦想"纸飞机科技教育竞赛 | 一等奖1项、二等奖3项、三等奖6项 |
| 2020年 | 第五届广州市中小学"乐创空间、我行我秀"科技主题实践活动 | 作品展示 |
| 2020年 | 2019年广州科技活动周儿童活动专场 | 二等奖3项、优秀指导教师1项 |
| 2020年 | 2020年白云区新市片中小学科技嘉年华活动 | 一等奖5项、二等奖18项、三等奖21项、优秀指导教师2项 |

（续表）

| 活动时间 | 活动项目 | 获奖 |
| --- | --- | --- |
| 2020年 | 2020年广州市青少年科技体育教育竞赛 | 一等奖2项、二等奖3项、三等奖1项、优秀指导教师2项 |
| 2020年 | 2020年广东省创意机器人大赛白云区预选赛 | 一等奖1项、二等奖3项、三等奖1项 |
| 2020年 | 2020年第九届广东省创意机器人大赛“工业机器人”比赛 | 二等奖1项、三等奖1项、园丁奖2项 |
| 2021年 | 2021年广州科技活动周儿童活动专场 | 一等奖2项、二等奖2项 |

## （三）学生教学效果

### 1. 能力提升

STEAM教育强调各个学科知识的融合，在创意机器人教学过程中，学生综合运用STEAM知识去探究、解决问题，设计、创作作品，在这个过程中，学生实践能力得到培养。除此之外，在项目式学习、小组合作学习的过程中，教师抛出问题，学生进行思考和讨论，寻求解决的办法和工具，逐渐提升语言交际能力、团队协作能力和解决问题的能力。在教学过程中，每一个阶段都会设计分享环节，引导学生分享自己的想法，其间形成头脑风暴，锻炼学生表达能力，进一步增强学生的学习自信心。广东科学中心每一届的机器人主题都不同，学生通过对不同主题的接触，利用所学知识解决遇到的问题，培养学生的计算思维。最后学生结合当下的时事热点和身边的物品，进行系统设计，制作出创新作品，提高自身创新能力。

### 2. 竞技意识形成

创意机器人教育活动，是一种以赛促教的方式，每个环节教师都以比赛的模式进行，学生在学习的过程中有了一定的竞技意识，促进了小组合作，让团队意识增强，这和STEAM教育的培养目的不谋而合，对以后经济发展以及国民素质的提高都有着重要的意义。

## 六、推广价值

近年来，我校通过开展基于STEAM的小学创意机器人教育活动，包括机器人制作、竞技，采用以老带新、以赛促教的方式，构建了项目式学习的教学模式，涌现了一批科技苗子，他们多次参加省、市创意机器人比赛，都取得了优异成绩。我校连续两年组织举办了白云区新市片中小学科技嘉年华活动，展示学校教学成果，提供平台开展校际交流，引领区片学校的科技教育活动不断发展，在片、区内有一定影响力。

参考文献

[1]冯若君. STEAM理念下小学机器人教育的教学模式研究[D]. 重庆：西南大学，2020.

[2]刘景福，钟志贤. 基于项目的学习（PBL）模式研究[J]. 吉林：外国教育研究，2002（11）：18-22.

### 专家点评

本案例介绍了学校利用机器人套件开展科技活动的情况。活动面向全校学生，以社团活动为载体，以创意机器人为抓手，组织开展STEAM教育活动，通过理论知识的学习、实践、竞赛，激发学生的学习兴趣。案例有三大特点，一是在实施过程中，以仿生机器人——蝙蝠战车为主题，开展合作学习，利用教师和学生、学生与学生、学生自己等多种协作模式，进行学习共享；二是在问题情境下，学生需要学习和掌握科学知识，通过讨论如何解决问题，使得学生开始进行知识建构；三是融合多学科知识，促进各学科联动、分工合作，科学、体育、信息技术和美术教师均参与组织和指导教育案例实施。

# 基于主题项目式教学的创意机器人大赛创新实践探索

## ——以工业机器人为例

韶关市浈江区乐园镇长乐中心小学 郑维

**案例简介** 本案例基于广东科学中心面向中小学生自主研发的工业机器人套件。活动探讨基于机械结构与电路基础和创意外观设计，结合校本3D设计课程以主题项目式的方式进行创新实践活动。在活动学习的过程中使学生能够在贴近现实性的机器人及场景中学习新知识，通过培训、比赛，培养学生适应终身发展和社会发展需要的品格和能力，激发学生的潜力和创造力。在创新实践过程中，学生收获的不仅仅是创新成果，更是一种创新精神、创新思维，提高了综合素养。根据创新实践活动的内容，结合3D打印，将创意机器人大赛设计成主题项目式教学，进阶分层教与学，不仅能为学生提供一个把“天马行空变现实”的平台，更可以培养学生利用设计思维、产品思维去解决身边问题的能力，培养学生的空间想象能力和将想法变为现实的综合实践能力，能培养出具有创新能力、创新思维、创新意识的创新人才。本案例成功运用于2020年第十届广东省创意机器人大赛，参赛队伍分别获一等奖和二等奖。

**关 键 词** 创意机器人大赛 创新实践 3D打印 主题项目式

☆本案例获2021年广东省“馆校结合”创意机器人创新实践教育案例征集活动二等奖。

创意机器人大赛是广东省教育厅面向广东省和港澳地区中小学校推广的科技创新类竞赛活动。机器人教育是培养学生创新实践能力的有效途径之一，其综合了信息技术、数学、电子、机械、美术等多学科的知识与技能，我校连续三年指导学生参加省、市机器人竞赛，该竞赛强调开放式、自主式，充满趣味性和挑战性，每次比赛的主题项目均不相同，鼓励选手利用回收的材料或生活用品，制作出具有一定创意造型和特定作用的装置，鼓励使用3D打印机等工具进行创作，呈现大赛作品的多样性。每个主题的竞赛机器人都可以作为独立的主题项目来开展主题项目式教学活动，为学生学习和教师教学提供支撑。

## 一、设计思路

### （一）设计背景

作为连续三年大赛的乡村指导教师，如何在师资、物资严重不足的情况下，让乡村学生借着参与机器人大赛的契机学习更多创新技能是我一直思考的问题。广东省创意机器人大赛其中的一条规则是允许学生运用可创新的开源组件进行创新制作。工业机器人模拟智能工厂的智能生产过程，作品要求要有创意和科学性。3D One是一款针对青少年开发的三维创意设计软件，专注于学生的创新能力与动手能力的培养。借用3D建模技术，3D建模完成后可以直接在软件中连接3D打印机打印出需要的创意机器人安装组件，能够简单、轻松、快捷地实现学生的创新、创意想法，与创意机器人大赛的规则、目的不谋而合，更容易激发学生的学习热情，全面提升学生的创造潜能和人文素养。

### （二）设计依据

主题项目式教学是一种基于建构主义理论的情景化教学方式，包括确定主题、建构设计、实践操作、成果发布、交流反馈。每一次创意机器人比赛都会有特定的主题内容，因而非常适合将创意机器人培训与3D建模技术集合一起开展主题项目式教学。在教学过程中，学生通过应用知识、动手操作的方式来学习知识，强调动手实践、自主学习和解决问题，做到以学生为中心，教师是学生学习的辅助者。

## （三）主题和对象

活动主题：工业机器人。

活动对象：四、五、六年级学生。

## （四）特点和创新性

### 1. 特点

不同阶段学生的基础和对知识点的接受程度有所不同，组合起来一起学习培训会对培训的内容、方式要求更高。采用主题项目式教学方式，教师可以将项目内容进行拆分，根据学生不同的知识程度进行进阶式分层教学，学生通过项目式学习方式可以主动探索问题，能进一步加深学习到的知识和技能。

（1）主题项目式教学方式可以组织学生采用老带新的方式进行，基础知识和简单的技术可以让有经验的学生带着新加入的学生进行学习，培养学生适应终身发展和社会发展需要的品格和能力，提高团队合作精神和合作默契，利于创意机器人团队比赛。

（2）主题项目式教学方式能够激发学生的潜力和创造力，培养学生主动尝试并接受新的知识和技术的能力。学生在创新实践过程中收获的不仅仅是创新成果，更是一种创新精神、创新思维、提高综合素养的方法。

（3）通过培训、比赛可以培养学生用设计思维、产品思维去解决身边问题的能力，培养学生的空间想象能力和将想法变为现实的综合实践能力，能培养出具有创新能力、创新思维、创新意识的创新人才。

### 2. 创新

教师根据竞赛主题，制作项目通告，利用课件、小视频等多媒体技术手段展示主题机器人的基础知识，初步讲解主题内容和实践任务。学生根据主题内容和实践任务，通过上网、查阅书籍等方式，自主探索，每人设计一款与主题相符，涵盖传统人文元素、非遗传承元素和3D打印创新技术的创意机器人设计方案。教师组织学生根据每个学生提出的初步设计方案进行可行性和新颖性研讨，确定小组制作机器人的主题。小组根据主题设计机器人的外观、场景、功能等，教师引导学生发现问题、优化方案，最终完成主题项目。这样的学习方式使学生能够在贴近现实性的机器人及场景中学习新知识。

## 二、教育目标

主题项目式教学方式意在提高学生的综合创新素养能力，与STEAM教育目标是一致的，因此教学目标从传统的三维目标改为STEAM教育的五个目标（科学目标、技术目标、工程目标、艺术目标、数学目标）进行设计。以2020年工业机器人大赛为例，为了使得整个培训过程与各学科融会贯通，所以笔者将学习目标设计如下：

S（科学）目标：营造机器人、3D打印学习氛围，学生能够尝试使用掌握的科学、技术、工程、艺术、数学多学科知识进行融合创新，在开展项目式学习前根据项目主题内容建立思维导图，强化学生完成任务的逻辑顺序，使学生熟练放射性思考具体化的方法，掌握科学探究的基本方法和步骤，培养学生的团队合作精神。

T（技术）目标：通过项目任务学习使学生了解一些电器元件的名称、电路符号。掌握机器人的基本结构、组成、原理，能够不借用图纸迅速拼装机器人；能够在3D建模中根据任务，学习并掌握建模所需的命令符及参数值的设置。

E（工程）目标：掌握机器人芯片原理，学会看电路图，熟练、迅速完成电路组装，并实现机器人的功能，懂得应用3D One直线、点绘制曲线、抽壳、旋转命令等工具进行建模，合理设计机器人主题所需的3D打印模块，体验自主创造设计的乐趣。

A（艺术）目标：通过多种途径寻找机器人外观主题，利用一些回收的材料或生活用品制作成具有一定创意意念的造型和特定作用的装置，深入了解传统人文知识、非遗传承技术等，了解3D模型的外形设计，做到美观、合理的同时，提升学生审美情趣，让学生主动发现美、欣赏美、创造美。

M（数学）目标：会用简单的数学逻辑结构来描述解决机器人搭建问题的方法。在3D建模前了解建模参数，合理设计模型各部分比例。

# 三、表现方式

## （一）进阶式教与学

每个主题项目的实施都会将项目内容拆分，进行进阶式分层学习，分为确定主题项目、工程设计（3D建模打印）、机械组装、电路搭建、外观创意制作、综合功能调试、交流与技术练习七个内容，学生根据大赛组委会提供的指引性材料，进行小组研讨学习、组间互相学习，互相印证所掌握的知识，实现了教学的有效性。进阶式教与学如游戏闯关式引导学生逐步深入学习，化繁为简，有利于增强学生的学习自信，增强学习内驱力，促使学生按照进度达成学习目标。

## （二）贴近现实性

要求学生发挥想象力、创造力设计出涵盖人文元素、贴近现实性的机器人及场景。在2020年广东省创意机器人大赛中，我校参赛主题是丹霞红豆筛选机，利用3D打印技术打印出红豆进料口，进行场景布置和设计，让学生在学习知识的同时，也学会生活。

## （三）头脑风暴

在项目学习过程中，遇到问题、困难的时候都会组织学生开展一场头脑风暴。学生通过头脑风暴，不断提出问题、讨论问题、解决问题，不仅能够拓宽知识面，也可激发创新思维。

工业机器人是面向工业领域的多关节机械手或多自由度的机器装置，它能自动执行工作，能靠自身动力和控制能力来实现各种功能，工业机器人设计的目标是通过不同的结构设计和控制方法提高生产效能。工业机器人的结构设计和控制方法是重点攻克的技术关键点，根据主题项目式教学方式，将分拣功能、机械臂设计、运输配送功能、电路和供电系统的学习拆分为以下任务：

1．了解工业机器人。让学生观看工业机器人的相关视频，直观了解什么是工业机器人，掌握工业机器人的功能、前景、设计的目的，引导学生创想“假如我来设计工业机器人的话，要怎么设计，有什么功能，怎样利用创新技术实现功能？”

2. 掌握控制电路。控制电路主要由逻辑芯片通过杜邦线和面包板按照自主设计的电路连接而成。有部分学生之前参加过机器人比赛，对面包板和电路图的掌握比较熟悉，因此该部分内容以老带新、微课的方式来学习，有经验的学生通过新套件的电路学习也起到温故知新的作用。

3. 掌握关节机械臂结构原理。机械臂不同的角度、不同的推式对产品推动分拣的准确率起着至关重要的作用，让学生尝试各种角度、推式，在尝试的过程中了解机械臂的工作原理，从而懂得如何调整机械臂的精准位置，提高产品分拣时机械臂工作的准确率。

4. 设计传送带。了解了机械臂结构原理后，就需要对传送带进行设计。如何在高速运转的传送带上平稳地运送产品？对传送带的材质、尺寸等要求限定范围是什么？这些问题都需要学生通过不断尝试、实验来总结出最佳方案。

5. 创意设计。由于我校属乡村学校，投入相对不足，低成本的3D One三维设计成为创意机器人创新技术的可能，学生在日常课程学习中已经掌握了3D One三维设计技术，要求学生利用3D One软件制作出创意三维实体，能够促进学生学习主动性的提高和创新思维能力培养。主题项目的选择之所以倾向于贴近本地人文生活情境，一是考虑到学生在熟悉的情境下更能激发创新意识，二是希望通过竞赛活动起到宣传和保护本地民俗文化的目的。

## 四、实施流程

本教学框架设计以2020年广东创意机器人大赛的工业机器人培训融入3D打印形成主题项目式教学为例，根据项目主题式教学要求，将课程设计流程定为设定主题—自主学习—实践操作—活动展示—深度学习，具体流程如下：

### （一）第一阶段：设定主题

本阶段的主要任务是资料收集与整理。教师根据竞赛主题，利用课件、小视频等手段向学生展示主题机器人的基础知识以及机器人特点，初步讲解主题内容和实践任务，然后引导学生从本地人文特色、非遗传承、3D打印创新技术等方面思考创意机器人的主题和设计方案。此阶段的学习任务是通过网络、书籍、博物馆等查阅资料、收集资料，学生分享自己经过收集与整理后的创意、心得，教师引导学生围绕主题进行头脑风暴，聚焦项目主题，要求学生根据分拣机器人的特点，寻找与本地人文特色有关的资料。学生在头脑风暴后创意层出不穷，有分拣九峰鹰嘴桃的，有分拣丹霞红豆的，等等。

### （二）第二阶段：自主学习

本阶段是根据主题，学生自主规划学习内容，教师协助以及辅导，主要分为两大任务，第一个任务是针对第一阶段所确定的主题，有目标性地收集资料，此时可拓宽资料收集面，如到博物馆参加实践体验活动和传统工艺制作师交流，使学生逐渐了解本主题所需的知识及跨学科的知识点。学生在这些知识的收集和整理的过程中，也培养了学科知识融合的能力和互相协作的团队精神，对本市的人文特色、“非遗”文化传承等也更加了解。

图1　参加韶关市博物馆举办的活动，了解丹霞红豆

第二个任务是基于项目主题，做好机器人外观及运作场景设计，其中一队的主题是丹霞红豆分拣机器人，学生需要运用3D打印技术打印出丹霞山大门以及机器人分拣入料口。确定3D打印元素后，教师引导学生通过合理利用微课、青少年三维社区学习平台找出作品构造的要点并画出思维导图（图2），根据这两个方面的内容画出设计草图，根据设计草图借助3D One软件完成建模。建模后，测量机器人及场景的尺寸，根据真实的尺寸打印出成品。

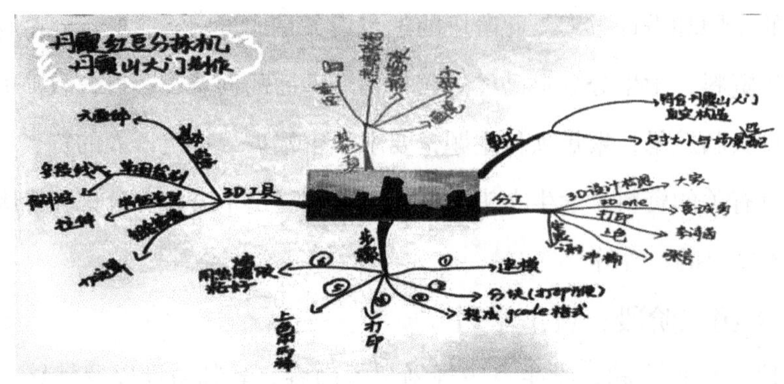


图2　丹霞山大门建模思维导图

成品打印出来后，利用钳子等工具去除支撑，通过热熔胶枪将模型黏合拼装，利用超轻黏土、回收材料、美术颜料等对3D打印模型进行美化上色。最后放在场景中，将整个场景布置完善，并且检测分拣机在设计的场景中是否能正常运作，完成一定的操作功能。

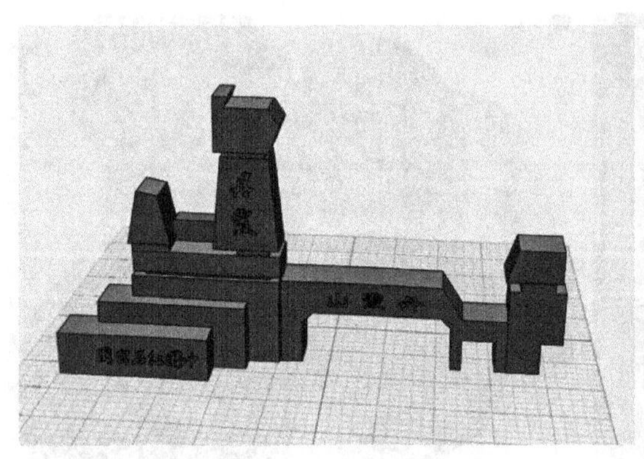

图3　学生用3D One软件进行建模

图4　学生作品

这个过程仿效工业设计，学生能完整地参与构思—设计—实现的全过程，创作出具有人文特色、个性鲜明的创意机器人作品。在创意机器人大赛中融入3D打印技术，不仅符合大赛规则要求，更符合国家举办创新实践活动的初衷，大赛与新技术相结合，激发学生的潜力和创造力，培养其科学创新探究能力。

## （三）第三阶段：实践操作

本阶段主要内容为工程方面的学习，教师利用课件、小视频、实物介绍机器人及配套零件，讲解电子元件的作用、电路原理图、电路连接，提供安装图纸等大赛资料，在技术上给予学生指导。教师巡查收集操作过程出现的问题，指导学生解决问题。在这个阶段学生能够认识机械零件的名称及作用；动手组装机械结构；掌握组件安装方法和提高准确率，分析组装细节，掌握易损零件的正确操作方法；认识机器人套件中的电子元件，掌握电路原理图和芯片管脚的序号；掌握节点接线法；懂得检修和排除故障，实现机器人功能。这阶段的学习内容涵盖了科学、技术、工程、艺术、数学等知识，拓宽了学生知识面，培养了学生通过科学知识和实践操作解决机器人问题的能力，不断在发现问题、解决问题中提高学生的动手实践能力，也激发了学生的求知欲及探究能力。

### （四）第四阶段：活动展示

本阶段主要内容为社团小组展示及校园展示推广。第一次成果展示是组织社团成员在校内进行一次模拟比赛，其中一个环节是介绍作品，要求学生将3D打印出来的丹霞山作品向大家展示并讲解制作的过程及采取了3D One软件哪些工具和命令符进行建模。本次活动除了能传递韶关人文特色、弘扬韶关“非遗”外，也能加深学生对知识的理解及拓宽创意的设想范围。成功的小组要分享经验，失败的小组要寻找失败的原因，结合反馈情况，教师给出改进意见。通过这种成果展示分享，取长补短，参赛学生能互相借鉴，取长补短，为正式比赛奠定了基础。

第二次是校园展示推广，是将作品在全校师生面前展示，主要是宣传推广活动内容，增长全校学生对3D打印的见识，将3D打印知识普及全校，吸引更多学生参与该项活动，储备更多后备力量。

### （五）第五阶段：深度学习

通过两次展示、交流反馈，教师引导学生分析作品的成功之处及可改善之处，让学生总结经验，分享经验，提高学生对作品的熟悉度，进一步巩固知识点，积极备战广东省创意机器人大赛，并制定下一阶段的内容，组织学生深度再学习、再创作，利用所学知识去探索实践，进行技术融合创新。

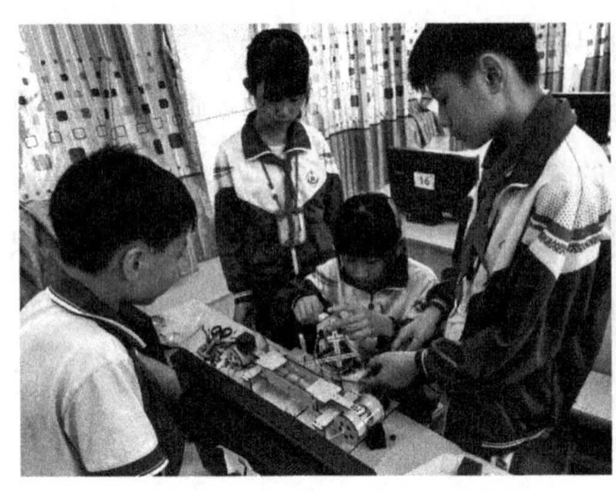

图5　学生钻研工业机器人

图6　学生制作场景

## 五、教学评价

新的教学评价采用STEAM评价方式和评价量规，分别从学生和教师的角度出发。

### （一）评价方式

学生：根据学生课堂学习情况和任务完成效果进行评价，从“S（科学）、T（技术）、E（工程）、A（艺术）、M（数学）”及学科融合、赛后总结等七个方面进行评价。

教师：根据培训中学生的互动、小组融合气氛，以及学生在实践、合作探索中遇到的问题的解决情况，对学生进行个人评价、小组评价。

### （二）评价量规

表1　学生评价表（每项满分5分）

| 评价等级 | 评价标准 | 得分 |
| --- | --- | --- |
| S（科学） | 能够对学科融合创新，能够利用思维导图掌握探究的方法和步骤 | |
| T（技术） | 了解元件、电路，掌握机器人的结构、原理及建模所需的命令和设置 | |
| E（工程） | 能够学会看电路图，实现机器人功能，懂得使用工具建模 | |

（续表）

| 评价等级 | 评价标准 | 得分 |
|---|---|---|
| A（艺术） | 感受人文、“非遗”等文化底蕴，并将其利用到机器人的外观创新中 | |
| M（数学） | 能够用逻辑结构描述解决机器人搭建过程中遇到的问题，合理设计建模各部分比例 | |
| 学科融合 | 能完成机器人创新实践活动 | |
| 赛后总结 | 总结比赛过程中的得失 | |

表2　教师评价表（每项满分5分）

| 评价等级 | 评价标准 | 得分 |
|---|---|---|
| 教育方式 | 体现机器人与学科融合主题项目式教育方式，建立以学生为中心的课堂教学模式 | |
| 培训过程 | 培训学习过程气氛活跃，内容能够吸引学生 | |
| 学情分析 | 教学设计符合学生思维，学生能够掌握基本内容，并在此基础上能够自由发挥 | |
| 学科融合 | 能完成机器人创新实践活动 | |
| 赛后总结 | 总结比赛过程中的得失 | |

整个课程都能围绕机器人与学科融合主题项目式教育方式，建立以学生为中心的主体观，通过课程学习，为学生构建“想象与现实”的桥梁，搭建了“思维与物化”的交互，培养学生的“空间想象”能力以及学科知识融会贯通的实践能力。课程以小组合作、竞赛方式学习的形式开展教学，能充分调动学生的积极性、团队合作学习的精神，学习气氛较好，学生也能快速掌握所学知识。

## 六、教学成果及推广价值

### （一）教育成果

从教学效果来看，各阶段的学生都能完成预设的教学任务，并且从学情方面分析，四、五年级的学生虽然之前没有接触过电路、3D打印，知识点对他们来说较为超前，但经过主题项目式教学方式学习，将学习任务进阶式分层，学生始终能够保持积极浓厚的探索兴趣，主动学习，不断探索新的知识和技能，最终完成项目任务且在2020年第八届广东省创意机器人大赛中取得一等奖的成绩。

1.S（科学）能够对学科融合创新，学会画好思维导图掌握

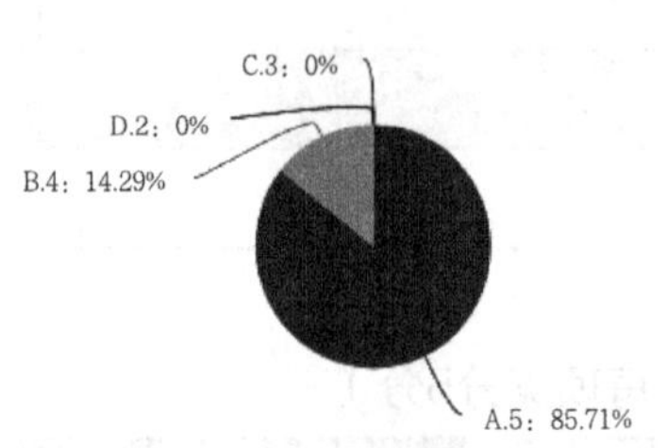


2.T（技术）了解元件、电路，掌握机器人的结构、原理、

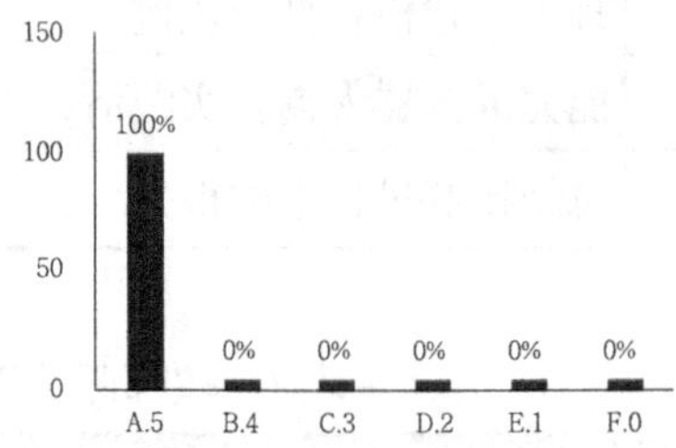


3.E（工程）能够学会看电路图，实现机器人功能，懂得像

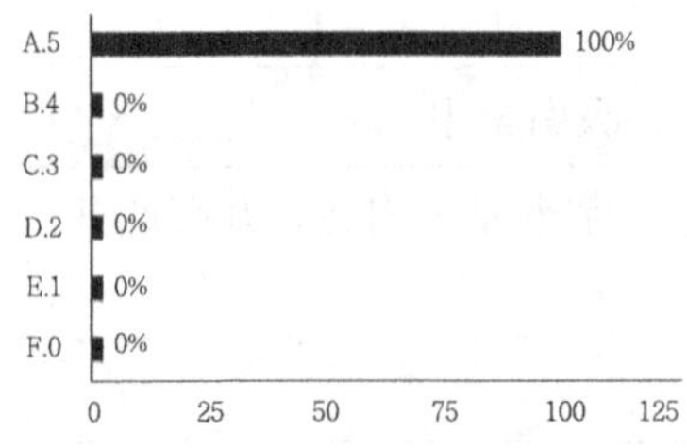


4.A（艺术）体会人文、非遗等文化底蕴，机器人外观创新

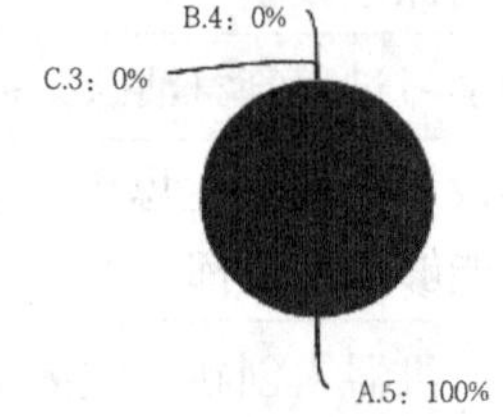


5.M（数学）能够用逻辑结构描述解决机器人搭建时所遇

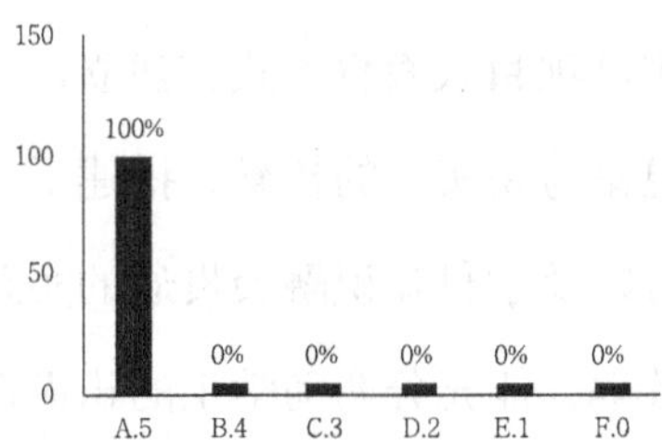


6.学科融合，能够完成机器人创新实践活动。

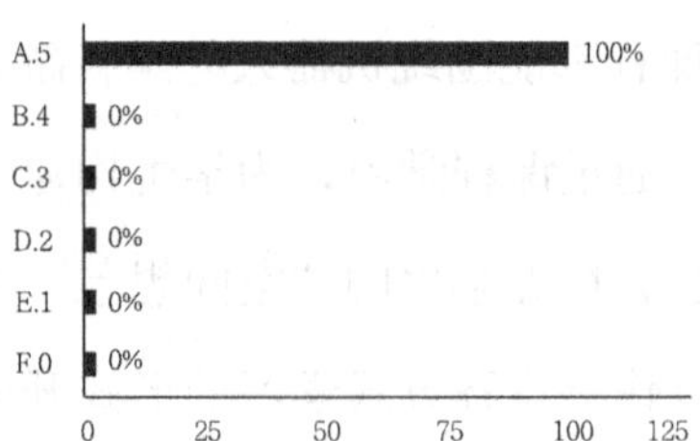


7.赛后总结，总结比赛过程中的得失。

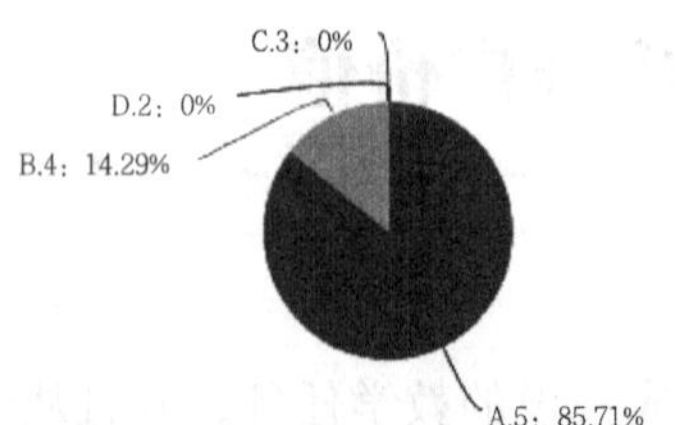


图7　学生评价量规统计

### （二）推广价值

本教学模式探索是我校近三年的教学实践积累，通过省市创意机器人大赛和3D One设计开展主题项目式教学，进阶分层学习和考核形成“设定主题—自主学习—实践操作—活动展示—深度学习”的良性循环，促使学生在课前自主学习，课上内化知识，在学到知识、锻炼技能、取得成绩的同时增强信心、不断提升兴趣，真正激发他们的学习积极性。机器人大赛与学科课程的整合，通过比赛的形式充分提供了学生之间的交流平台。市、省机器人比赛能够培养学生的逆商，同时也让学生接触到前沿顶尖的技术，掌握地方传统人文，使得学生知识、见识丰富全面，能力提升显著。

**专家点评** 

作者以广东科学中心提供的工业机器人科普套件为基础，在小学开展机器人创新实践。学生在学习机器人结构和电路原理基础上，构思创意，设计机器人机械结构，组装机器人电路，实现一个工业机器人分拣系统。案例有两个突出亮点：一方面，案例结合了校本3D课程设计，引入3D打印技术，弥补了官方在结构设计培训方面的不足。另一方面，在项目过程引入了活动评价标准。本案例的成功经验可推广到广东省创意机器人其他竞赛平台。

# 感恩遇见，相约东江

## ——通用技术校本课程之"简易机器人设计与制作"教学案例

广州大学附属东江中学　朱小利

**案例简介**　通用技术学习是以设计学习与操作学习为特征、科学与人文相结合的基于真实世界和物化对象而实施的创造性实践活动。其核心素养主要包括技术意识、工程思维、创新设计、图样表达、物化能力五个维度。本文作者认为在通用技术课程中融合STEM教育理念，结合广东科学中心开发的套件开发"简易机器人设计与制作"校本课程，以项目式引领，分层教学，关注学生的非线性需求，进行通用技术深度学习，有利于培养通用技术核心素养，促进个性化发展。

**关 键 词**　通用技术　核心素养　校本课程　机器人

通用技术学习是以设计学习与操作学习为特征、科学与人文相结合的基于真实世界和物化对象而实施的创造性实践活动。"简易机器人设计与制作"是培养学生科技创新能力的一个主题，也是我们进行通用技术选修模块的第一个项目载体。我们的教学目标通过设计机器人项目，创设"情景链"和"问题串"，让学生亲历机器人设计和制作的一般过程，引导学生掌握数学、计算机、科学、人文和工程等

☆本案例获2021年广东省"馆校结合"创意机器人创新实践教育案例征集活动二等奖。

多学科知识的交叉运用，在具体任务的学习中能进行多元逻辑分析，在真实情景中能主动发现并解决实际问题，感受用编程思维处理问题，从而培养学生形成技术意识、创新设计、工程思维、图样表达和物化能力等学科核心素养。

# 一、设计思路

## （一）设计背景

2015年开始，我校通用技术科组就联合广东科学中心开展了我校首次创意机器人进校园活动，并利用这个契机，建立了创意机器人社团，吸收了有这方面特长的学生来培养其创新能力。我们的学生无论在工程思维、物化能力还是创新能力方面都得到了很大的提高，并在各类科技创新大赛中获得了喜人的成果，我们也积累了一定的教学经验。但是随着活动的推广，参与的学生越来越多，我们也面临着一些客观的问题：资源有限、师资力量不足；学生知识水平参差不齐；如何解决不同学习阶段的学生同时开展创意机器人项目培训，进行个性化培养模式等。为了实现教学目标，我们借鉴深圳实验中学项目学习模式，对高一、高二的学生进行同步培训，并在实践中融合项目式教学理念，进行项目式学习。

## （二）设计依据

### 1．以项目式引领，设计多元学习方式

本课程以大项目、大过程为基本特征，其蕴含的知识、技能、原理有其内在的联系。在教学内容设计上，应注重学科逻辑与学生逻辑统一，采用能够照顾到学生个体差异的多样化内容设计，力求正确处理其内在联系和学习进阶，根据知识的特性灵活选取呈现方式，一部分采取安装支架的策略，一部分层层递进、前后呼应、总分结合，实现螺旋式上升。活动项目或实践任务的安排，具有一定的层次性和选择性，根据难易程度分为基础、强化、综合与拓展三个层次。面向对象应区分为全体学生、大部分学生以及少数拔尖人才。其中综合与拓展，具有一定的开放性，需要较高的理性分析与实践操作能力，有一定难度，主要面向少数对机器人有专长或有特殊兴趣的学生。基于通用技术核心素养，采用自主学习、合作学习、研究性学

习等多元的学习方式，可以促进每一个学生的良好个性潜能和谐发展的"长善"与"救失"的统一[1]，通识与专项的兼备。

2. 融合STEM理念，以问题驱动学习

STEM是科学（Science）、技术（Technology）、工程（Engineering）、数学（Mathematics）四门学科英文首字母的缩写[2]。STEM教育的核心理念是跨学科融合，通过真实的情境，让学生综合运用学科知识，创造性地解决实际问题，从跨学科知识应用的角度提高学生解决问题的能力。

在教学中，预先设置符合学情的STEM任务，以情境为引领，以工程设计过程为主导，以真实问题为驱动，以学生为中心，让学生参与到STEM多变、偶然、真实的项目情境中，通过探究学习，建构动态的知识面，经历具体真实的情境，学生在"发现问题—解决问题—发现新问题"的动态循环中产生需求[3]，激发解决问题的欲望，带着问题，不断追问和解开更多的谜团，在这个过程中，不同学科、不同领域的知识会进行链接和联结，使学生主动建构知识，形成完整的知识系统。这正是创意机器人教学实践的理念之一。

### （三）活动主题和对象

1．活动主题

普及型：设计普适性的机器人教学项目；进阶型：构建有梯度的可选择的教学配套资源。

2．活动对象

活动对象分为普适型、提升型、竞赛型三类。普适型即面向高一招生，从高一理科班级中挑选班级开展推广课程，普及创意机器人教育，培养并从中选拔人才；提升型是结合我校机器人社团这个平台，面向全校高一、高二进行考核招新，录取约40名学生，组成8支队伍进行精英培训；竞赛型是从机器人社团选拔拔尖人才参加大赛，录取人数在10人以内。

表1　学情分析

| 对象 | 知识水平分析 | 认知与行为分析 |
| --- | --- | --- |
| 高一 | 来自乡镇，理科知识薄弱，实践动手能力差，创新意识不强，编程零基础 | 具有初步的探究精神，对技术活动具有思维敏锐性和可练习性 |
| 高二 | 具有一定的跨学科知识储备，亲历了设计的一般过程，理解技术与设计的关系，但仅限于简单结构的设计和搭建，没有系统性地设计或制作过具有一定功能和创意的作品 | 具有较强的探究精神，会主动探索钻研，性格比高一更为沉稳，求知欲较强，学生的空间想象能力、分析综合能力得到发展，能够理解逻辑流程但是编程基础仍为零 |

表2　普适型和提升型对象差异分析

| 对象 | 知识水平分析 | 认知与行为分析 |
| --- | --- | --- |
| 普适型 | 一般为高一新生，对理科较为感兴趣，各科学习情况良好，但是理论偏离实践，操作能力差 | 性格较为活跃，愿意学习新生事物，但不够积极主动，喜欢按部就班，依赖性强，缺乏主动探究的精神，创新意识不强 |
| 提升型 | 具有较完整的理科知识储备；数理逻辑思维较强，各科学习情况较好，形象思维向抽象思维过渡良好 | 具有一定的技术意识、工程思维、创意设计和物化能力，有不错的空间想象能力和综合分析能力，能主动发现和解决问题，能根据任务自主进行判断和权衡 |

通过表格，可以从知识储备到行为分析看出教学对象存在明显的差异性，在教学中要善于引导他们发挥优势，缩小短板。对于基础、工具型的知识可以同时学习，对于扩展性强、有明显层次性、更加复杂的知识点以示范或补充的形式进行个性化教学，可以帮助学生建构完整的知识体系。

### （四）特点和创新性

1．特点

从学生层面来看，我们主要以第二课堂的形式进行招生，生源知识水平和认知水平存在明显差异，但起点源于兴趣，有较强的目的性和学习动机。从教学内容来看，机器人活动内容及项目的设置具有螺旋性。从普适型到提升型有一个合理的递进过程，总体知识技能符合初高中阶段学生发展水平；综合与拓展的知识具有一定的开放性，满足少数对机器人有专长或有特殊兴趣的学生的个性化发展。在总体教学上，我们采取项目式引领、螺旋式上升的方式，结合初高中基本知识，搭建新的知识结构；经过基础知识的普及、选择性的提升、个性化的培养三个阶段，培养学生形成技术核心素养。

2．创新点

（1）创设情境，激发兴趣。

机器人课程最大的特点是"玩中做，做中学"，它是一项跨学科的科技活动，具有目的性、综合性、实践性、创新性等特点，提倡学生用工程思维去发现问题和分析问题，用物化能力去解决问题，以任务情境驱动学生自主学习。

通过趣味导入，创设问题情境，以激发学生的好奇心和求知欲。创设问题情境就是通过设疑，将矛盾充分暴露出来，产生疑问，激发认知冲突，激发探究欲望，使学生积极参与到教学中去，调动学生学习的积极性、主动性。如教学"触碰开关电路原理"这一课时，笔者采取视频导入的方式，播放科技节机器人比赛中出现的"不撞南墙不回头"和"旋转木马"两个视频，视频中鼹鼠机器人因为触须处理不得当，持续撞墙无法正常转身而产生的"憨态"引得学生哄堂大笑，成功激发了学生的好奇心并引发了激烈的讨论，让学生不仅对本节课的内容产生了浓厚的兴趣，还圆满地完成了学习任务。为了让学生理论联系实际，学以致用，引入真实的生活场景为案例让学生分析，如汽车轮子的转动、轮船舵机的运转、飞机螺旋桨的旋转等，化抽象为具体，学生通过实践操作获得了直接的感性知识，成功的实践活动使学生获得效能感，能最大限度地调动并发挥出其主观能动性，保持学习的积极性，培养分析问题和解决问题的能力。

（2）STEM项目引领，个性化教学。

为了更好地尊重学生的个性发展，挖掘学生潜力，在机器人教学中，我们采取了项目式教学的方法，关注每一个个体的发展。根据学生的认知能力设计不同的项目任务，分成必做项和选做项，教师适当引导并给予鼓励支持。在小组学习中，对于能力较为薄弱的小组，则采取降低教学难度，学习固定项目。进阶班则开展项目式学习，设计挑战性学习任务，开展持续性学习评价，创设开放性教学环境，培养个性化发展。

如在“无人驾驶车”项目中，根据学情分别设置小项目，分设循迹（走直线、弯道、S交叉线、九宫格）、遇障停车（高低、大小、方位）、识别红绿灯、自动停泊（内、外线）等活动主题，学生必须实现无人驾驶车的基本功能，同时可以选择挑战不同难度的活动项目，进行提升和挖掘潜能。在满足前者的要求下，再引导有潜质和兴趣的学生思考如何实现无人驾驶车的自动停靠功能。这可以检验学生是否具有主动拓展知识、打破常规、另辟蹊径的创新思维，发展学生个性。

学会从STEM的真实情境的问题中，通过观察、调研、实践，抽丝剥茧，提取构建模型，形成解决问题的工程思维并转换成物化能力，这才是通过机器人项目式学习培养学生形成技术核心素养的真谛。

（3）提供平台，培养技术核心素养。

提供开放性的实践平台，有助于培养技术核心素养。进行科创活动的学生，他们一般都具有较强的独立思考能力和动手实践能力，有想法、有创意、敢挑战是他们共同具有的良好品质。通用技术教师主要以引导为主，不应过多干涉学生的想法，让学生有自我发展的空间。但不多干涉不等于不多作为。相反，引导者的工作将更加复杂和艰辛。我们应设定引领性主题，创设开放性的教学环境，提供实践平台。教师根据实际情况合理设计主题，对差异性的培养对象设计不同的项目任务，可以培养学生形成多元化的构思分析思维方式和方案权衡的思想理念。

（4）合作学习，共同进步。

民主和谐的学习氛围，增强团队归属感。教学过程是一种沟通与合作的过程。作为通用技术教师，应结合通用技术核心素养，建立开放式的师生关系，充分尊重学生的个性发展，把学生当作一把“可以点燃的火炬”，而不是盛知识的容器，把课堂构建成一个团队工作室，同甘共苦，共同进步。

## 二、表现方法

为培养学生形成技术核心素养，经过一系列课程实施及探讨，总结出以下较为有效的教学方法。

### （一）创设情境法

创设情境，激发兴趣。兴趣是最好的老师。项目推广之初，愿意参与机器人活动的学生少之又少，为了更好地开展工作，我们抽调了两个班共109人开展问卷调查，经过调查分析，主要原因是多数学生物理、数学等理科基础知识薄弱，电路搭建、工程设计方面缺乏实践，学生对创意机器人缺乏认知，多数学生认为机器人是昂贵、复杂且遥不可及的东西，没有自信，不敢尝试。如何让学生克服畏难情绪，积极参与，是需要解决的第一个问题。为了克服这个问题，我们采取了开展讲座、创设体验情境的方法，设置了好几个案例，让学生观看并且参与其中，从中获得效能感和自我认同感。

以热点激发兴趣，以具体案例体验击破"畏难"防线，让学生树立对创意机器人的正确认识。如红外传感器的学习，可以结合社会热点，展示红外传感器在无人驾驶中的运用，让学生观察并且分析它们的工作原理；或者采用体温枪这一利用红外线传感器远距离测量人体表面温度的生活用品，引导学生猜想它的工作原理从而主动思考调查得出红外传感器的工作原理。通过实例情境有效地让学生理解创意机器人中的红外传感器。

### （二）任务驱动法

在教学中，预先设置符合学情的、有知识关联性的有趣小任务，有策略地、有梯度地分层次设计教学内容。根据项目进行到某一阶段出现的问题来预设任务，让学生发现问题，然后带着问题思考、探索、实践、验证。这符合"发现问题—解决问题—发现新问题"的创造规律，有助于激发学生主动学习的兴趣，运用讨论发现新旧知识的连接点，可使学生对已学知识产生进一步的认识，较系统地把握知识点及它们之间的逻辑，实现高效的教学效果。

譬如在电路搭建的学习中，通过使用广东科学中心提供的第一套机器人——鼹鼠机器人及其材料，让学生初步观察并讨论：鼹鼠有什么特点？为什么鼹鼠机器人的触须碰到墙或者障碍物的时候会转向？是什么驱动它转向并且识别方向？

结合所有学生的讨论，我们进一步提出任务，让各小组解决：

1．通用任务

（1）根据现有知识，解答电机是如何实现正转、反转、停止的控制？

（2）尝试用串并联电路图，表示对电机的部分控制。

（3）能否直接用触碰开关实现对电机的部分控制？

2．选择任务

（1）根据之前所学的知识，读懂电路图并能够进行完整的电路搭建。

（2）能够解读并重新绘制完整的电路图。

（3）能正确进行电路搭建，实现对电机正转、反转及停止的控制。

（4）在实物连接中，能够检测电路，并且解决遇到的问题。

学生通过任务，结合教师提供的学习资料，开展组内学习，最后通过小组之间交流展示的形式夯实所掌握知识，实现教学的有效性。

## 三、实施流程

### （一）准备阶段

合理安排可选项，体现层次性，编排课程进度，准备好课程资源。基于广东科学中心研发的套件，根据学生的不同层次，我们把培训项目分成了基础型和选择进阶型两大类。结合学情及校情，我们把课程分成两部分进行，总课时大约为16课时。下面就演奏机器人项目进行课程安排举例。

表3　演奏机器人项目教学内容清单

| 序号 | 教学内容 | 资源形式 | 形式 | 课时安排 |
| --- | --- | --- | --- | --- |
| 1 | 演奏机器人概念及项目介绍；万用量表的使用方法；面包板的使用方法<br>实操：安全导通发光二极管+马达 | PPT演示、视频 | 讲授、实操 | 1 |
| 2 | 初识门电路（理解数字电路“与”“或”“非”的关系）；初识控制器、单片机概念及各接口作用；逻辑电路的数字表示；用真值表转换逻辑关系 | PPT演示 | 讲授、实操 | 1 |

（续表）

| 序号 | 教学内容 | 资源形式 | 形式 | 课时安排 |
|---|---|---|---|---|
| 3 | ①Fritzing基础；②连接实例：Arduino使用电位器控制LED亮度<br>①初识编辑元件；②实例：画出手电筒的电路图 | PPT演示 | 讲授、实操 | 1 |
| 4 | Arduino教程一：①Arduino IDE的安装和使用；②编写第一条程序：LED闪烁<br>Arduino教程二：①交互按钮功能及电路图编程实例；②使用软件消抖实现按钮控制LED | 演示、实例 | 讲授、实操 | 1 |
| 5 | Arduino教程三：利用判断语句进行限位开关触发检测<br>Arduino教程四：①舵机工作原理及与控制板连线；②定义对象设置舵机角度 | 演示、实例 | 讲授、实操 | 1 |
| 6 | Arduino教程四：运用变量和循环语句，控制舵机按键联动<br>Arduino教程五：模拟信号的读取与串口通信，参数设定 | 演示、实例 | 实操 | 1 |
| 7 | Arduino教程六：整合程序 | 演示、实例 | 实操 | 2 |

### （二）教学阶段

按照计划结合我校的实际情况，我们主要利用第二课堂时间开展机器人校本课程，一般分成五大阶段进行教学实践活动。

表4　机器人校本课程教学安排

| 阶段 | 形式 | 对象 | 内容 | 教学准备 | 实验项目 |
|---|---|---|---|---|---|
| 宣传阶段 | 讲座 | 约400人 | 学习电路基本知识，了解、认识机器人及其发展前景 | 多媒体课件、鼹鼠机器人 | 学生体验 |

（续表）

| 阶段 | 形式 | 对象 | 内容 | 教学准备 | 实验项目 |
|---|---|---|---|---|---|
| 推广阶段 | 讲授 | 约100人 | 鼹鼠机器人搭建及其创意设计 | 课件、纸张、笔 | 绘制鼹鼠机器人电路图 |
| | 实操 | | 实践课：拆解鼹鼠机器人 | 上届科技节已组装好的鼹鼠机器人及材料清单 | 4人一组对照清单拆解机器人，归纳、分类、整理元器件，并且标注是否缺失或损坏 |
| | 实操 | | 实践课：组装鼹鼠机器人 | 鼹鼠机器人套件、胶带、电热笔等 | 搭建鼹鼠机器人，交流展示 |
| | 实操 | | 创意设计 | 学生自备的废弃材料：报纸、纸杯、塑料盒、一次性筷子、空笔芯等 | 自制功能创意和外观创意 |
| 小结阶段 | 竞赛 | 约400人 | 科技节机器人大赛 | 鼹鼠机器人套件、基础工具 | |
| 提升阶段（以演奏机器人基础型为例） | 讲授 | 40人 | 认识各种电子元器件 | 多媒体、传感器、LED、电阻和万用表等 | 连接电路，传感器测试 |
| | 实操 | | 利用Fritzing模拟搭建简单逻辑电路 | 四足声控机器人套件 | 搭建四足声控机器人电路 |
| | 实操 | | 演奏机器人基础型系统连线 | 演奏机器人基础型套件 | 搭建完整电路 |
| | 实操 | | 演奏机器人编程型裁判系统方案研究 | 控制器、按键数码管、触摸传感器、LED和电源及杜邦线 | 实验：测试按键交互功能 |
| 拓展阶段（以演奏机器人编程型为例） | 讲授 | 选择 | Arduino、Python编程入门 | Arduino板、安装有Arduino IED的电脑、发光二极管、面包板、杜邦线和电阻 | 示例：LED灯闪烁 |

（续表）

| 阶段 | 形式 | 对象 | 内容 | 教学准备 | 实验项目 |
| --- | --- | --- | --- | --- | --- |
| 拓展阶段（以演奏机器人编程型为例） | 实操 | 选择 | 编程实现人机交互和自我演奏功能的方案研究 | 演奏机器人编程型套件 | 实验：①按钮交互实验；②设置舵机角度；③舵机按键联动和参数设定试验 |
| | 实操 | 选择 | 编程实现创意设计 | 学生根据设计思路，可自行购买相关材料实现创意 | 功能创意和外观创意 |
| | 实操 | 选择 | 自行开展排障预演 | 演奏机器人创意作品 | 完成附加题 |

## （三）活动过程图片

我校从2015年伊始，依托广东科学中心的机器人套件，开展了机器人进校园、机器人讲座、校园科技节创意机器人大赛、机器人展演、机器人研学等一系列活动，受到了广大师生的一致好评，其中创意机器人大赛已经成为学校科技节优秀传统项目。

图1　机器人进校园推广活动讲座

图2　创意机器人大赛

图3　机器人展演活动

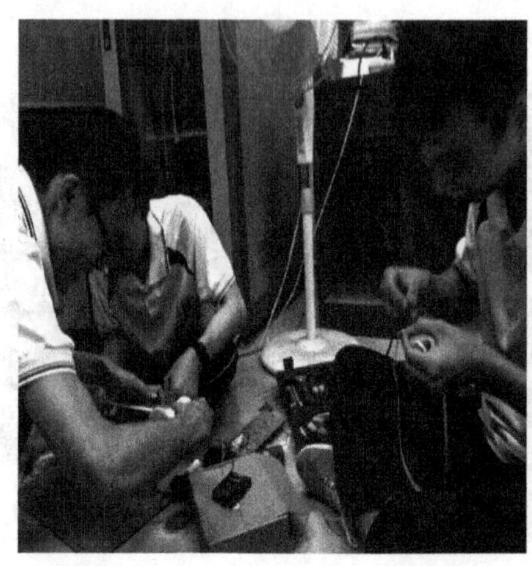

图4　穿针引线，制作传送带

图5　无人驾驶车创意制作

图6　演奏机器人编程型调试

## 四、教育效果

经过为期一个月的推广活动和半个月的集中训练，可以说效果显著。从学生学习情况分析，推广班的学生从总体上来说通过理论和实践相结合，对机械、工程、物理电学有了新的认识，增强了学习理科知识的自信心，提高了动手操作的能力，从跟随学习变成主动研究。虽然仍有部分同学对一些拓展的知识理解不了，并不能够保持所有学生的学习兴趣，但是参加过推广活动的学生在之后的各种科技活动中表现得更加积极和优秀，能够在做中用，做中思。进阶班的学生有较强的寻根究底的态度，通过培训，他们不仅热爱钻研机器人，懂得运用编程软件进行编程和创意设计，还形成反思性学习习惯以及设计与操作的高阶性思维，达到了做中悟，做中创。在这方面，形成技术核心素养的学生有更突出的表现，他们喜欢在大赛中挑战自我，对于大赛设定的附加题目情有独钟。比如陈俊宇、黄晖豪、周颖彤、邓宇权等同学在2016年第五届广东省创意机器人之工业机器人大赛中获得了广东省一等奖，2017年陈俊宇同学还被评为广东省"优秀共青团员"称号；2018年，钟日进、赖健乐、廖春华等同学在第七届广东省创意机器人之演奏机器人大赛中分别获得编程组第一名和基础组第六名的优异成绩。经过机器人课程训练的学生都以各种方式挖掘了自己的潜力、发展了自己的特长、寻找到了更加适合自己的发展方向。

## 五、推广价值

本案例在我校的实施中，教学效果良好，学生普遍反馈较好，经过几年的摸索，已经具有一套自己的教学模式和方法，已成为我校通用技术的校本课程，并具有相应的教学设计、案例、课件以及各类软硬件资源。本案例课时设置较为合理，对于硬件要求不高，成本低、易普及、易操作、拓展性强，有利于培养学生形成技术意识、工程思维、创新设计、图样表达和物化能力等技术学科核心素养。让学生

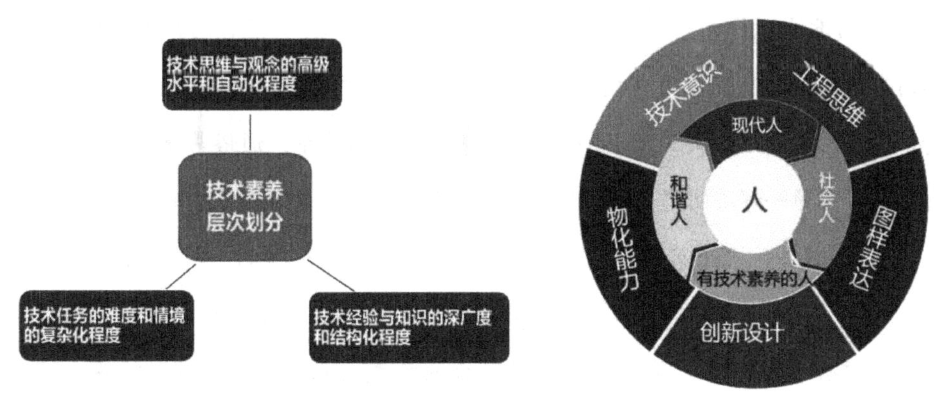


图7　通用技术学科核心素养及技术素养层次划分

关注社会热点，紧密联系生活并且增强节约环保意识，有利于培养具有科技潜能和创新研究型人才，推广价值较高。

在通用技术教学中，结合通用技术学科核心素养以及技术素养层次划分，从学生的角度编排简易机器人校本课程，强化需求性，引入STEM理念，基于主题的跨学科课程整合，实现从学科并列到学科融合的教学模式对培养学生形成技术核心素养效果显著。

## 参考文献

[1]宋佩．论怎样保证初中音乐教育健康发展[J]．长春：小作家选刊（教学交流），2016，000（3）：37-38.

[2]崔立，刘良贵．浅谈美国STEM教育的建议及启示[J]．北京：中国校外教育（上旬刊），2015（1）：15.

[3]杨国英．初中生科学精神的培养探究：以初中历史教学为例[D]．昆明：云南师范大学，2006.

## 专家点评

本案例基于工业机器人套件，按照《普通高中通用技术课程标准（2017年版）》和《关于开展2020年广州市"馆校结合"创意机器人进校园活动的通知》（粤科学中心教字〔2020〕19号）的要求，进行教学教案开发。

案例设计以大概念、大项目、大过程为基本特征，其蕴含的知识、技能、原理有其内在的联系，坚持以项目式引领，设计多元学习方式，融合STEM、问题驱动学习理念。用图形来表示有关STEM各项要素与项目之间的关系，通俗易懂，有特色。能够建立"发现问题—解决问题—发现新问题"学习模式，让学生在项目教学中主动学习。

在按要求开足开好通技课的前提下，学校结合广东科学中心开展了创意机器人进校园活动，建立创意机器人社团，吸收有特长的学生，培养学生创新能力。并通过馆校合作项目与"第二课堂"相结合的方式，拓展高中通用技术课程的学习内容，这种做法值得推广。

# 工业机器人搭建智能分类助手

## ——清远市源潭中学创意机器人实践教学案例

清远市源潭中学　曹陈玉　周金兴　李志坚

**案例简介**　本案例是教师基于广东科学中心自主研发的工业机器人套件，面向高中学生设计开发的智能分类项目学习。旨在引导高中阶段的学生利用机器人套件从实现简易机器人的搭建入手，不断深化科学原理探究，掌握计算机智能控制机器人的方式方法，思考和创新工业机器人的应用场景，加强学生对技术生活的应用感受和学生的职业应用实践体验，从而培养和提升学生自主探究、合作学习、深度思考、乐于实践探索的科学探究精神。

**关 键 词**　馆校结合　机器人　工业机器人　项目学习　科学探究

## 一、设计思路

### （一）设计背景

2020年，在广东科学中心和清远市教育教学研究院的组织下，源潭中学校内社团组织开展了2020年创意机器人主题学习及竞赛活动。社团根据广东科学中心自主研发的工业机器人套件及比赛规则针对学生开展了教学竞赛活动，并根据比赛组别

☆本案例获2021年广东省“馆校结合”创意机器人创新实践教育案例征集活动二等奖。

分基础组和编程组进行学习体验，还邀请学校技术科组牵头开展校内培训与竞赛组织。在此基础上，学校形成以社团形式牵头鼓励学生积极学习机器人与智能教育的良好教学氛围，并在广东科学中心和清远市教育教学研究院的技术帮扶下有效开展机器人教学。

### （二）设计依据

1. STEAM教育：2015年9月教育部《关于"十三五"期间全面深入推进教育信息化工作的指导意见（征求意见稿）》中，明确提到要"探索STEAM教育、创客教育等新教育模式"。2018年2月教育部办公厅发布文件《2018年教育信息化和网络安全工作要点》提道："探索信息技术在众创空间、跨学科学习（STEAM教育）、创客教育等教育教学新模式中的应用，逐步形成创新课程体系。"2018年4月，教育部印发的《教育信息化2.0行动计划》提道，要推进新时代教育信息化深入发展。华东师范大学任友群教授提出，现在大部分国家都把教育信息化上升到国家战略层面，STEAM教育是破解中国科技教育难题的一剂良方。STEAM教育重视复合型人才的培养，以适应未来社会对人才的需求。

2. 项目式学习（Project-Based Learning），简称PBL，是一种系统的学习方法。目前暂时没有一个统一的、确切的定义，主要是指以学生为中心，以项目为依托，通过小组合作，学生围绕项目的真实问题情境展开探讨并设计出解决问题的研究方案，并从中获得知识和能力的提升。项目式学习并不是说让学生简单地完成任务单而获得知识，而是让学生在完成任务单的过程中通过主动探究和实践而获得各种能力的提升，是一种有意义的深度学习。教师在教学中采用项目式学习的形式，让学生在获得知识的同时，培养其自主探究与解决问题的能力，核心素养得到有效提升。

### （三）活动主题和对象

本次学习活动的主题是"工业机器人搭建智能分类助手"，主要面向清远市源潭中学高一年级学生开展。

### （四）活动特点和创新性

本次活动是基于比赛形式开展的项目式学习活动，同学们通过自主报名、合作学习、自主探究完成比赛项目活动，掌握多学科知识，培养实践动手能力，同时通过比赛取得成绩建立了学习的获得感和成就感，有效提升学生直面问题、克服困难、加强合作等综合素质。

## 二、教学目标

### （一）三维目标

知识与技能：创意机器人实践教学重在提升学生的实践动手能力，通过制作和拓展基础的工业机器人，加深对智能时代机器人功能、结构、系统设计的理解。

过程与方法：通过工业机器人搭建实践教学，帮助学生认识常见的传感器与执行器，对常见的机械结构、控制方法、电路搭建与测试有直观的感受。

情感态度与价值观：在实践基础上提升学生迎难而上、实验探究、发现创新的科学精神和学习兴趣。

### （二）核心素养

信息素养：能够根据制作工业机器人的项目学习的需要，自觉、主动地寻求恰当的方式获取与处理信息；体会到技术发展对工业、生活等多方面的影响，能够敏锐感觉到信息的变化，从而培养学生对时代的适应性。

计算思维：通过制作工业机器人，感受机器处理外界信息的过程。从传感器数字化获取数据，将获取到的数据进行分析，发现不同情况（颜色）分类项目中数据的不同特征，接下来以程序建立分类的结构模型，将采集到的数据合理组织；通过程序判断、分析与综合各种信息资源，形成分析结果对分类进行处理，比如控制工业机器人项目马达运行实现分类，解决实际问题。

数字化学习与创新：在网络和数字化工具不断普及的当下，帮助学生学会有效利用信息社会中的海量信息，丰富媒体和多样化技术工具，优化自己的学习和生活，提高完成工业机器人制作项目需要的自主学习能力，有效地管理学习过程与学习资源，创造性地解决问题，从而完成项目学习任务，逐步形成创新作品。

信息社会责任：规范学生在开展项目学习中的网络学习行为，提升学生的网络安全意识，并引导学生关注信息技术革命所带来的环境问题与人文问题；对于信息技术创新所产生的新观念和新事物，具有积极学习的态度和理性判断与落实行动的能力。

技术意识：以工业机器人为例帮助学生感知和体悟技术现象与技术问题，了解到技术对人、社会、环境的影响，形成技术安全意识、责任意识、生态文明与环保意识等。

工程思维：可将工业机器人的创意外观设计比作系统工程的完整制作，学生通过整体规划、要素分析、模拟搭建等领悟结构、流程、系统、控制的思想。

创新设计：在制作过程中通过运用分析对问题进行创新性构思，提出符合设计原则的构思方案，通过技术探究和实践操作综合各种方案加以优化。

图样表达：在小组活动中通过图样简单描述设计思路，小组成员共同参与讨论设计的优缺点和可行性，用技术语言交流表达。

物化能力：对科学中心原有的工业机器人套件案例进行改进与优化，比如通过结构和传感器位置等优化机器获取数据的准确性，通过合理的传送带结构和速度控制实现有效的分类问题解决效果。

## 三、表现方法

### （一）结合生活情境，规划职业生涯

学生对于项目学习的深入参与离不开真实情境和多学科知识。为了便于学生理解工业机器人的使用场景，提升学习兴趣，在活动开展之初，我们引入高中生职业生涯规划的有关内容从现实生活中的职业场景介绍工业机器人。

结合学生接触的职业背景，我们将学校的门卫和陶瓷厂的流水线工人引入教学之中。从学校近年发展的现实场景开始，将学校变化与时代发展的大背景关联起来。通过对比2016年与2020年的新旧校门来看学校门卫的一天劳动，让学生真实感受到科技力量能有效减轻劳动者的工作量。同时我们结合家访过程中家长讲述的学校附近陶瓷城工人的现实案例，展示智能工业化背景下流水线工人面临的失业压力

和风险。因为学生很多来自清城区的一个工业小镇——源潭镇，其主要的工业生产项目是陶瓷生产加工，不少学生家长从事相关行业，但受科技发展、社会工业转型升级需要等影响，很多学生家长面临转岗和失业的问题。而我们现在学习的机器人在现实中替代了重复劳动的工人，一定程度上影响着源潭工业劳动者结构。在这样的真实情境中，一方面能加强学生与家庭的纽带关系，帮助学生理解家长、关心家长，另一方面也能激发学生自主想要提升科技知识的动力，增强今后的职业竞争的内驱学习动力，规划职业生涯。

图1 清远市源潭中学新旧校门对比

## （二）借助智能工具，探究应用原理

机器人的发明和使用离不开具体的实践场景。活动需要鼓励学生观察学校及周边的普通劳动者，说说这些劳动者的工作内容，分析哪些劳动是可以通过机器来替代的，怎样通过外接设备获取劳动中需要获取的要素。结合案例，引导学生分别认识了不同类型的机器人的“感受器官”，通过这些“感受器官”，机器人可以便捷地获取外界的光线数据，为之后的执行处理提供依据。这一环节教师鼓励学生通过科学中心提供的培训课件和PPT先自主学习。教师再通过提问了解学生的实践进度，了解学生目前的学习问题，进而鼓励学生积极参与到机器人的搭建中，思考机器人的应用场景。

## （三）深入学习，紧扣问题情境

机器人的搭建与制作课不应仅仅停留在拼接一个现有功能的机器设备上，更要帮助学生建立一种信息时代科学的工具观、应用观和就业观。课程的表现不仅仅需要通过机器人项目介绍具体的实现方法和途径，更要将创意机器人与STEAM教育理念融合，培养学生利用所学知识解决实际问题的综合能力，将机器人搭建中接触到的科学原理、科学方法、科学思想、科学精神等应用到今后的求学求职中来。

# 四、实施流程

本次创意机器人校内活动主要分为教师动员、规则解读、教师分工、学生动员、学生学习、线上竞赛、赛后反思几个环节。

## （一）教师动员

广东省创意机器人大赛活动是在广东省科技厅和广东省教育厅指导下开展的科技创新类活动，旨在推动机器人科学普及，鼓励更多青少年在电子、信息、自动控制等高新科技领域学习。

## （二）规则解读

通过教师培训和群公布的比赛规则对竞赛的形式要求进行解读。了解线上比赛的注意事项、前期准备、比赛项目以及奖项设置等。

图2　清远市源潭中学教师培训照片

图3　清远市源潭中学学生训练照片

## （三）教师分工

根据“工业机器人”的比赛项目，我校对参与的指导教师也进行了项目分工，以周金兴老师为第一指导教师组建编程组和以曹陈玉老师为第一指导教师组建基础组。指导团队以技术组的教师为主，同时邀请物理、美术的骨干教师参与电路搭建、工作原理和外形设计的指导。

### （四）学生动员

在社团课期间对技术教师所辅导的学生社团进行学生动员，采取学生主动报名、师生了解进行初步分组，再通过组内筛选，初步确定参赛学生名单以及参赛队伍名称。

### （五）学生学习

学生学习分为早期的理论和规则学习以及之后的实践学习和操作答疑学习。理论和规则学习旨在帮助学生提高学习兴趣和掌握比赛规则，学校电脑室设有专门的学习区域，教师除了讲解，还可以通过共享云盘进行课件分享，中午午读前也提供专门场地和学习时间给学生进行理论和规则学习。学生在操作前先做一个基本了解和掌握，再实际动手操作。遇到操作中的问题鼓励学生先内部讨论消化，存在结构疑问的可以参照教师在教师培训过程中的实物案例进行比对分析查找问题。为了保障学习时间，指导教师可以利用自习课、晚修等对学生进行个别辅导。在搭建制作的过程中学生会遇到各种各样的问题，可以向科学中心的教师咨询，与此同时，积极关注群中其他各地教师遇到或发布的一些问题与解答，提供给学生进行实践参考。

在组织学生学习的过程中采取循序渐进、先易后难的方式，首先从工业机器人程序的基本结构入手，认识常见的计算机程序结构，即顺序结构、分支结构、循环结构。然后通过分析机器人的输入输出设备，将传感器和执行器之间的逻辑关系进行梳理，明白当传感器（红外或光敏电阻）获取到不同的外界光线后，执行器（马达）会产生不同的状态，并通过实践测试完成简易的光线控制马达的效果。在此基础上对影响光线获取的因素进行对比分析，比如当时的天气、外部环境、积木块的颜色、距离积木块的距离、传感器的角度等。基础组一方面可以通过手动调整传感器的灵敏度来优化自动分类的结果，另一方面可以通过减少距离、调整角度等来提高检测的准确性。因为学生在传送带的创意外观制作过程中修改了传送带的宽度，调整了传感器的位置，所以应尽量通过稳定的外部数据获取提高准确性。编程组的学生则尝试使用程序分支语句的不同参数来判断积木的颜色，学生通过观察分析，将不同颜色的积木块的特征值通过分支语句进行判断，以达到识别积木颜色的功能。当然，因为我们的学生并没有Arduino的编程基础，可以从米思齐的图形化入手，先从简单的灯的控制入门Arduino，再一步一步尝试越来越复杂的程序编写与修改，不断在解决问题中提升与学习。

在制作创意外观的过程中同学们也一起开展了思维的碰撞，有的同学想制作小车，有的想设计邮政快递分类器，还有的想制作垃圾分类机器人，后来通过小组成员的讨论，大家对主题进行了选择，并根据主题提前准备好了创意外观的制作材料。这个过程中也有一些曲折，当时有同学提出想使用激光切割机进行创意外观设计，因为没有掌握设备的使用技巧，后来的作品并没有作呈现，但是通过对设备的维护更新，同学在设备正常后，对于使用激光切割进行创意外观搭建产生了浓厚的兴趣，也促进了学生对于结构探究的兴趣。

视频的制作同样是比赛前需要小组同学共同完成的项目内容。大家在制作外观、作品讲解的过程中，通过分工对作品进行了制作过程的拍摄和介绍，同时对作品外观介绍视频进行了剪辑和加工。因为学校对于移动设备有统一的管理，学生主要使用指导教师的旧手机，进行自主拍摄录制。在这个过程中，有的学生学习了移动App的剪辑小技巧，有的学生学习了如何更好地推介自己的作品，还有的学生学会了更好地优化作品。学生的语言表达、设计美化、视频加工等多方面技能得到了锻炼。

### （六）线上竞赛

线上竞赛赛前需与学生调整好场地，确认网络及连接，提前准备好创意外观及解说视频，通过头脑风暴等与学生共同确定参赛主题。与学生共同准备好外观材料。比赛当天协调好学生的比赛安排与确认线上分组等基础信息，确保学生可以根据比赛要求和规定进入相应群组。

### （七）赛后反思

本次活动虽然已经对影响比赛的因素进行了分析，但不论是指导教师还是参赛同学，对实际参赛情况还是存在一定的准备不足、解读不足。比赛结果显示，功能分和外观分与排名有很大的关系，尤其是外观解说和作品的创新性还是存在不足。另外很多学生因为对开源硬件不了解，所以对代码编程存在畏难情绪。2020年的创意机器比赛项目虽然结束了，但是对于参赛学生和指导教师来说却是一个新的起点，学生在竞赛过程中懂得了团结合作的重要性，师生都体验到了价值感和获得感的重要性。

## 五、教育效果

### （一）知识获取

学校“工业机器人搭建智能分类助手”学习活动以社团活动的形式开展，同学们通过参加此次创意机器人的学习，了解机器人的基本组成、结构搭建与优化等。

### （二）技能与成绩

学生在实验过程中克服了活动的种种困难，不断完善和优化作品，加深了活动体验。在比赛过程中学生不断进行迭代，修改设计，促进效果优化，实现创意机器人制作。最终，基础组的“邮政快递机器人”作品获得了省三等奖，编程组的作品获得了省优胜奖。

### （三）情感与态度

学生在竞赛的过程中气馁过、纠结过、苦恼过，但最终还是在教师和评委们的鼓励下完成了作品。这种克服困难后的获得感和成就感对学生今后开展学习活动是一笔宝贵的财富。活动的套件不仅可以进行组合分析，拓展传感器，开源硬件教学，色块数据也可以帮助学生理解机器的智能分类，套件和代码程序都有直观的复用性，有助于学生进一步加强综合解决问题的能力。

## 六、推广价值

我们将学生参赛的活动视频与其他科技创新活动一起在2021年学校课堂节做了集中展示，在新学期开学典礼上面向全体师生对获奖学生进行了表彰，还在“双融双创”共享平台分享了学生活动的过程视频，鼓励更多的学生认识和加入科技创新的大家庭，鼓励教师再接再厉，不断研究和探索技术创新活动的推广与普及。

工业机器人项目案例不仅可以作为社团活动项目在学校社团进行推广教学，同

图4　清远市源潭中学学生作品通过课堂节展示推广

时机器人套件的元器件及程序代码也可以作为信息技术选择性必修《开源硬件项目设计》、通用技术选择性必修《电子控制技术》或《机器人设计与制作》的学生选修课程项目选题。为了更好地推动学校的科技创新活动开展，我们还将本次创意机器人活动与电脑制作活动、小小科学家实验创新活动等作为学校科技劳动教育作品集在学校3D室和线上进行推广与普及。科技创新活动不仅仅在于为学校争取荣誉、为学生提供舞台，更重要的是开阔学生的视野，让更多的学生对学习科技有兴趣、有信心、有渠道、有方法、有获得感，最终促进人人有创意、处处可创新、时时可创作，不断推动更多的乡镇中小学生开展科普创新活动。

## 专家点评 

本案例符合STEAM教育理念，在项目学习实施的过程中目标设定合理、理念表达清晰、实施流程有序。本案例最有创新的地方是能够结合学校及学生的实际，通过学生熟悉的生活情境及与他们息息相关的职业生涯规划，激发学生对机器人的兴趣，让学生真切地认识到机器人在生活中的存在以及对自己的影响，从而产生去认识了解和学习机器人相关知识的学习动力，这就是内驱学习动力。有了这样的动力，学生就不单单是为了参加竞赛而学习，也不是简单在兴趣驱动下进行学习，而是朝着于自身发展有益、实现自我价值的方向去探索。学生通过参与机器人项目不仅学习了机器人的相关知识，提高了自己的动手实践能力，更重要的是我们可以发现学生在自我学习、主动学习等方面有了提升。一个人最重要的能力不是掌握一种技能、一些知识，而是学会学习。在本项目当中，学生在学会学习方面取得了较大的进步，这正是本项目带给学生最大的收获。

# 实践中前行，探索中成长

## ——鼹鼠机器人教学实践活动

肇庆市第七小学　林晓珊

**案例简介**　本案例是教师借助广东科学中心自主研发的鼹鼠机器人套件，面向小学生设计开展的创意机器人进校园活动。活动主要带领学生一起实践探究“如何安装—电路连接—运行—外观设计”这一过程，是一个锻炼动手能力、培养创造能力的平台，得到了学生和家长的高度认可。同时，教师也在实践探索中得到了成长，对我校创客教育方面有很好的启迪，为以后的创客教育奠定了良好的基础。

**关 键 词**　鼹鼠机器人　创客教育　实践探索

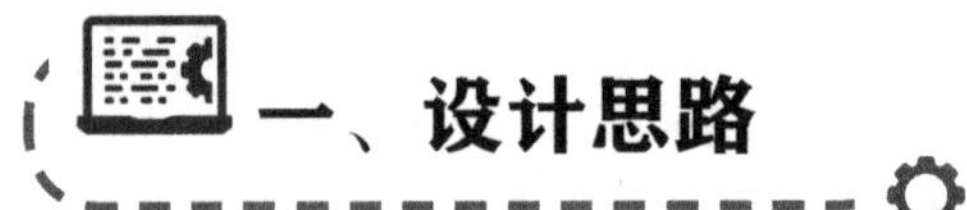

## 一、设计思路

### （一）设计背景

2014年开始，我校就以“Scratch儿童创意能力的培养”为课题展开了儿童创意编程课堂教育，同时取得了一定的成绩，成为肇庆市关于创意编程教育的先行者。由于起步快，学生有了编程基础，但受制于师资及设备资源问题，学校一直没有开

☆本文获2021年广东省“馆校结合”创意机器人创新实践教育案例征集活动三等奖。

展过机器人教育。2020年我校有幸成为广东科学中心的“馆校结合”实验校，得到广东科学中心资助的20套鼹鼠机器人，一下子解决了困扰学校已久的问题。鼹鼠机器人作为一种仿生机器人，外观有趣可爱，设计巧妙，同时涉及电路、工程学等知识，尤其适合作为我校创客机器人教育的切入点。于是，我们利用鼹鼠机器人开展一系列活动，让更多学生近距离感受机器人的魅力，参与到学校的科技创新项目中[1]。

### （二）设计依据

在案例中培养学生动手实践的能力，促进学生科学素养发展，使学生掌握并学会运用多学科知识来解决问题的方法。

### （三）主题和对象

活动主题：鼹鼠机器人。

活动对象：三、四年级部分学生。

### （四）活动特点和创新性

以学生为主体：在外观设计过程中，学生有完全的自主权，根据自己的想法自己设计。活动为学生提供了适合的脚手架，让他们有自我发展的空间。

以教师为主导：因材施教，在搭建的过程中，对于能力较弱的学生，教师会放慢进度，提供视频资源，给他们充分的时间来消化知识点，帮助他们攻克每一个难关。

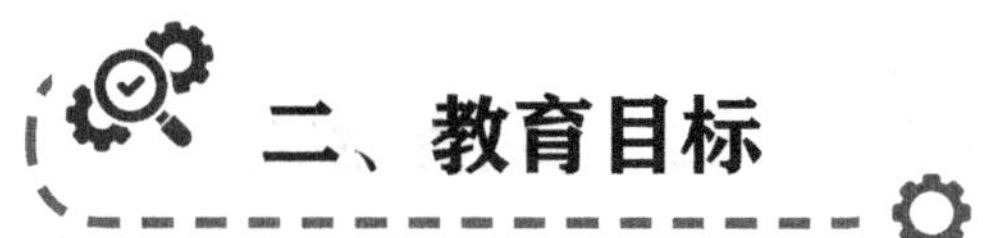

## 二、教育目标

### （一）知识与技能

学生掌握电路的基本知识和逻辑门电路的简单运用，学会正确使用简单的工具，如螺丝刀、面包板、导线等，以及认识一些电子元器件。

### （二）过程与方法

通过学生小组合作学习，探究鼹鼠机器人的组装和外观设计。

### （三）情感、态度与价值观

培养学生解决问题的能力，学会合作与交流，以及对科学探索产生浓厚的兴趣。

## 三、表现方法

### （一）创意机器人与多学科融合理念

鼹鼠机器人教育涵盖的知识面是很广的，也是跨学科的。机械组装的过程属于工程学，电路连接属于电子技术，创意外观设计属于艺术美工制作。整个过程让学生充分体验仿生科学的原理，同时，培养学生协作互助的团队精神。

### （二）以STEAM教育玩转鼹鼠机器人

STEAM是一种教育理念，它强调培养学生综合运用科学、技术、工程、艺术、数学等多学科素养，重视跨学科实践。本次活动重视激发学生的兴趣，上课前教师通过创设情境提高学生学习的内驱力，促使学生主动接受任务，有探索的欲望。上课时教师先通过播放《鼹鼠梦想有辆车》《扫地机器人》等视频，引导学生说说设计的鼹鼠机器人可以达到怎样的效果，让学生更加直观地感受鼹鼠机器人的仿生态，深入思考。然后合理引导学生，发展他们的创新意识、动手能力等各方面能力。最后，思考总结，鼓励学生发挥奇思妙想，在鼹鼠机器人的基础上，每个同学发挥自己的想象力和创造力，设计一个创意机器人的构想，实现STEAM教育目标。

## 四、实施流程

### （一）组建机器人社团

根据学生的学龄水平进行机器人社团组建。三年级由班主任与数学老师共同进行学生推荐；在信息技术课堂中，向四年级学生初步介绍鼹鼠机器人，让学生对鼹鼠机器人的外形设计和电路挑战产生浓烈兴趣并鼓励学生积极报名参与，然后在报名的同学名单中进行挑选，组成共46名三、四年级学生的鼹鼠机器人兴趣学习社团，每组2人，共23组。

### （二）培训过程

由于学生没有接触过机器人学习，教师要先让学生有个整体的思路，明确整个课程要达到什么效果，可以给学生列举一个完整的流程图，让学生一步一步来并鼓励学生根据思路调整自己的节奏。社团机器人教育的整体思路可以参考图1。

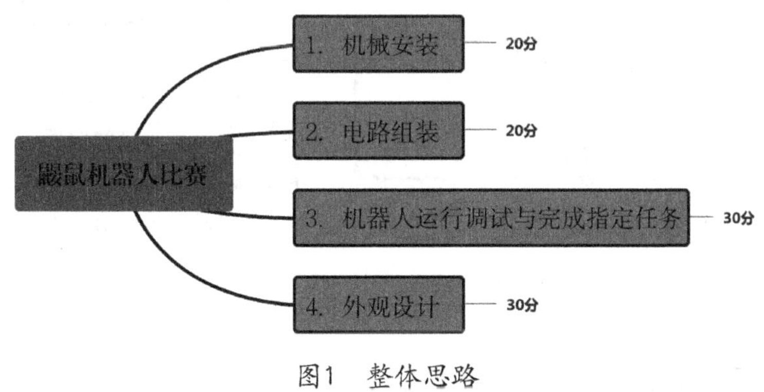


图1　整体思路

具体操作内容如下；

### 1. 机械安装

按要求把鼹鼠机器人的外观组装起来。这部分内容要求学生先看说明，再动手，磨炼学生的性情，让学生把急躁的心沉下来，戒骄戒躁，逐步进入佳境。在动手前，学生必须先了解每一个零件的特点及名称，例如：铜柱有长的、短的；螺丝有平头的、圆头的；两张光盘需要粘在一起提高强度，不要拆开；面包板的胶布不能完全撕开，使用圆头螺丝固定。这部分，有一个特别需要强调的地方就是安装过程中要尤其注意操作，马达的线容易断，螺丝容易丢，大部分学生急于求成，难以控制自己的急性子，容易跳过步骤，导致细节处理欠缺，机械组装丢分或需要重装。教师必须时刻调整好学生的心态，关注学生的安装过程，保证学生在第一部分顺利通过。

### 2. 电路组装

没有电，机器人就无法运行。这里需要学生掌握基本的电路知识，包括电池正负极的概念；如何判断和调整正负极等；如何实现马达的运转；前进、后退、左转、右转的线路区别；触碰开关的原理和“节点法”连接电路等。而整个电路组装，都离不开面包板，教师也要让学生充分认识理解面包板的工作原理。

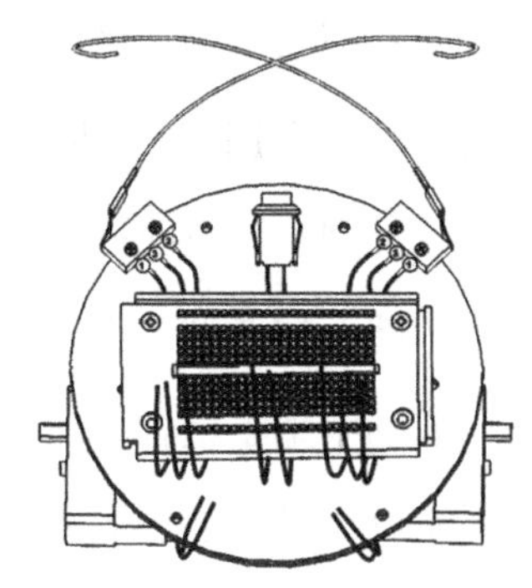

图2　面包板的位置

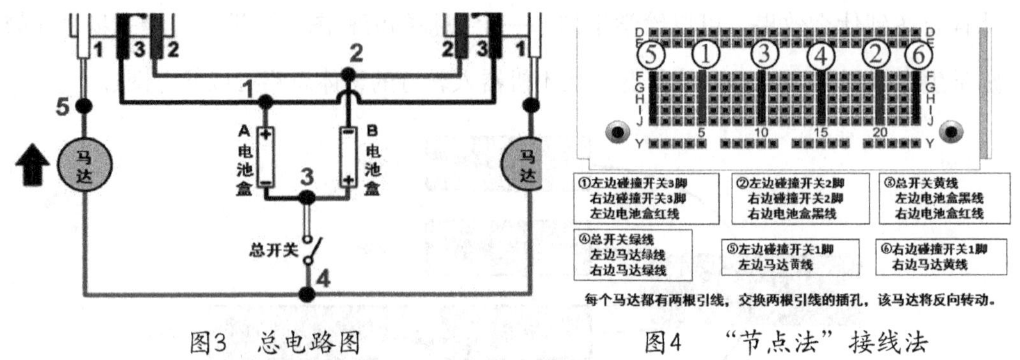


图3　总电路图　　　　图4　"节点法"接线法

3. 机器人运行调试与完成指定任务

即使是拼好了外形，插好了线路，并不代表就已经可以正常运转，我们需要不断地排错和调试。很多机器人一开电源，就开始转圈，这究竟是什么原因。这里，教师可以提醒学生排障的一些可能性，例如：总开关接通，车子没反应（检查右电池盒接触情况）；总开关接通，车子一直后退（对调两个马达线的插孔）；车子避障时，只有一侧轮子转动（检查左电池盒）；车子乱转（触碰开关的关系乱了或把触须掰得更巧妙，让机器人能顺利触碰）。学生在排障过程中，会出现很难沉下心来解决问题的情况。教师可以给同学们不断强调小组合作排查，一个人连的，另一个人检查，还查不出的，再对零件进行一一排查，检查无误后，学生再尝试完成指定任务。学生在不断排错过程中能加深对电路知识的掌握和理解，同时逻辑越来越清晰，最后任务的完成能带来极大的满足感和成就感。

4. 外观设计

外观设计是一个完全自由发挥、有很高自由度的动手过程。前面的环节完成后，教师利用了1节课的时间，教学生如何利用轻黏土、卡纸、环保材料等工具来设计外观。这里我们着重讲授了轻黏土的使用，简单地让学生体验了用轻黏土捏一个小蘑菇的造型，学生兴致浓厚，想象力丰富，个个都跃跃欲试。培训结束后，我们鼓励学生小组合作探究，共同商讨外观设计方案，制订合作计划，设定分工，共同完成。以下是给学生的设计简要。

选材：不受限制，应优先环保材料。

主题：不受限制，最好能吻合机器人主题。

外形：不受限制，但不能影响机器人的功能。

制作方法及步骤：不受限制，使用常见工具，手工作业。首先，进行线路包装，可以利用一次性透明的饭盒、卡纸、KT板、纸箱等材料包裹着线路，避免影响机器人功能的使用。接着利用轻黏土/扭扭棒/卡纸/塑料瓶等生活中常见的物品，进行外观设计包装。

### （三）社团活动总结

在规定的1周内，学生完成外观设计上交成品，学校组织科学教师对学生作品进行评分。最终评选出一等奖6组、二等奖7组、三等奖7组、最佳人气奖1组和最佳创意奖2组。

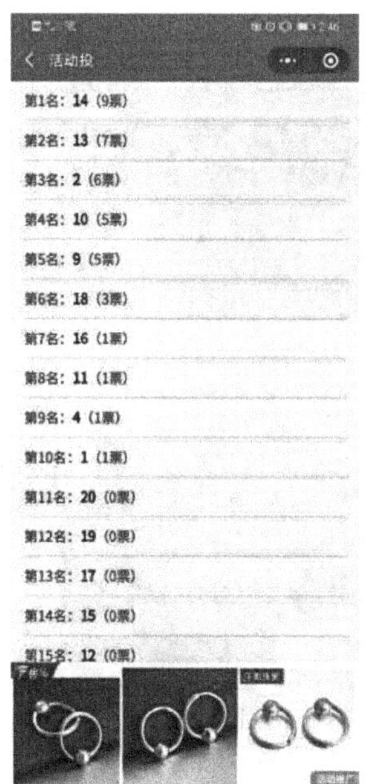

图5　学生作品投票及颁奖现场

## （四）分享与评价

作品完成后，我们鼓励学生与社团的其他同学进行交流和分享，他们非常自豪地向大家介绍了设计的灵感来源与制作过程。与此同时，还特别强调了他们在制作过程中遇到问题时是如何通过自主探究和组内讨论来有效解决的，并在自我评价表中将自己的学习和实践过程进行了认真的记录。最后，撰写了深刻的培训心得体会。

图6　部分优秀作品展示

# 五、教育效果

本次活动锻炼了我校学生的实操能力，提升了学生的科学素养和科技创新能力，提高了学生知识的实际应用、解决问题的能力，培养了学生的科技创新和创意制作能力。本次机器人社团活动的开展，宣传推广了创意机器人的教育实践价值，增长了学生对创意机器人的见识，激发了学生对科技创新实践活动的兴趣，推动了我校创意机器人教育的发展。

## （一）善于总结，自我反思

学生通过项目体验接触到各科融合的知识体系，在过程中不断进行探索、总结和展示。尤其是在容错的过程中，学生逐渐学会思考并解决问题，建构起自己的内在知识体系，体验到科学研究的屡败屡战、锲而不舍的钻研精神，并获得巨大成功感[2]。

班别：三（4）班 姓名：曹珊玮 座号：31 成绩：

（机器人学习心得体会）

这个学期初，老师选了一些同学去学习机器人，我也被选上了，但是我不知道是什么样的一门课程，有点紧张有点期盼。后来发现没有我想象中的那么难，而且还很好玩、很有趣！

原来这是一门开发大脑思维的课程，可以通过自己的构思，把机器人设计成自己想要的那样。可以做成各种各样的形状，也可以让机器人走路、动起来、跑起来、转弯、后退、前进……

我的同组搭档是何立行。我们要做的是鼹鼠机器人。每周我们有两节课。有一次，老师教我们最难做的部分"插电线"。制作机器人的过程难易程度增加的很快。我们看着老师给我们的图纸，看着上面的电线图按照上面的电线来安装。老师在讲的时候我们很用心的在聆听，但有的时候听不明白她在讲什么？她就再给我们一个一个的细心讲解，直到我们都明白了怎么来安装，我们在开始动手安装电线……我们很快就把电线安装并检查好了。

我们把做好的机器人作品展示给全班同学表演，如果碰到了左边触须，它就会往右转。如果碰到右边的触须，它就往左转。按开关按钮，它就直行。同学们都拍手称赞，我们的欢声笑语，传遍了整栋楼。

最后，我觉得我在这么短暂的时间里面学到了许多知识，比如：电线如何放在哪个位置，还有螺丝分别有哪一种……在这几个星期的时间里面，我过得很开心、快乐。

科测验

姓名：张晴文 班别：三（2）班 座号：44 成绩：

上机器人课的心得

上机器人课前，我对机器人有一种好奇的感觉，非常激动，因为我从来没有接触过和机器人有关的东西，所以我迫不及待地等着老师来给我们上课。

开始上课的时候，老师拿出一个机器人放在桌上，我一眼看过去就觉得组装机器人跟搭积木一样没什么难度的。可是，到我们组装机器人的时候，却没有想象中的那么简单、轻松的组装好机器人。组装机器人时，如果组装错了的话，还要把它拆散、重装，这样不仅浪费了时间，而且还浪费了好几个零件。最困难的是：插线路。如果有一条电路插错了地方，那么这个机器人就不能动了，而且还要重新把线路插好。

通过从这几节课中，让我受益匪浅，明白了：自己的不足，不懂的东西很多，做事情看起来非常简单，但做起来却并不简单。懂得了，做任何事情，要与别人团结合作、齐心协力才能把事情做好。

图7　部分学生心得体会

### （二）工匠精神，自强不息

在机器人教育中实现创新探索，我校坚持培养学生在实践中不断发现、不断改进、不断求新的精神。机器人课程不仅让越来越多的学生了解到科技创新的魅力，也培养了学生对该课程的兴趣与热情。在我校举办的“礼赞共和国，智慧新生活”校园科技节活动中，学生创作的智能声波灭火器、智能巡线垃圾车、一米距离测温帽等作品，从创新想法、创作过程、创作方法、操作技术等，都足以体现学生自强不息、永不放弃的精神，多学科综合运用能力得到了提升，充分展现了机器人与STEAM教育的关系，我校也会继续以弘扬工匠精神为已任，努力培育众多的适应各行各业的“工匠”[3]。

### （三）团队协作，共同进步

通过项目式学习的方式，让学生开展小组合作学习。在小组合作学习的过程中，学生有更多的机会发表自己的看法，把自己负责的部分与同伴沟通，学生为了完成共同的学习目标而相互研究、讨论、启发，同时伙伴之间相互补充、影响，使他们的思考更为全面、深入。由于在整个作品的设计与创作过程中，每一个协作小组成员都需要进行积极的沟通，不断地把自己的想法与同伴沟通、交流、碰撞、磨合、实践，这一过程有效地促进了学生的协作学习能力与沟通能力。在同伴互助、知识共享的学习氛围中，学习能力强的学生将自己获得的经验以易于接受与理解的方式传授给能力弱的学生，使他们也能体验到传、帮、带的乐趣。

## 六、活动总结

目前鼹鼠机器人课程已经顺利完成，部分学生制作了一些表达一定主题、具有创意的创新作品，这些作品虽然还有些粗糙，不够完美，但在创作作品过程中学生所表现出的丰富想象和极具创意的表达，以及在这个过程中学生的沟通协作学习能力的提高，已经显现出了机器人教育的初步成效。在此基础上，我们会延续创意机器人活动的开展方案，继续在机器人教育的道路上潜心向前，突破创新，争取更多的学习科技创新的机会，努力做出成绩，让学校和有关部门投入更多的软硬件资源支持我们的科技活动，引领学生发展多方面的素养，提升综合竞争力，最终实现STEAM教育教学目标。[3]

## 参考文献

[1]薛翔．高阶创意机器人STEM教学实践研究[J]．北京：中小学信息技术教育，2020（9）．

[2]施容容．与STEM课程融合的高中声控四足机器人教学案例[J]．北京：基础教育参考，2019（19）．

[3]刘鸣家，许传国．Scratch能带给我们什么[J]．北京：中小学信息技术教育，2013（2）．

## 专家点评

该活动案例基于广东科学中心的鼹鼠机器人套件，面向三、四年级的小学生开展实践活动。案例考虑到该套件的特点，按照“机械组装—电路连接—测试运行—外观设计”的常规过程进行，符合小学生的认知规律。在交流分享环节中，该案例有较鲜明的特点，学生参考程度高，这有助于将STEAM理念融合到实际教学活动当中。此外，案例在活动拓展和推广方面也较有创意，在后续的拓展活动中制作了若干创意小作品，为其他学校开展同类活动提供了可资参考的第一手资料。

# STEAM教育理念下的创意机器人比赛训练模式研究

## ——以“快递急件分拣机器人”为例

深圳市宝安区沙溪小学　翟慧清

案例简介　本案例是教师基于广东科学中心自主研发的工业机器人套件，面向有一定编程基础的小学生开发的比赛训练模式。案例以STEAM教育理念为基础，结合个别化教学理念，从“头脑风暴—电路连接—外观设计—机器人组装—测试与改进”五个方面构建创意机器人比赛训练模式。模式通过强化个别学习、优化分组学习、深化共同学习，创设真实问题情境，培养学生分析问题、解决问题的能力。模式具有可复制性、易操作性，能够为同类型的赛事，如创意机器人大赛、创客马拉松等赛前培训提供参考。

关 键 词　STEAM教育　创意机器人　训练模式　快递分拣

## 一、设计思路

### （一）设计背景

2018年，广东省科学技术厅和广东省教育厅印发了《广东省“馆校结合”科普

☆本文获2021年广东省“馆校结合”创意机器人创新实践教育案例征集活动三等奖。

育人工程工作方案》，要求大力推进广东省大中小学科学普及教育，全面提升青少年的科学素养和科技素质[1]。深圳市宝安区沙溪小学先后申请了深圳市创客实践室和宝安区创客实践室，开设有沙溪小创客、智能机器人、3D打印、创意编程等兴趣社团。学校近年来多次参加各级各类比赛，并获得了不错的成绩，比如，在“第四届全国青少年人工智能创新挑战赛”中获一等奖，在“第九届广东省创意机器人大赛”中获三等奖，在“深圳市第十八届网络夏令营”中获二等奖。学校旨在通过竞赛让学生感受科技魅力，提升科技素养。本案例在此背景下，试图总结提炼创意机器人比赛训练模式，为后续辅导创意机器人相关科技比赛积累经验，也为机器人校本课程的开发提供参考。

### （二）设计依据

#### 1. 个性化教学

个性化教学是指教师以个性化的教为手段，满足学生个性化的学，并促进个体人格健康发展的教学活动[2]。个性化教学理念指导下的课堂教学，在教学目标、教学内容、学习组织形式、学习评价等各方面呈现出不同。个性化教学更加关注学生的差异，通过评估和分析学生来制定不同层次的教学目标，以更加宏观的视野合理组织教学内容，兼顾各种学习组织形式，提高学习的自主性，指向学生发展，进行学习诊断和评价[3]。本案例正是基于个性化教学理念组织教学，试图使学生得到个性化的发展。

#### 2. STEAM教育理念

STEAM 教育是一种整合科学（Science）、技术（Technology）、工程（Engineering）、艺术（Art）、数学（Mathematics）的多学科教学理念。它强调跨学科的整合，强调知识的融会贯通，但它不仅仅是将各个学科的知识简单地整合在一起，更重要的是将各个学科不同的实践过程和精神内涵进行融合，是一种创新的学科融合。它能够让学生主动获取知识，鼓励学生以小组合作的形式去完成任务，最终可以提高学生解决问题的能力、创新思维能力和合作能力，让学生能够更好地融入班级中[4]。STEAM教育的综合性、开放性、实践性、丰富性等理念，为创意机器人教育的开展提供了新的思路[5]。本案例是在STEAM教育理念指导下，创设真实情境，让学生在做中学，培养学生发现问题、解决问题的能力。

### （三）活动主题和对象

#### 1. 活动主题

快递急件分拣机器人设计与制作。

#### 2. 活动对象

本次课程选择的对象是掌握一定机械原理和编程知识的小学生。他们是沙溪小学机器人社团学生，多次参加各级各类创客比赛，有能力完成机器人编程、组装、外观设计等工作，但对各个电子元件的工作原理了解不足，完成电路连接存在一定的困难。

### （四）活动特点和创新性

#### 1. 因材施教，促进学生个性化发展

本案例以个性化教学理念为指导，注重学生的个体差异性，根据学生的个性因材施教。打破内容、方式、要求的统一，合理运用适当的学习组织形式。强化个别学习，机器人这类实践性较强的项目，需要学生通过自己的练习掌握技能，给学生一定的时间独立思考，将所学知识统一同化于自身的知识系统，真正掌握技能。优化分组学习，课堂上根据不同任务的选择进行自由分组，根据学生不同的学习进度进行动态分组。深化同步学习，教师讲解难点或小组分享学习结果时，展开同步学习。

#### 2. 总结比赛训练模式，可复制性强

本案例总结并提炼比赛训练模式，为创新类机器人比赛、创客马拉松等综合性赛事培训提供参考，有助于形成一支能够参加比赛的专业队伍，为后续比赛提供经验，储备人才。

## 二、教育目标

结合STEAM教育理念和三维教学目标，本案例具体教学目标如表1所示：

表1　教学目标

| STEAM教育 | 目标领域 | | |
|---|---|---|---|
| | 知识与技能 | 过程与方法 | 情感态度与价值观 |
| 科学 | 通过微课学习电路知识，了解各个元器件的作用 | 掌握电路连接的基本方法，在反复实践中能够自主查错纠错 | 激发学生对电路连接产生兴趣 |
| 技术 | 了解机器人外观设计技术，如3D打印技术、激光切割技术 | 掌握工业机器人的拼装方法，以及外观的设计制作 | 提高学生独立思考、动手操作能力 |
| 工程 | 通过自主探究的方式学习机械结构、了解工业机器人的各个组成部分 | 掌握机器臂灵敏度调节方法 | 培养学生的工程思维 |
| 艺术 | 了解工业机器人外观设计的原理 | 掌握作品设计和评价过程中的审美技巧 | 培养学生对艺术的关注 |
| 数学 | 运用平面几何知识设计机器人的外观 | 能进行初步的几何图形设计和应用 | 初步感知几何在设计中的作用，体会学以致用的魅力 |

## 三、表现方法

本案例以STEAM教育理念为基础，运用个别化教学的教学方式，构建了基于STEAM教育理念的创意机器人比赛训练模式（如图1所示）。主要包括四部分：一是教学目标，二是学习方式，三是教学过程，四是教学评价。

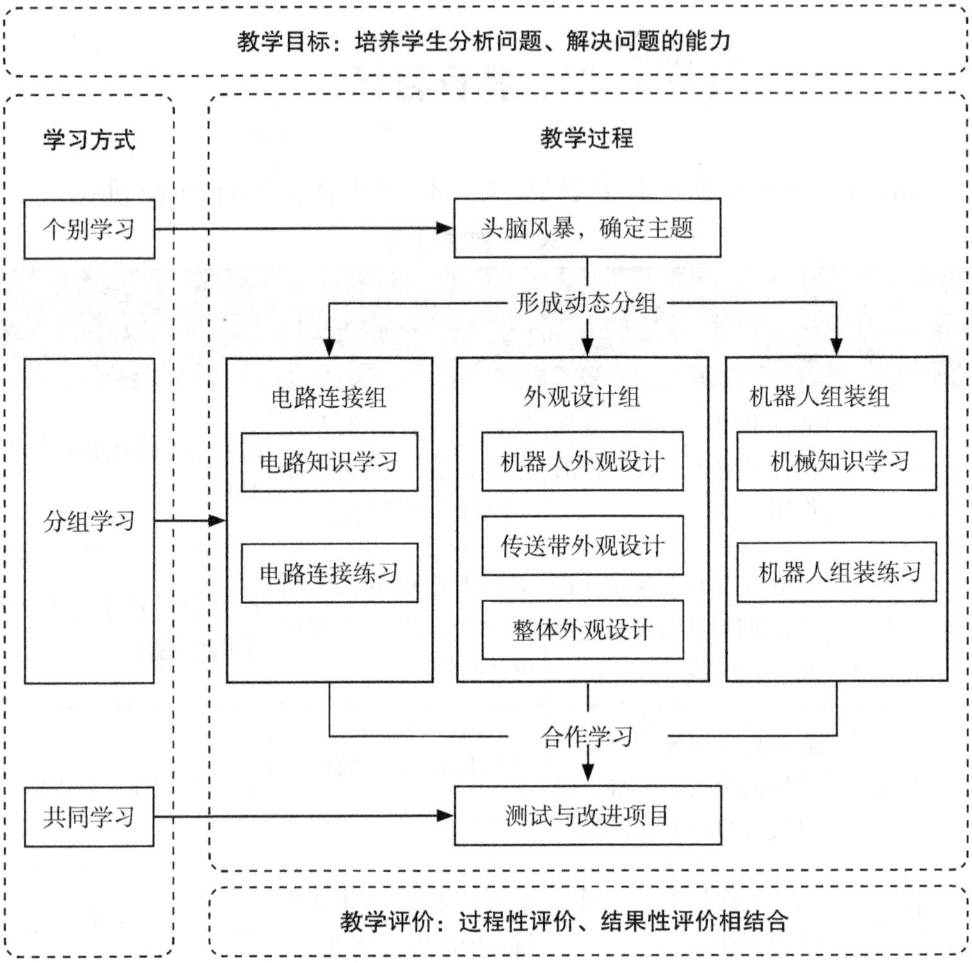

教学目标：培养学生分析问题、解决问题的能力

学习方式

教学过程

个别学习

头脑风暴，确定主题

形成动态分组

分组学习

电路连接组

电路知识学习

电路连接练习

外观设计组

机器人外观设计

传送带外观设计

整体外观设计

机器人组装组

机械知识学习

机器人组装练习

合作学习

共同学习

测试与改进项目

教学评价：过程性评价、结果性评价相结合

图1　STEAM教育理念支持下的创意机器人比赛训练模式

## 四、实施流程

工业机器人是面向工业领域的多关节机械手或多自由度的机器装置，它能自动执行工作，能靠自身动力和控制能力实现各种功能。第九届广东省创意机器人大赛提供的工业机器人具备两个特点：一是采用分立电子元器件，学生通过连接简单电路，可以更清晰地了解电子元器件的工作原理和各个时刻的工作状态，理解机器人工作的核心原理是“传感器—控制器—驱动器”，并掌握相关科技知识。二是提供了外观创意设计的空间，学生可以根据机器人的结构、功能和作用，加入自己的构想，从

主题、形式、材料等各方面，对机器人进行创意设计，发展科技设计思维和动手能力[6]。本案例将STEAM教育理念支持下的创意机器人比赛训练模式运用于“工业机器人”创意制作比赛的赛前培训教学当中，重点讲解教学中遇到的问题以及解决方法。

### （一）头脑风暴，确定主题

第九届广东省创意机器人大赛的主题是“工业机器人”，机器人需要将不同颜色的产品分拣到不同的仓中。参赛者可以围绕大赛主题确定自己的机器人主题和工作场景，围绕这个主题展开机器人外观设计。如何确定作品的主题呢？我们采用了头脑风暴的方法。具体做法如下：

#### 1. 创设情境，激发兴趣

（1）教学活动。

教师：PPT展示与分拣相关的工业机器人案例。

图2　工业机器人案例

学生：思考“分拣”可以应用到生活中的哪些场景。

教师：解读“分拣”规则，明确核心任务与需求。

学生：认真理解任务与需求。

（2）设计意图。

让学生联系生活实际确定主题。

#### 2. 头脑风暴，确定主题

（1）教学活动。

教师：讲解头脑风暴法的原则与具体实施过程，选择主持人与记录员。

主持人：给出头脑风暴的主题“生活中有哪些场景运用了分拣功能的智能设备呢？”

其他成员轮流发言：分别从垃圾分类、质量检测、过安检、快递分拣等方面论述如何进行分类。

记录员：用思维导图记录发言过程。

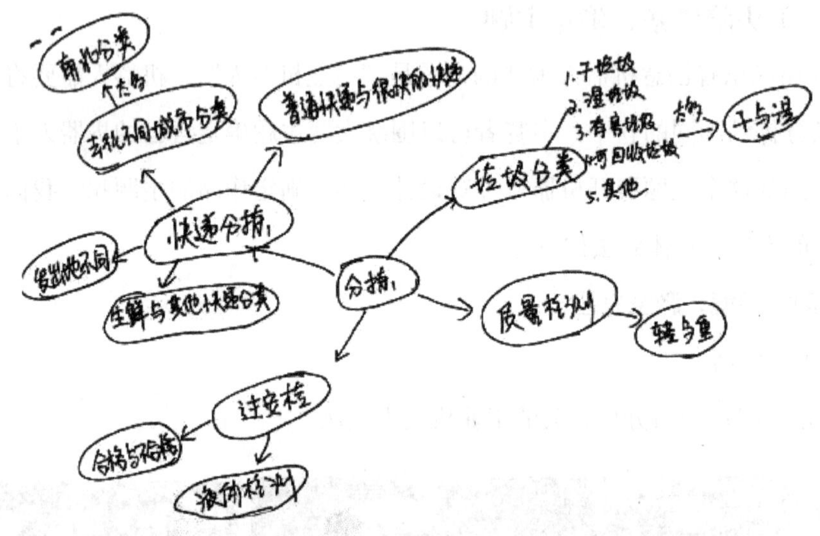


图3　学生头脑风暴过程记录

学生：确定主题"快递急件分拣机器人"。

（2）设计意图。

让学生通过头脑风暴充分讨论，确定主题。

## （二）分组探究，实现功能

确定了"快递急件分拣机器人"主题之后，学生针对机器人外观设计展开讨论，根据讨论结果将学生分为三组：对外观设计有想法，具备一定美工能力的学生进入外观设计组；逻辑能力强的学生进入电路连接组；动手能力强的学生进入机器人组装组。

### 1. 电路连接

（1）教学活动。

教师：讲解机器人的组成——传感器、执行器、控制器。

学生：了解机器人的组成部分。

**实验一：限位开关**

实验材料：面包板、电源、杜邦线、限位开关、电阻、LED灯。

教师：讲解面包板行和列的连通方法。

学生：参照电路图连接各个元器件，掌握测试限位开关的方法。

**实验二：红外模块**

实验材料：面包板、电源、杜邦线、红外模块。

教师：讲解红外模块检测物体的原理。

学生：参照电路图连接红外模块，学会通过调整待检测物体与红外模块的距离，来调整变阻器值。

**实验三：电机驱动**

实验材料：面包板、电源、杜邦线、限位开关、驱动芯片、电机。

教师：讲解驱动芯片和电机的功能，以及驱动芯片各个管脚的作用。

学生：参照电路图连接驱动芯片和电机，能够结合限位开关控制电机。

**实验四：逻辑门**

实验材料：面包板、电源、杜邦线、限位开关、逻辑芯片、电阻、LED灯。

教师：讲解逻辑运算“与”“或”“非”如何运算，分析逻辑芯片四组逻辑门的组成。

学生：运用不同的逻辑门点亮LED灯，真正掌握逻辑门的运算，学会用逻辑芯片实现机器人逻辑推理。

学生：参照电路图完成电路搭建。

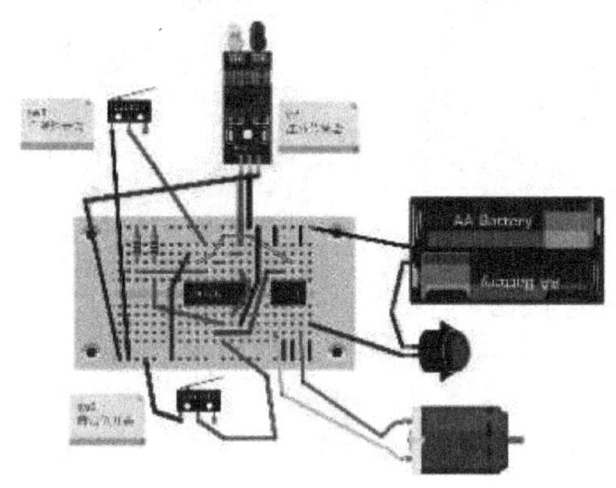


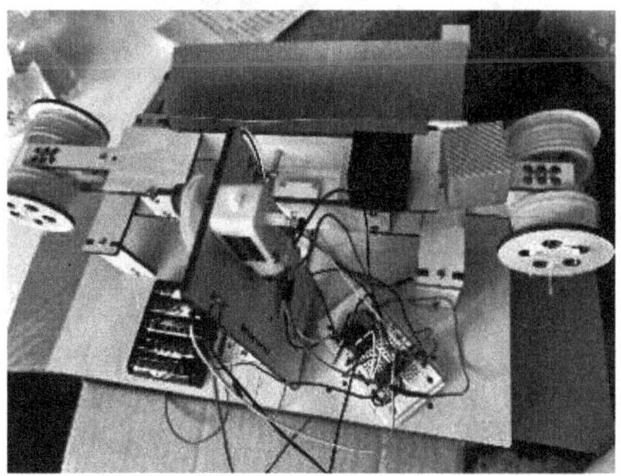

图4　电路图和学生完成的电路搭建

（2）设计意图。

学生没有动手连接过电路，因此电路连接是本案例实施的难点，教师采用示范操作法，先讲授元器件的原理，然后进行操作示范，学生再按照电路图连接电路。通过四个实验分步练习，让学生知道在遇到问题时可以分解成单个问题进行测试，逐个排查至解决问题。

**2. 外观设计**

（1）教学活动。

**探究一：手工创作**

学生合理利用包装纸盒，选用剪刀、彩笔、热熔胶棒等工具，通过手工绘画对机器人外观进行创意设计和美化。

**探究二：3D打印**

首先尝试用3D打印技术打印一个小汽车模型代表陆运仓，但由于物料较多，3D打印的小汽车过小，因此放弃了这种方案。

**探究三：激光切割**

利用激光切割出的小汽车造型代表陆运仓，切割出的飞机造型代表空运仓。

总结：外观设计以激光切割为主，手工创作为辅。

图5　机器人外观

（2）设计意图。

外观设计以学生自主探究为主，充分发挥学生的主观能动性。

3. 组装搭建

（1）教学过程。

①学生根据组装图纸搭建机器人的机械臂和传送带。

②整合电路连接组、外观设计组的成果，将其搭建完整。

③不断练习，提高组装速度。

（2）设计意图。

提高学生的动手实践能力。

**（三）测试改进，提高效率**

分组完成任务之后，开始进行功能赛测试。严格按照比赛规则展开测试，测试过程中针对遇到的问题不断改进。

（1）调整机械臂灵敏度。

调节机械臂的长短并测试其灵敏度，从而控制传送带的传输速度。

（2）提高分类准确度。

在测试过程中，我们发现“快递”在传送的过程中有时会卡在传送带上，因此将包装纸盒剪成合适大小，用热熔胶粘在传送带的边缘，防止“快递”卡在传送带上。为了提高传送效率，我们运用激光切割技术设置了“半自动放料装置”。

## 五、教育效果

在本案例中，学生动手完成了创意机器人电路连接、外观设计与组装，基本理解了机器人的工作原理，掌握了外观设计的基本方法。通过头脑风暴的方式提高了学生分析问题的能力，通过电路连接、3D打印、激光切割、手工制作使学生在动手操作过程中提高了解决问题的能力，通过对不同学科知识的学习，培养了学生从多角度思考问题，学会选择不同的工具和方法完成任务，形成了实事求是的科学态度和崇尚科学的价值观。

## 六、推广价值

本案例总结了创意机器人比赛训练模式，具有可复制性、易操作性，能够为同类型的赛事，如创意机器人大赛、创客马拉松的赛前培训提供参考。同时本案例充分考虑学生的差异性，基于学生的个性展开分组学习，有助于充分发挥学生的优势，让具备不同素养的学生在自己的领域不断成长，有助于形成一支均衡发展、各有所长的专业队伍，为后续比赛提供经验，储备人才。

### 参考文献

[1]广东省科学技术厅，广东省教育厅．广东省“馆校结合”科普育人工程工作方案[Z]．广州：广东省科学技术厅，广东省教育厅，2018.

[2]李如密，刘玉静．个性化教学的内涵及其特征[J]．山西：教育理论与实践，2001（9）：37-40.

[3]熊梅，王艳玲，艾庆华．个性化教学设计与实施策略[J]．北京：课程·教材·教法，2011，31（8）：18-23.

[4]张琳涓．STEAM教育理念下中小学机器人课程教学模式探究[J]．北京：中国教育信息化，2018（20）：26-29.

[5]薄丽娜．基于STEM的机器人教学模式设计与应用研究[D]．重庆：重庆师范大学，2018.

[6]施容容．与STEM课程融合的高中声控四足机器人教学案例[J]．北京：基础教育参考，2019（19）：40-42.

### 专家点评

本案例介绍了学校以创意机器人套件开展创新教育系列活动的情况。该校是一所人工智能教育特色鲜明的学校，硬件设施先进、师资力量较强，基于 STEAM 教

育理念和个别化教学理念，强化个别学习、优化分组学习、深化共同学习，从“头脑风暴—电路连接—外观设计—机器人组装—测试与改进”五个方面构建创意机器人比赛训练模式，创设真实问题情境，培养学生分析问题、解决问题的能力，为其他多种创新机器人教育培养了储备人才。其构建的创意机器人比赛训练模式，具有较高的推广应用价值。

# 基于混合式教学模式的高中STEAM课程案例设计

## ——以鼹鼠机器人教学实践活动为例

清远市华侨中学　张可静

**案例简介**　本案例是基于广东科学中心自主研发的鼹鼠机器人套件开展的“鼹鼠机器人的设计与制作”实践活动。为了有效地利用网络资源，构建高效课堂，采用混合式教学和“双导师”教学模式来开展活动，通过线上学生自主学习和线下两位教师面授、答疑的方式进行。在课程活动中，融合STEAM理念，以项目式学习来开展活动，将项目任务分解到每一课，并设计成一个个探究活动让学生在线协作完成。学生通过设计和制作鼹鼠机器人，体验到了科学、技术、工程、艺术和数学的融合，利用多学科的知识来解决问题。为了检验学生的学习效果，通过展示交流活动的方式，让学生参加机械拼装、电路连接、鼹鼠机器人闯迷宫和鼹鼠机器人外观设计这四个项目的比赛。通过“鼹鼠机器人的设计与制作”实践活动，锻炼了学生的动手能力和团队协作精神，提高了学生解决问题的能力和创新能力，培养了学生的科学素养、人文素养、信息素养、艺术素养和职业素养，具有很好的推广价值。

**关键词**　馆校结合　混合式教学　STEAM理念　鼹鼠机器人　项目式学习

☆本文获2021年广东省“馆校结合”创意机器人创新实践教育案例征集活动三等奖。

本案例是基于广东科学中心自主研发的“鼹鼠机器人”套件，面向中小学生而设计开发的。

我校利用“馆校结合”进校园方式开展“鼹鼠机器人的设计与制作”实践活动，旨在激发学生的科学兴趣，提高学生的创新能力和解决实际问题的能力，培养学生的科学素养、人文素养、信息素养、艺术素养和职业素养。

## 一、设计思路

### （一）设计背景

《教育部关于印发〈中小学综合实践活动课程指导纲要〉的通知》（教材〔2017〕4号）中指出：在设计与实施综合实践活动课程中，要引导学生主动运用各门学科知识分析解决实际问题，使学科知识在综合实践活动中得到延伸、综合、重组与提升。为贯彻落实《中小学综合实践活动课程指导纲要》，我校在广东科学中心和清远市科技馆的推荐下，参加了广东省“馆校结合”创意机器人进校园活动，结合STEAM理念推动我校机器人科学领域的普及，提高学生解决实际问题的能力[1]。

为了整合教学资源，促进高效课堂的构建，本次“鼹鼠机器人”进校园活动项目，我们采用跨年级混合式教学和“双导师”的教学模式开展，尝试对高一年级和高二年级的学生开展“线上+线下”的混合式教学活动。

### （二）设计依据

混合式教学（Blending Learning）是把传统的线下面对面教学优势和线上网络学习优势有机结合起来，将学生逐步引向深度学习。广东科学中心在网易云课堂中开设了“教你制作鼹鼠机器人”课程，为了有效地利用网络资源，构建高效课堂，在开展鼹鼠机器人活动中，采用了“线上+线下”的混合式教学模式。

在动手制作鼹鼠机器人之前，教师引导学生利用周末的时间在网易云课堂中进行在线自主学习，查看学习记录手册并及时记录疑难问题。在课堂中，教师起到引导的作用，辅导学生完成鼹鼠机器人的制作，对学生的疑惑进行答疑。在整个教学活动中，学生是学习的主体，团队成员可通过头脑风暴来设计鼹鼠机器人的外观，也可协作讨论鼹鼠机器人出现的故障问题。同时为了检验学生的学习效果，设计了一些比赛项目，让学生能够在比赛活动中大展身手，提高学生解决问题的能力。课后与学生进行交流，并及时进行教学反思。通过这种混合式教学模式，可以合理地安排学时。线上学习有效地减少课堂教学时间，学习时间和空间不受影响，灵活性强，教学资源也可以得到有效的利用；线下学习又可以减轻网络学习的孤独感，强化师生之间的关系，提高学习效果。

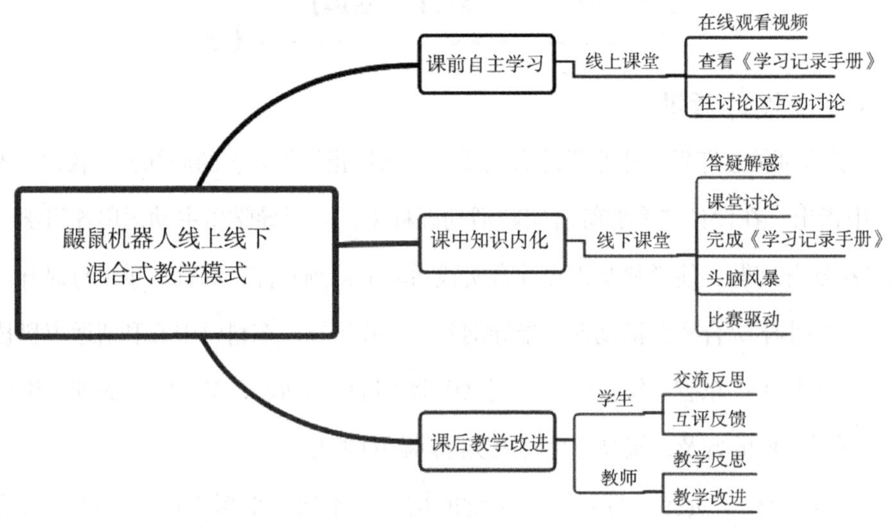


图1　鼹鼠机器人线上线下混合式教学模式

## （三）活动主题和对象

### 1. 活动主题

本次主题为"避障鼹鼠机器人"，使用广东科学中心自主知识产权的避障鼹鼠机器人套件开展"馆校结合"创意机器人进校园活动。

### 2. 活动对象

根据我校的实际情况，我校在高一年级和高二年级都开设了"鼹鼠机器人的设计与制作"校本课程，共有54名学生选择并参加，其中高一年级有22人，以班为单位分成4组，高二年级有32人，以班为单位分成6组。

## （四）特点和创新性

### 1. 特点

高一的新生好奇心强，对创意机器人有很浓的兴趣，思维开阔，喜欢大胆尝试，但知识的储存量稍微薄弱，需要教师的引导。

高二的学生具有探究精神，会透过现象看本质，自主学习能力和信息技术能力较强，但思维比较稳固，缺乏创新。

根据学生的这些特点，本次课程采用跨年级的混合式教学，引导高一、高二学生互助成长。高二的学长学姐起到了榜样作用，并带领高一的学弟学妹共同学习；高一的学弟学妹的虚心好学激励着高二的学长学姐不断学习。

### 2. 创新性

“鼷鼠机器人的设计与制作”这门课程设计融合了STEAM理念，培养学生动手、动脑、创新、综合运用多学科知识的能力。通过设计和制作鼷鼠机器人，学生体验到了科学、技术、工程、艺术和数学的融合，利用多学科的知识来解决问题。

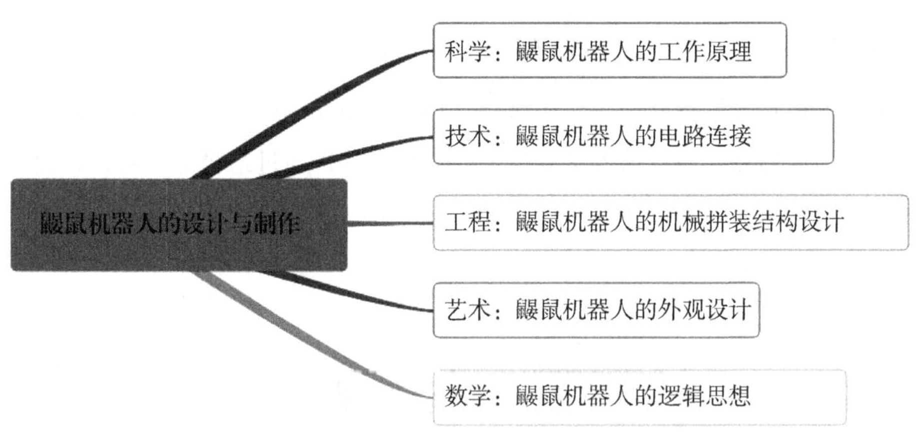


图2　“鼷鼠机器人的设计与制作”和STEAM理念的融合

课程的设计是以项目式学习来开展，将项目任务分解到每一课，并设计成一个个探究活动让学生合作完成[2]。通过分解任务，降低了学习难度，学生比较容易完成。由于探究活动涉及多门学科的知识，教师要善于引导学生通过多视角去解决问题，鼓励学生多尝试，勇于实践。

## 二、教育目标

### （一）知识与技能

掌握信息、生物、物理、数学、电子、艺术等多学科知识。了解鼹鼠的种类、生活习性、特征以及触须的作用；了解人工智能图像识别技术在生活中的应用；了解仿生鼹鼠机器人的各类零件的用途及使用方法；掌握电子元器件面包板、马达、触碰开关等工作原理；掌握电路连接的基本方法；掌握创意机器人外观设计的要素和方法。

### （二）过程与方法

能够利用信息技术搜索鼹鼠的种类、生活习性以及特征，并进行收集和分类；能够利用人工智能拍照识图方式识别各类零件和电子元器件；能够利用“节点法”掌握电路连接的技巧；能够通过检测分析故障原因，寻找解决故障的方法，排除各种故障；能够在课堂任务中与本组组员进行沟通、合作和分享。

### （三）情感、态度与价值观

利用团队协作完成在线《学习记录手册》，培养团队合作意识；通过信息的检索、收集、分类和处理，培养学生良好的信息素养；通过组员分享心得，提高学生的语言表达与沟通能力；让学生体验“外观设计师”这一职业角色，培养学生的职业素养和美育素养。

## 三、表现方法

根据学生的兴趣和认知水平，笔者在《学习记录手册》中设计了一系列探究活动，引导学生完成鼹鼠机器人的机械拼装、电路连接、外观设计及闯迷宫等活动，在这些活动中主要运用了如下两种表现方法：

### （一）情境引入法

为了激发学生对仿生鼹鼠机器人避障功能的兴趣，教师在第一节课播放《星鼻鼹鼠》的视频，让学生了解鼹鼠在黑暗的环境下，是如何辨别方向和寻找食物的，从而引出星鼻鼹鼠特殊的鼻子——“触手”。根据鼹鼠的“触手”引导学生思考现实生活中可以用“触手”完成哪些事情，为后续学习“避障”原理做出了铺垫。

### （二）问题解决法

在混合式教学中，教师是一名引领者，学生是学习的主体。在每一次教学中，笔者都会设置一些情境问题，让学生带着问题去学习，解决每次课的内容。例如：在认识零件的教学中，要求学生能够认识零件名称和用途。笔者并没有直接用PPT展示零件图片、零件名称及用途，而是展示了一张拼装鼹鼠机器人所需零件的大合照，让学生尝试说出零件名称，可能学生只能说出常见的螺丝、螺母、马达和电池盒这四个零件名称，对其他的零件却一无所知。面对这一问题，笔者则引导学生多渠道去解决问题，尝试通过人工智能技术或者信息技术去解决这个问题。反应敏捷的学生想到了“百度识图”方式，思维开阔的学生想到使用信息技术的搜索引擎工具。当学生遇到诸如此类问题时，要引导学生与团队成员进行头脑风暴讨论，尝试多途径来解决问题。

## 四、实施流程

### （一）课程内容

本次“馆校结合”创意机器人进校园活动，我们利用每周二的校本课程来开展“鼹鼠机器人”活动，保障了学生的学习时间。课程内容具体安排如表1所示：

表1　“鼹鼠机器人”活动内容具体安排

| 时间 | 课题 | 学习形式 | 学习资源 | 学生活动 |
|---|---|---|---|---|
| 第1次课 | 认识鼹鼠及其特性 | 线下学习 | PPT、视频 | 完成《学习记录手册》 |
| 第2次课 | 认识避障鼹鼠机器人零件 | 线下学习 | PPT | 完成《学习记录手册》 |
| 第3次课 | 电子元器件的介绍 | 线上+线下学习 | 网易云课堂<br>PPT | 观察实物零件<br>完成《学习记录手册》 |

（续表）

| 时间 | 课题 | 学习形式 | 学习资源 | 学生活动 |
|---|---|---|---|---|
| 第4次课 | 体验拆解鼹鼠机器人 | 线下学习 | PPT | 拆解鼹鼠机器人<br>完成《学习记录手册》 |
| 第5次课 | 避障鼹鼠机器人机械拼装 | 线上+线下学习 | 网易云课堂<br>PPT | 完成机械拼装<br>完成《学习记录手册》 |
| 第6次课 | 避障鼹鼠机器人电路连接 | 线上+线下学习 | 网易云课堂<br>PPT | 完成电路连接<br>完成《学习记录手册》 |
| 第7次课 | 避障鼹鼠机器人外观设计及制作 | 线下学习 | PPT | 完成外观设计制作<br>完成《学习记录手册》 |
| 第8次课 | 机械拼装和电路连接比赛 | 线下活动 | | 参加比赛<br>完成比赛心得体会 |
| 第9次课 | 避障鼹鼠机器人闯迷宫比赛和外观设计比赛 | 线下活动 | | 参加比赛<br>完成比赛心得体会 |

## （二）课程师资

开展"馆校结合"创意机器人进校园活动，师资的配备非常重要。此次开展鼹鼠机器人教学活动，采用"双导师"教学模式，两位一线教师都有十几年的教学经历，对课程的实施有着丰富的经验，为开展鼹鼠机器人教学活动提供了师资保障。

## （三）具体实施过程

### 1. 认识鼹鼠及其特性

教师活动：以《星鼻鼹鼠》的视频引入新课，让学生直观地认识鼹鼠，并思考鼹鼠的特征及特性，接着引导学生更加深入地认识鼹鼠的种类、特征以及生活习性，指导学生完成探究活动1（表2）。

学生活动：学生观看视频，尝试回答鼹鼠的特征及特性，接着根据本节课的教学任务，组长安排每个组员的任务，协作完成本组的《学习记录手册》中的探究活动1（表2）。

表2　探究活动1——认识鼹鼠及其特征

| 鼹鼠（中文） | （英文） | | |
| --- | --- | --- | --- |
| 鼹鼠特征 | | | |
| 鼹鼠生活习性 | | | |
| 鼹鼠种类名称 | 鼹鼠种类图片展示 | 特征介绍 | 视频链接介绍 |
| | | | |

设计意图：以视频引入，激发学生的学习兴趣；通过探究活动的学习，提高学生检索信息和处理信息的能力，培养学生的信息素养。

2. 认识零件

教师活动：教师展示鼹鼠机器人拼装零件大合照，让学生认识零件，引导学生多视角、多途径合作探究零件名称及用途。在学生开展探究活动时，观察并记录学生采用的解决方法，发现问题及时指导学生。

学生活动：首先进行头脑风暴，探讨用什么方法找出零件名称及用途，接着尝试用所想的方法去验证它的可行性，最后在线协作完成探究活动2（表3）的内容。

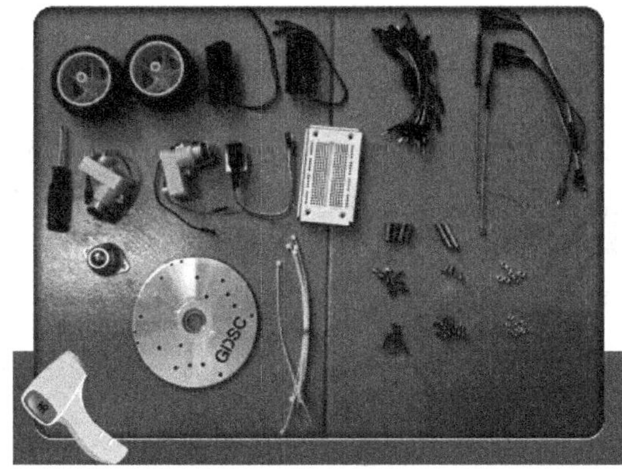


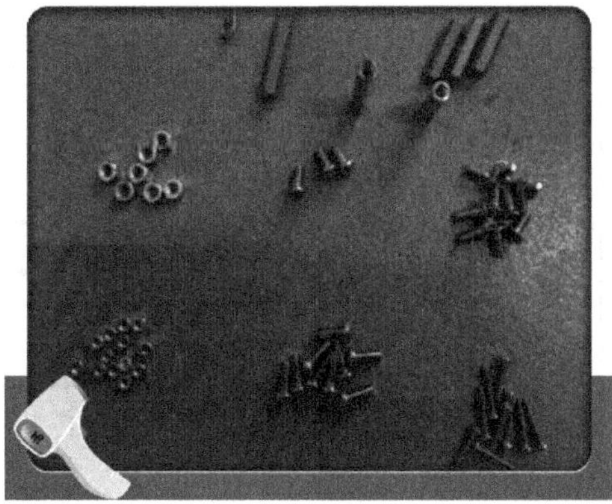

图3　鼹鼠机器人拼装零件大合照

表3　探究活动2——认识零件

| 零件图片 | 零件名称 | 数量 | 用途 | 备注 |
| --- | --- | --- | --- | --- |
|  |  |  |  |  |
|  |  |  |  |  |

设计意图：设计情境问题，引导学生利用所学的信息技术尝试多渠道去解决问题，在解决问题的过程中体验人工智能图像识别技术和信息技术带来的便利。

### 3．电子元器件的介绍

教师活动：PPT展示讲解面包板、TT马达、触碰开关、杜邦线等元器件的工作原理与使用方法，引导学生尝试画单个触碰开关、单个马达和电池盒组成的一个简单的回路电路图。

学生活动：上课前，通过网易云课堂自主学习"鼹鼠机器人材料和元器件详解"章节。课堂中，认真听教师讲解元器件的工作原理与使用方法，小组成员运用所学知识完成探究活动3（表4）的内容。

表4　探究活动3——电子元器件

| | |
| --- | --- |
| 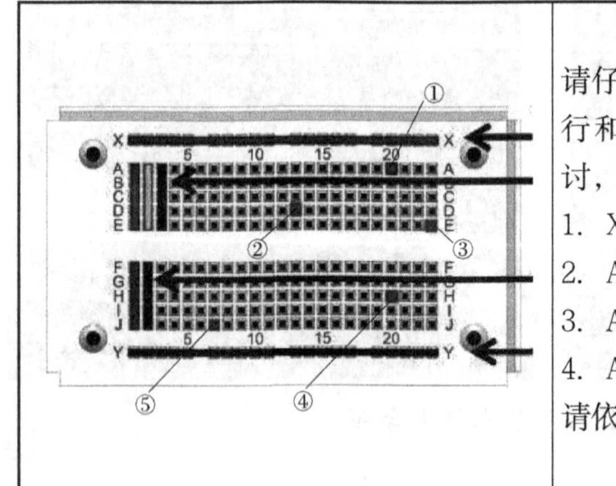 | 请仔细观察左图面包板行和列的标记，以及行和列是如何连通的。请小组成员研究探讨，判断以下说法是否正确。<br>1. X行全部连通。（　　　　　）<br>2. A1-J1全部连通。（　　　　　）<br>3. A1-E1全部连通。（　　　　　）<br>4. A1-A5全部连通。（　　　　　）<br>请依次写出①—⑤孔的标记：（　　　　　） |

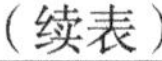

（续表）

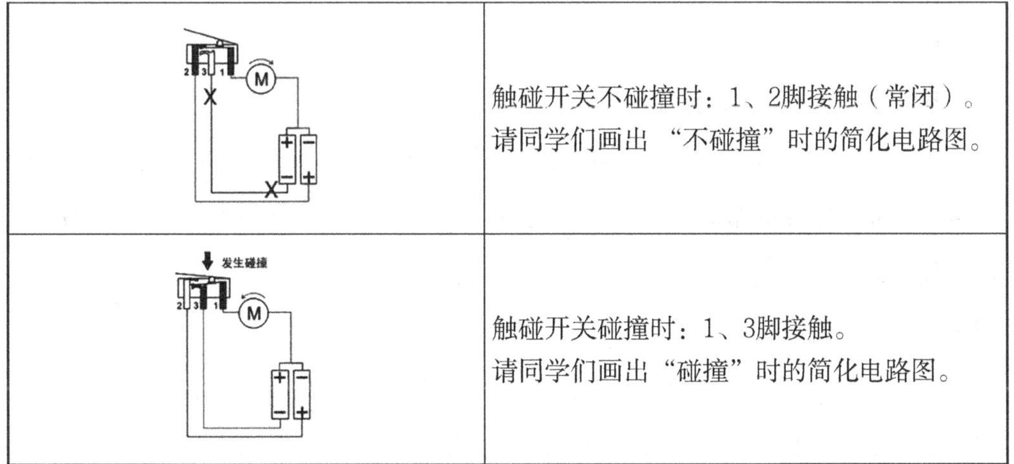


| | |
|---|---|
| | 触碰开关不碰撞时：1、2脚接触（常闭）。<br>请同学们画出 “不碰撞”时的简化电路图。 |
| | 触碰开关碰撞时：1、3脚接触。<br>请同学们画出“碰撞”时的简化电路图。 |

设计意图：课前让学生在网易云课堂学习，主要是培养学生自主学习的能力和提高课堂效率。课堂中，教师重点讲解各元器件的工作原理和使用方法，帮助学生更好地理解元器件，同时安排学生绘制电路图，温习巩固物理知识。

4. 体验拆鼹鼠机器人

教师活动：登记并分发每组2～3套鼹鼠机器人套件，观察并记录学生拆解机器人过程中出现的问题，并及时给予提醒。

学生活动：小组研究、探讨拆解鼹鼠机器人的技巧，及时记录遇到的问题并小结，完成探究活动4（表5）。

表5 探究活动4—— 拆解鼹鼠机器人

| 姓名 | 承担任务 | 小结 |
|---|---|---|
| | （拆解哪些零件、记录遇到的问题等） | （学到了什么，遇到了什么困难，以及如何解决困难） |
| | | |

设计意图：为了循环使用套件，练习时采用广东科学中心之前资助的鼹鼠机器人——学长学姐已经拼装好的套件，从拆解鼹鼠机器人的过程中深刻理解各个零件的用途，同时也锻炼学生的动手能力和归类整理的能力。

俗话说：听一百遍，不如做一遍。从掉零件到损坏零件，学生体验到拆解鼹鼠机器人也是一件不容易的事情，只有让学生真正去实践，去体验困难，才能不断地提升自己。

5. 避障鼷鼠机器人机械拼装

教师活动：上课前，打印鼷鼠机器人拼装步骤图。课堂中，强调机械拼装的注意事项：光盘中孔的布局；长、短铜柱的使用方法；圆头螺丝和平头螺丝的使用方法；扎带的使用方法等。分发拼装步骤图，学生在拼装过程中，教师巡视，观察并记录学生拼装出现的问题，及时引导学生。

学生活动：上课前，通过网易云课堂自主学习"鼷鼠机器人安装步骤"章节。课堂中，小组一起合作进行机械拼装，并把机械安装遇到的问题及解决方法记录下来。各组成员完成探究活动5（表6），每组分享拼装心得。

表6　探究活动5——拼装鼷鼠机器人

| 拼装鼷鼠机器人遇到的问题 | 解决的方法 |
| --- | --- |
| | |

图4　学生进行机械拼装

设计意图：巩固原有知识和应用新知识是学生深入学习与理解的一种方法。学生已经掌握了各元器件的工作原理和拼装方法，为了帮助学生真正掌握拼装机器人的技能，让学生动手拼装鼷鼠机器人，锻炼学生的动手能力，培养学生团队合作精神。

### 6. 避障鼹鼠机器人电路连接

教师活动：上课前，打印鼹鼠机器人电路连接图。课堂中，讲解电子元器件的连接，分析电路图有几个节点，每个节点连接哪些元器件；分发电路连接图，学生在电路连接过程中，教师巡视，指导学生检测故障，引导学生思考，攻克不能避障的难题。

学生活动：上课前，通过网易云课堂自主学习“鼹鼠机器人电路连接”章节。课堂中，学生利用“节点法”完成电路的连接；检测鼹鼠机器人是否能避障；团队合作完成探究活动6（表7）的内容。

表7 探究活动6——鼹鼠机器人电路连接

| 电路连接遇到的问题 | 解决的方法 |
| --- | --- |
| | |

图5 学生进行电路连接及电路故障排查

设计意图：通过线上自主学习和线下教师面授，帮助学生更好地理解电路连接的知识点。同时让学生体验电路连接，把物理电路知识灵活运用于现实生活中。电路故障排除是本节课的难点，学生团队通过测试不断查找故障原因，体现团队合作精神，提高学生解决问题的能力。

7. 避障鼹鼠机器人外观设计及制作

教师活动：上课前，准备一些外观制作的材料和工具。在课堂中，用PPT讲解外观设计的选题、要求、工具和材料，引导学生通过故事来搭建场景和设计外观形象。

学生活动：课堂中，各组成员进行头脑风暴，讨论外观设计的选题、场景、材料和工具，根据制作的材料和实现的难度选择最优方案；团队合作完成外观的制作和探究活动7（表8）的内容。课后，继续完善鼹鼠机器人外观的制作。

表8 探究活动7——鼹鼠机器人外观设计与制作

| 团队成员 | 外观设计材料 | 作品名称 | 作品简介 | 创作心得与感悟 | 外观设计作品图 |
| --- | --- | --- | --- | --- | --- |
| | | | | | |

图6 学生与作品合照

设计意图：每个鼹鼠机器人拼装完成后都有原始的形态和避障功能，为了让鼹鼠机器人拥有美丽的外观，让学生体验"外观设计师"这一职业，为鼹鼠机器人设计漂亮的"衣裳"，发挥学生的创意能力，锻炼学生的动手能力，培养学生的职业素养和美育素养。

8. 开展展示交流活动

活动前准备：设计活动方案，统计各项目报名人数，安排比赛流程，准备全新的鼹鼠机器人套件，布置活动场地，招募裁判员、摄影师和活动志愿者。

活动流程：此次展示交流活动分两次校本课程时间来开展，先进行鼹鼠机器人的机械拼装赛和电路连接赛，然后进行鼹鼠机器人闯迷宫和外观设计评比。

图7　学生比赛活动现场

在校内开展的展示交流活动中，学生积极参与各项比赛，成绩喜人。其中机械拼装第一名用时为14分10秒，电路连接第一名用时为1分10秒，闯迷宫第一名用时为1分23秒，鼹鼠机器人的外观设计也各有特色。

设计意图：通过以赛促学的方式，既能激发学生的学习兴趣，又能检验学生的学习效果。

## 五、教育效果

"鼹鼠机器人"进校园活动采用混合式教学模式，融合"线上线下"资源，助力学生进行知识的建构。学生通过网易云课堂资源学习电子元器件的介绍、鼹鼠机器人的机械拼装和电路连接等内容，时间和空间都不受限制，线下教师再对各个重难点进行讲解，指导学生完成每次的探究活动。在每次的探究活动中，笔者设计了跨学科的知识来解决问题，融入STEAM理念，学生用科学知识来理解鼹鼠机器人的工作原理，用技术来解决电路连接，用工程知识来解决机械拼装结构问题，用艺术知识来设计造型外观，用数学知识来理解鼹鼠机器人避障的逻辑思想和解决机器人外观草图的绘制。"鼹鼠机器人"课程改变了传统教学中只讲授信息技术学科的知识，用一系列跨学科的相关知识，开拓了学生的思维，引导学生利用所学的知识来解决生活中遇到的问题。课程中还设计了职业体验活动，让学生体验外观设计师、裁判员、摄影师和志愿者等职业。学生通过这些职业体验，培养了自己的职业理想，规划自己的未来。

同时这个课程采用“双导师”协同育人的教学模式，解决了一位教师无法全方位指导50多个学生的难题，在学生进行机械拼装、电路连接测试时，“双导师”可以更好地关注学生的课堂状况，发现学生存在的问题，及时反馈并引导学生解决问题。“双导师”的教学模式，不但可以满足不同层次的学生需求，还增进了师生之间的感情，学生非常喜欢这种教学模式。

图8　部分学生作品

从学生的《学习记录手册》、完整的避障鼹鼠机器人作品、活动过程心得体会和展示交流的成绩等成果来看，在高中通过实施“线上+线下”混合式教学模式来开展STEAM课程是非常有成效的。

## 六、推广价值

广东科学中心不仅提供了线上课程资源，同时在线下对教师进行教学课前培训，并且每年免费资助套件给学校开展鼹鼠机器人活动，为教师开展活动提供了保障。因开展鼹鼠机器人活动的时间周期不长，完成鼹鼠机器人的制作难度适中，学生的作品丰富多彩，适合一些乡镇学校、社区或科技馆去普及开展。

为了使“鼹鼠机器人”的教学实践活动能够持续开展，可循环利用鼹鼠机器人套件，笔者想通过带领我校创意机器人社团走出校园，联动社区，让“鼹鼠机器人”活动走进各个社区党群服务中心，普及更多的青少年，培养青少年的科学兴趣，推动科技的发展。

## 参考文献

[1]韩俊，傅泽禄，许玉球. 声控四足机器人的STEAM教育实践：以创意机器人大赛区级赛为例[J]. 广州：广东科技，2018，27（9）：61-64.

[2]詹惠华，黄家声. 基于STEAM教育理念的创意机器人大赛辅导策略：以仓储机器人的设计与制作为例[J]. 广州：广东教育（综合版），2018（2）：50-51.

## 专家点评

这是针对高一和高二年级开展“线上+线下”混合式和“双导师”模式下的教学实践活动。课程的设计以项目式学习开展活动，把教学任务设计成一个个探究活动让学生合作完成，降低了学习难度，学生比较容易完成。同时，课程中还设计了职业体验活动，让学生体验外观设计师、裁判员、摄影师和志愿者等职业。学生通过这些职业体验，培养了自己的职业理想，开始规划自己的未来。

此外，案例设计了一系列跨学科的相关知识，开拓了学生的思维，引导学生利用所学知识来解决生活中遇到的问题。本案例在实施过程中图文结合，真实感强，教育效果好，具有较好的推广价值。

# 人工智能（AI）背景下的教育案例

## ——以实现创客教学为例

梅州市梅江区会文学校　何春娟

**案例简介**　本案例借助广东科学中心自主研发的AI机器人套件，深入研究基于人工智能环境下开展的创客教育。旨在为农村学生构建具备智能化特征的自主学习环境，为学生提供了更便利、更有效的手段和方法。它通过学习路径将可视化学习资源有效链接，对促进个性化学习、自主学习的研究、实践和发展有着非常重要的价值。目前人工智能已然成为国际竞争的新焦点，开展人工智能教育是时代赋予的紧迫使命。教师要主动把握发展契机，积极开展人工智能教育案例的构建，以便更好地实现跨学科融合的创客教学。文章围绕如何开设、如何上课等核心问题提出几点实施方法和步骤，以期为人工智能背景下的创客教学提供一些参考。

**关 键 词**　馆校结合　创客教学　AI思维导图

## 一、设计思路

### （一）设计背景

随着3D打印、智能机器人等技术的迅速发展以及多种智慧教学平台的普及和应

☆本文获2021年广东省“馆校结合”创意机器人创新实践教育案例征集活动三等奖。

用，人工智能对促进多学科融合的优势逐渐凸显出来[1]。在广东科学中心的技术培训支持下，为创客教学引入多元化的数字资源，可有效提高学生的学习参与度，并为教师提供应用人工智能促进教育的实际案例。

## （二）设计依据

AI机器人在校园内的开展，让人工智能应用于教育变得更为普遍，编程教学变得更为简单。随着教育人工智能、人工智能+教育、人工智能教学的形成，AI机器人已然成为实现人工智能环境下的创客教育教学智能化的新领域。利用人工智能技术来变革各学科教学方式、服务教学管理、提升教育教学质量成为教师不断探索的方向。

人工智能课程需要综合地体现学生对信息素养的体验和理解，这也就要求教师在人工智能创客教学实施中，切不能陷入唯技术论，停留在人工智能的技术层面；也不能只重视技术训练而忽视计算思维的培养，不能把人工智能和程序编程直接等同起来。《2018年中国互联网学习白皮书》第10章“人工智能教育（基础教育）发展报告”制作了人工智能实施效果的评价表和对应的人工智能创客教学流程图，可以为师生的信息素养水平提供评价标准，也为机器人应用于学科教学指明了方向[2]。

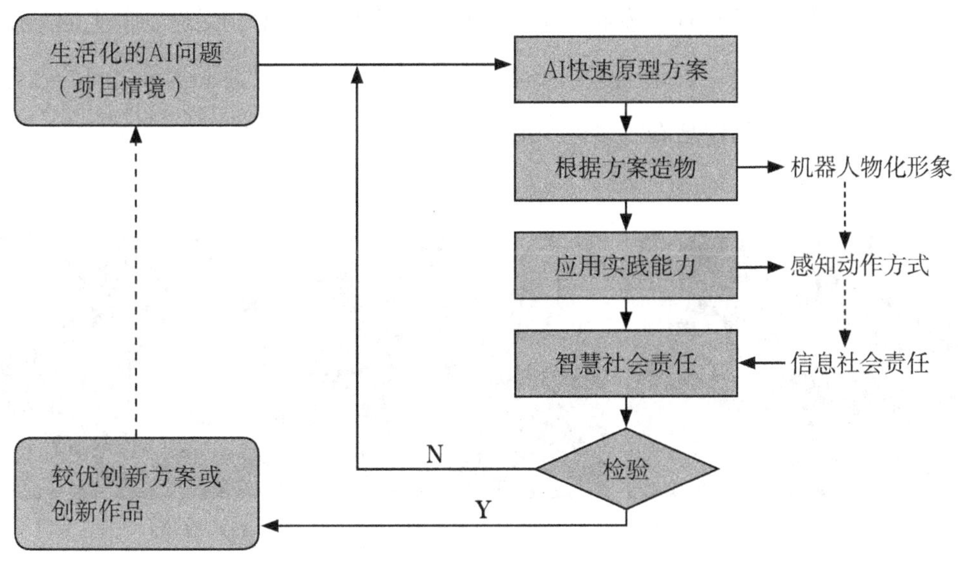


图1　人工智能创客教学实施流程

表1　指向信息技术学科素养的人工智能课程

| 信息意识 | 计算思维 | 数字化学习与创新 | 信息社会责任 |
|---|---|---|---|
| 知道人工智能的基本特征，熟悉人工智能的基本概念，体验加深对人工智能的理解 | 了解人工智能的核心算法，熟悉人工智能原理，实践和探索具体的人工智能应用 | 理解人工智能的前沿技术，在日常学习和生活中适当运用 | 深刻认识人工智能技术的价值和影响，感受技术的魅力同时认识到潜在的风险 |
| 人工智能意识 | 技术创新、应用实践能力 | | 智慧社会责任 |

### （三）活动主题和对象

为了促进学习创新思维的提升，学校在广东科学中心资助的创意机器人套件的支撑和STEAM理念的指引下推进了AI思维导图的创作，目前已经按照教学章节征集到学生制作的AI思维导图100多份，教师制作的AI思维导图50多张。基础型机器套件和编程型机器套件的中控系统和Thonny软件的编程或者Mixly图形化编程可以帮助实现思维导图智能化的识别，供教师和学生学习与参考。优秀作品可以通过广东省教育双融双创智慧共享社区发布，促进了研究的深度和广度，促进了学生创意作品与学科知识的高度统一，增强了学生学习知识的积极性，促进了学科之间的融合。目前在平台上发布的作品有50多份。加入社团的教师有50多人。

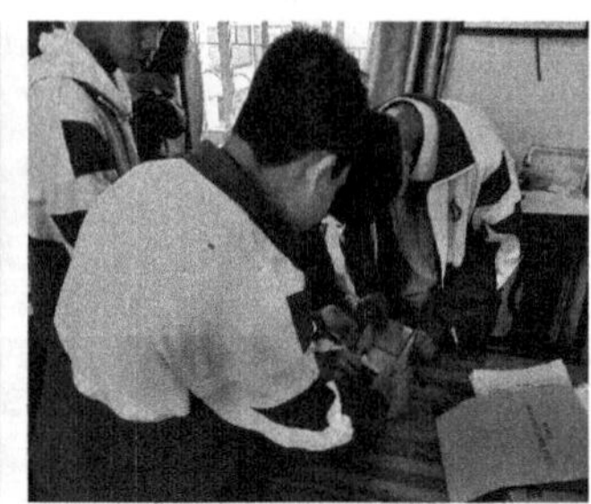

图2　第十届创意机器人大赛中学生在搭建机器人作品

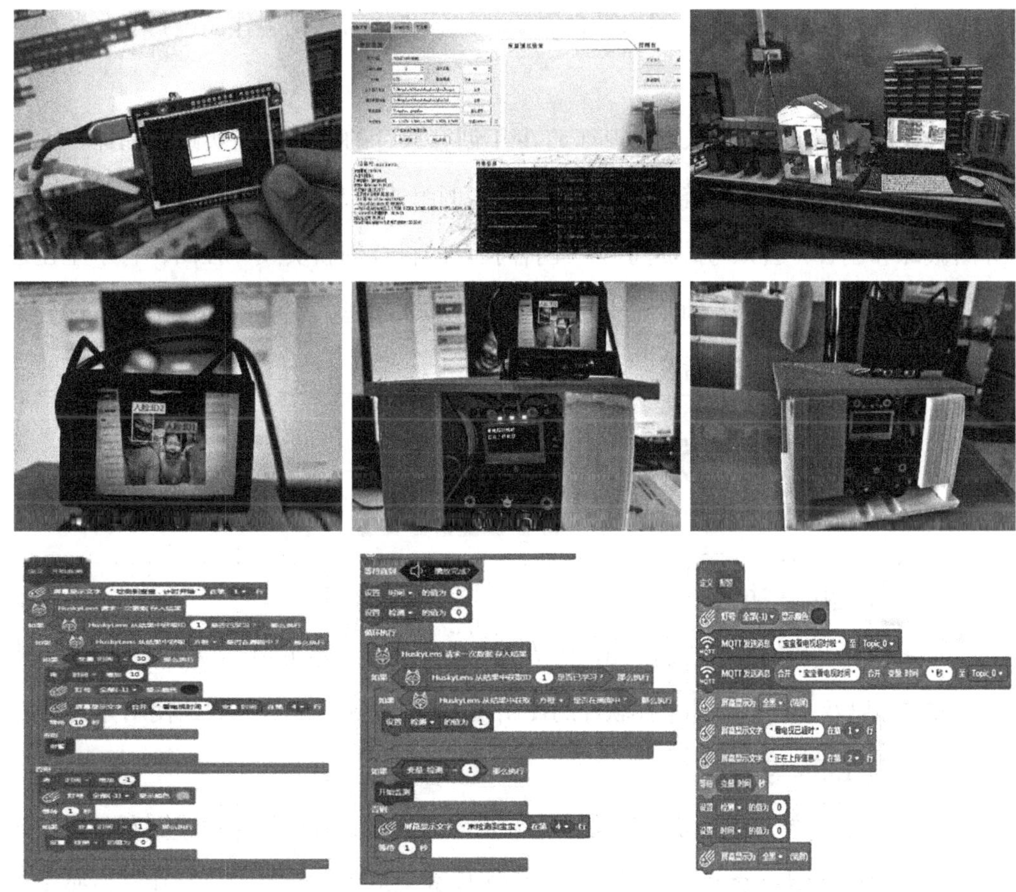

图3　第十届创意机器人大赛中学生利用模型训练工具和编程工具进行机器人创作

## （四）特点和创新性

（1）创客教育的普及为翻转课堂中学生创新思维的培养提供了条件。Thonny编程软件、中控编程软件、人工智能Python代码编程开发工具Open AIE和图形化的编程工具的使用，能够有效培养学生的核心素养。不仅学生的编程能力得到进一步的提升，更是通过项目学习、学生小组合作探究，在AI机器人的制作和使用过程中帮助学生主动探索、主动发现、对所学知识意义主动构建，让学习过程变得更加丰富和有趣。

（2）开展人工智能机器人项目式的学习，让学生更加关注现实生活，关注安全意识、智慧城市交通的发展等社会热点问题，学生的责任感、社会参与意识和决策意识得到提升，在实际生活中运用所学知识分析解决问题的能力也得到提高。同时将学生制作的作品发布在网络平台展示，并评出优秀的创客作品进行表彰奖励，培养了学生的核心素养。

（3）案例组成员加入了“基于青少年创客教育的科技创新实践共同体”。为了更好地利用平台促进翻转课堂的形成，案例组成员制作了“STEAM理念下思维导图微课和创客”公众号，成立了“创客教育的科技创新实践”社团，将学生创造的优秀创客作品和一些培训课程发布到公众号和社团里，供学生和教师进行课外学习，加强课内外的交流和合作。

## 二、教学目标

### （一）知识与技能

学习线路连接的原理、Python代码等相关学科知识，掌握AI机器人编程及套件搭建的方法，以及基础型套件中控软件的使用技术和Thonny等编程软件的使用方法。

### （二）过程与方法

通过学习观察、独立思考等过程，培养学生归纳、概括的能力，理解AI机器人是重要的学科模型，学会构建刻画现实世界数量关系的方程，进一步让学生感受寻找不同解决问题的方法，并完成AI机器人作品创作以及作品的介绍。

### （三）情感、态度与价值观

充分发挥小组的作用，让学生在与人交流的小组合作探索过程中体验学习带来的乐趣；通过AI机器人的制作和使用，让课堂展示的形式更加丰富多彩，进一步提高学生的学习主动性，学生在和谐轻松的学习氛围中，体验到学习的愉悦，树立学习的信心。

## 三、表现方法

### （一）借助AI机器人实现VR生活化的问题（或项目）情境

情境学习理论认为，学习发生在情境之中，这种情境是真实的、自然的、日常的社会情境。我国学者剖析其内在机理后指出有利于学习发生的情境应是一种真实的社会情境、实践情境和文化情境。可操作的情境化教学可以让学生学习变得更加有趣，教师可以借助AI机器人从真实的社会情境中提炼实际问题，以生活化的问题（或项目）情境为驱动，服务于教学，引发学生的学习动机，学生在解决源于真实生活的问题时，进行有意义的建构，可以快速获得有效的经验，开始提升解决问题的思维和能力。

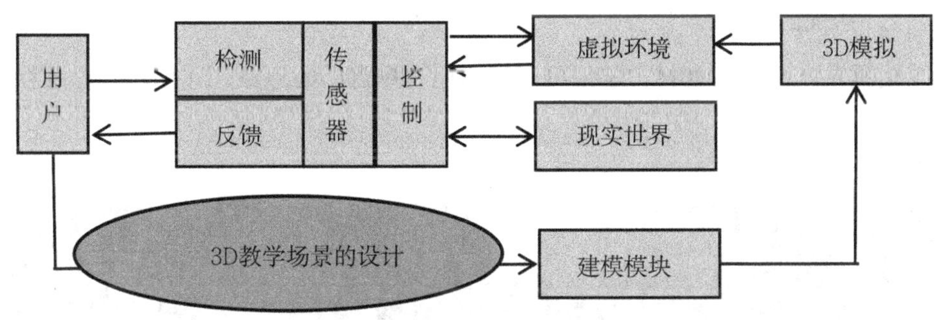


图4　AI与虚拟现实技术呈现原理

## （二）打破课堂的固化实现学科课堂的融合及优化学科教学

区别于传统教学，人工智能的课堂将多学科的知识应用于AI机器人的制作中，智能化的实验更能激发学生的创新思维，学生在学习过程中进行头脑风暴讨论，能增加思维的深度与变通能力，让学生在吸收人工智能知识的同时，拓展学习深度、开阔视野，培养学生的综合研究能力。

## （三）AI机器人项目式学习方法形成创客课堂的特色

AI机器人的学习和制作过程，可以通过项目式学习的方式，层层递进，随着项目的进阶深入理解人工智能技术的原理，丰富创客课堂。

### 1. 线路的拼接

AI机器人的线路拼接，融合了数学和物理等学科的知识，让学生在操作的过程中，实现知识的整合，强化了复习知识、理解知识、应用知识的效果。

图5 学生进行线路拼接

2. 版面的设计

借助传统手工的素材，学生可以尽情地发挥自己的想象，让创作的思维在心中生长 。

图6 学生进行AI机器人的版面设计

3. Python编程及事实（问题）编程

在进行编程的过程中可以查阅各种资料，加强师生交流、生生交流，让学生形成自主学习的意识。

图7 学生利用编程让机器人动起来

# 四、实施过程

## 1. 线下培训

通过Thonny软件编程，中控系统操控AI机器人，利用3Done、3Dplus、3Dcut、Mind+等软件创作一些创客作品，利用公众号和社团等平台公布这些作品或导出3D格式的文件和AI机器人作品，让学生可以从不同的角度观察作品，体验创作快乐，提升了学生的创新思维能力。

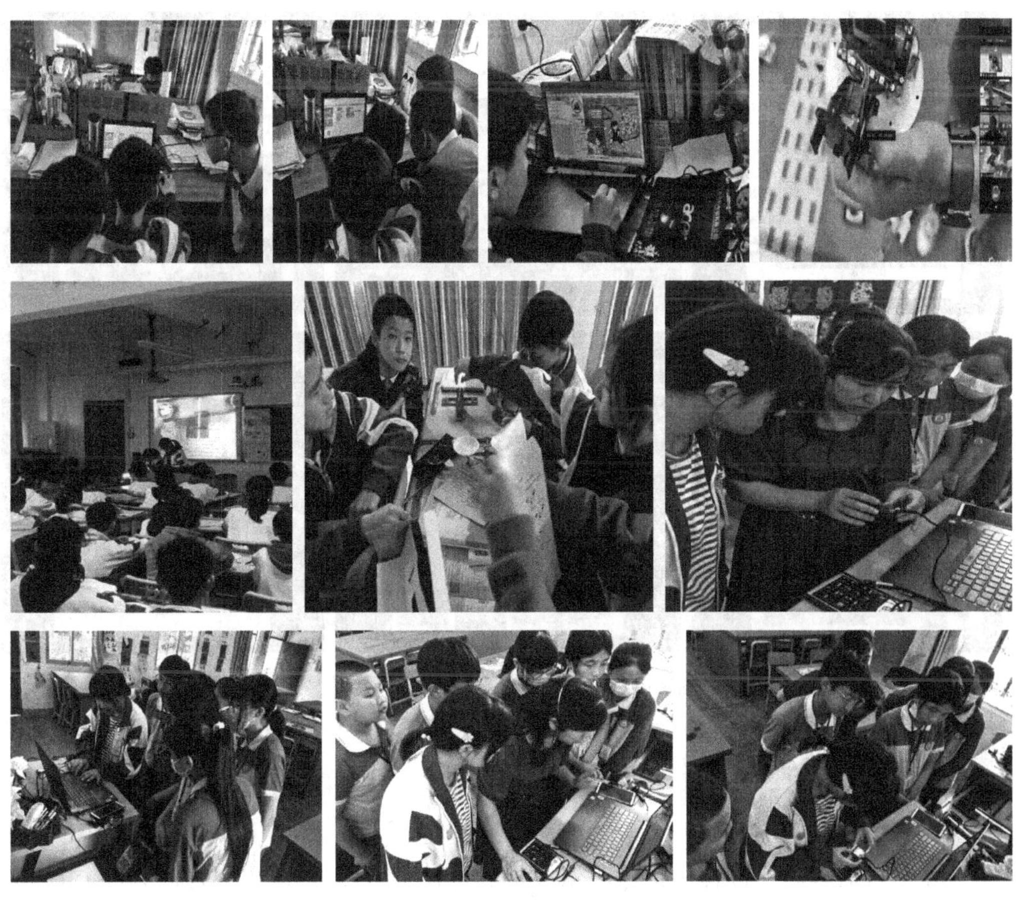

图8　教师对学生进行软件编程学习培训

## 2. 线上培训

在线上分享人工智能项目学习开展的过程，讲述可视化思维导图的创作、人工智能、创客与创意制作阶段，学生思维导图作品和微课作品在本次分享中得到展示，获得更多交流机会，也得到了优秀同行的指导，还拓宽了AI机器人应用于学科教学的方向，增加了师生、生生的交流。

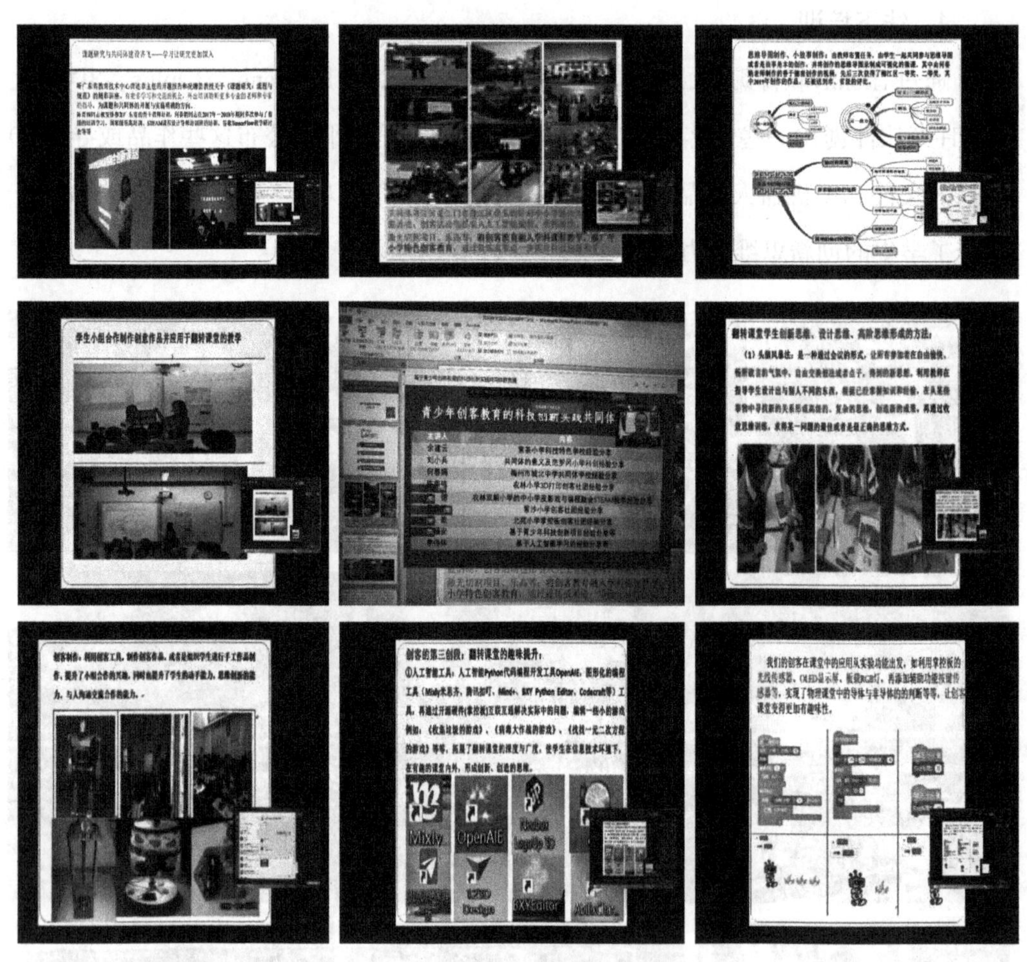


图9 教师对学生进行线上培训

### 3. 小组合作实操阶段

（1）制订方案。

在AI机器人制作过程中依据小组成员的特长进行任务分工，教师引导小组成员共同参与完成AI机器人项目初步准备工作，结合创客学习中模块内容，根据问题解决方案程序图，小组成员围绕电路拼装与AI机器人设计等问题进行相互讨论协作，设计方案内容[3]。

（2）分析相关信息资料。

在方案内容反复讨论得出最终结果之后，根据前一阶段小组方案任务的分配，收集项目所涉及的相关资料及素材内容，同时教师可以巡视课堂指导学生利用中控系统或Thonny其他图形化编程软件进行编辑处理。

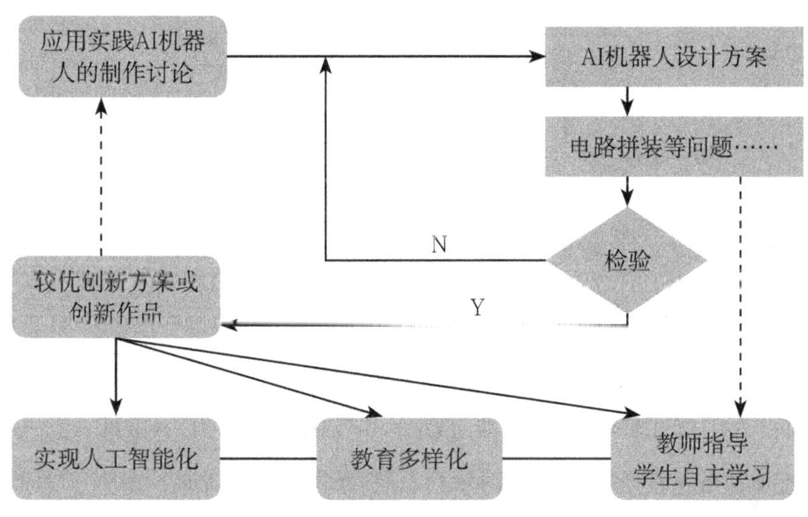


图10　解决方案程序

（3）编程实操。

在AI机器人的创作过程中，通过编程思维以及结合代码逻辑设计解决问题。学生通过小组内部交流思维，并编写代码，进行调试。在调试完后，对代码进行分析，判断代码是否存在问题。最后小组成员对各种代码问题进行分类总结，培养学生的分类思想方法和辩证思维。

#### 4. 自主学习创新阶段

AI机器人对于教育最大的作用应该是思维的启迪、个性的塑造。在作品完成后，学生可以通过各种方式进行作品的展示，产生思维的碰撞，实现思维创新，同时也发展了学生的逻辑思维能力和与人沟通交流的能力等。

## 五、教育效果

将人工智能应用于课堂，学生成绩可以得到有效提升。教师将参与实施的班级与没有参与实施的班级的成绩进行比较，并对成绩进行量化，发现进行人工智能教学不但能提高学生学习的积极性，促进学生个性化的发展，而且能够提高学生整体的学习成绩。

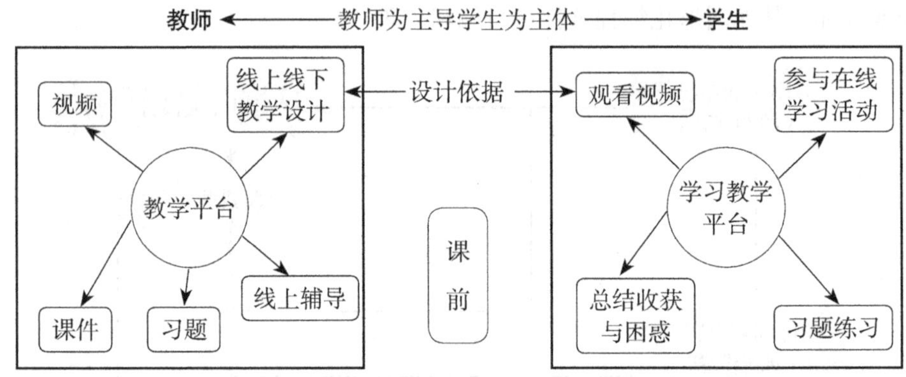


图11 课前学习流程

课前：人工智能环境下教师通过制作可视化思维导图VR微课，把可视化思维导图VR微课发布到教学平台、学习平台，帮助学生预习新课，增强了学生学习的主动性，而家长与学生一同观看VR微课，也让学生感受到父母对他们学习的重视，增强了学生学习的信心。

图12 学生进行讨论交流

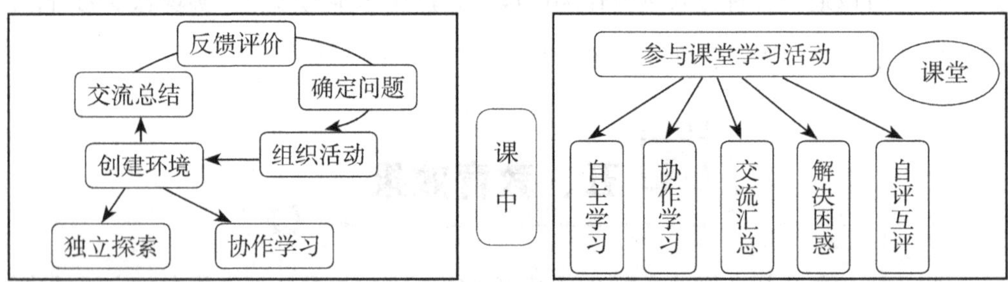


图13 课中学习流程

课中：鼓励学校教师将AI机器人应用于课堂的情境导入，借助可视化思维导图VR微课开展丰富多样的课堂教学模式，让学生感受到可视化思维导图VR微课的魅力。借助AI机器人识别思维导图以及可视化VR微课开展的课堂深受听课教师和领导的好评，因为AI思维导图和可视化VR微课的应用，让课堂变得更加丰富多彩，通过这样的课堂形式，课堂组成员能力有了提升，参加各类课例比赛均能够获得好的成绩。

图14　教师将AI机器人作品应用于教学

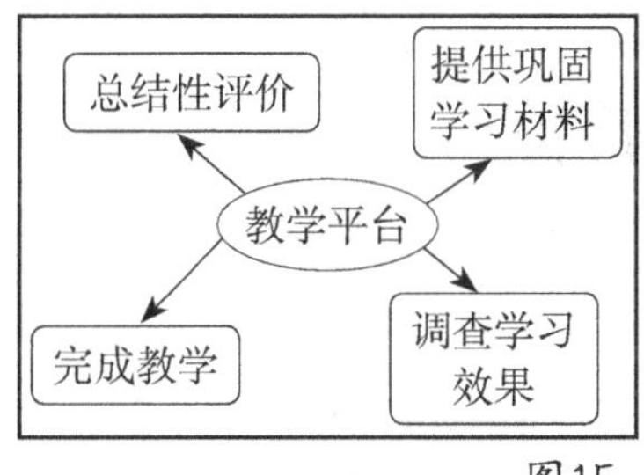


课后

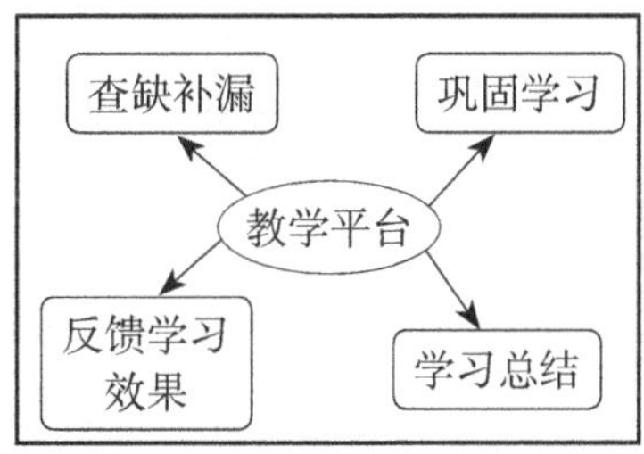


图15　课后学习流程

课后：教师让学生参与制作人工智能化的思维导图，制作可视化思维导图VR微课，并发动教师共同参与，通过借助教学平台让可视化思维导图VR微课真正达到查缺补漏、巩固学习、反馈学习效果、学习总结、总结性评价、提供巩固学习材料等作用，让学生的学习因为AI机器人和可视化思维导图VR微课的应用达到更加良好的效果。

图16　总结反思

人工智能在课前、课中、课后的应用，不仅可以供学生自主学习，也可以让课堂形式更加丰富，让教师在不断探求AI机器人的制作和应用以及可视化AI思维导图VR微课的实施过程中，不断提高自己的教学水平，使师生在人工智能创客教学的开展实施中，获得共赢。

## 六、推广价值

人工智能环境下可视化学习的思维导图、微课资源、VR微课、创客实践研发及应用模式研究是未来教育中具有代表性的项目，具有以下推广的价值：

（1）人工智能环境下的创客教育更加注重能力的培养。

在未来社会，知识的应用能力以及由知识学习和应用所衍生出的能力提升更为重要。创客教育倡导跨学科知识运用、启发式教学、团队协作共同完成挑战，学生在完成项目的过程中将会提升独立思考等能力。

（2）人工智能环境下的创客教育打破了现有教育中各个学科之间的人为割裂。

创客活动最核心的特点就是融会贯通各个学科的知识，培养学生跨学科知识应用能力。孤立的、与现实生活脱节的知识是死的，基于人工智能环境下的创客教学活动，学生在完成一个项目的过程中，调研、计算、论文写作、工程等各个领域的知识均会用到，能激发学生对各个学科的学习兴趣。

（3）人工智能情境化教育强调知识与现实社会之间的联系。

知识原本就是脱胎于现实生活的，在学习的过程中调动学生的自身生活体验可加强对知识的理解。现实世界是一个复杂的系统，学生在基于人工智能创客教学的学习中可以培养如何应用所学知识去应对复杂问题，系统思考完成一个项目的能力。

中小学人工智能在全国各地正处于探索起步和蓬勃发展中。尤其是起步较早的地区和学校，人工智能的应用对于探索多样化的课程教学模式具有积极的促进作用，创客教学优秀教学实践成果在实践中构建的校本课程体系有非常大的理念和实践指导意义。随着人工智能实施的落地落实，相信人工智能将为学科融合创新建设打开更加宽广的思路和视野。

## 参考文献

[1]教育部关于印发《中小学综合实践活动课程指导纲要》的通知[EB/OL]. [2017-10-30]. http://www.moe.gov.cn/srcsite/A26/s8001/201710/t20171017_316616.html.

[2]教育部关于印发《教育信息化“十三五”规划》的通知[EB/OL]. [2016-06-24]. http://www.moe.gov.cn/srcsite/A16/s3342/201606/t20160622_269367.html.

[3]陈玉兰. 对洋思中学“献学后教，当堂训练”教学模式的运用与思考[J]. 济南：科技信息，2010（13）：50-62.

## 专家点评

本案例基于广东科学中心自主研发的AI机器人套件，探索农村学校基于人工智能环境下开展的创客教育的应用模式，并尝试多种平台实施教学。根据《2018年中国互联网学习白皮书——人工智能教育（基础教育）发展报告》制作了人工智能实施效果的评价表和对应的人工智能创客教学流程图，为师生的信息素养水平提供评价标准。有计划开展教育活动，按照教学章节征集制作的学生AI思维导图100多份，教师AI思维导图50多张，借助基础型机器套件和编程型机器套件的中控系统和Thonny软件的编程或者Mixly图形化编程，实现思维导图智能化的识别。可以供教师和学生学习与参考。作品通过广东省教育双融双创智慧共享社区发布，目前在平台上发布的作品有50多份，有一定影响。

# 走进科技大世界，走近创意机器人
## ——广东省“馆校结合”创意机器人进校园科技实践活动

东莞市道滘镇中心小学　袁锦嫦

**案例简介**　机器人活动是近年来国际上兴起的高新技术活动项目之一，它涉及科学、技术、工程、美术、数学等诸多领域的前沿研究及技术融合，被社会广泛关注。我校积极配合广东省“馆校结合”科普育人工程的开展，举办了以“走进科技大世界，走近创意机器人”为主题，结合STEAM教育开展的广东省“馆校结合”创意机器人进校园科技实践活动，以加强对我校学生科学素质、创新意识和实践能力的培养，提升学生的科技创新能力和科学素质，激发学生创新热情和创造活力，营造“讲科学、爱科学、学科学、用科学”的文化氛围，促进学生素质全面和谐发展，让学生在活动的过程中感受创意机器人的魅力，在玩中学，在玩中提高。

**关 键 词**　鼹鼠机器人　STEAM　科技实践活动

## 一、活动背景

机器人活动是近年来国际上兴起的高新技术活动项目之一，它涉及科学、技术、工程、美术、数学等诸多领域的前沿研究及技术融合，被社会广泛关注。为加

☆本文获2021年广东省“馆校结合”创意机器人创新实践教育案例征集活动三等奖。

强我校学生科学素质、创新意识和实践能力的培养，提升学生的科技创新能力和科学素质，激发学生创新热情和创造活力，营造“讲科学、爱科学、学科学、用科学”的文化氛围，促进学生素质全面和谐发展，我校定于5月20日至5月31日举办以“走进科技大世界，走近创意机器人”为主题的结合STEAM教育开展的广东省“馆校结合”创意机器人进校园科技实践活动。活动运用广东科学中心鼹鼠机器人资源包硬件和技术实现鼹鼠机器人竞速走出迷宫，以寓教于乐的方式，让学生通过动手组装、线路连接和设计创意外观等活动，感受创意机器人的魅力，在玩中学，在玩中提高。

## 二、活动目的

### （一）价值体认

通过面向全校学生开展鼹鼠机器人活动，学生初步了解机器人的知识，培养学生科学与创新的精神，做到人人参与、人人动手，感受机器人科技的神奇和魅力，为实现适应人工智能时代和信息社会这一目标而努力感到无比自豪。

### （二）责任担当

激发学生积极参与科学研究的热情，初步培养学生综合运用学科知识的实践精神、工匠精神与科创精神，加速学生将学科知识转化为劳动技能，为实现人类进入未来的“机器人社会”这一伟大目标而努力奋斗。

### （三）问题解决

在鼹鼠机器人的动手组装、线路连接和设计创意外观等活动中，通过教师的组织引导，学生提高发现问题、提出问题、研究问题、解决问题、处理问题的能力，比较不同方法的优劣和作用，有效地丰富学习方法。

### （四）创意物化

学生小组互动学习，了解鼹鼠机器人活动的规则及其运作方式，学习脚本的生成与使用，熟悉鼹鼠机器人的基本拆装、相关操作方法及日常维护，能运用操作要求进行环境的搭建和外观设计，掌握有关电路知识，不断提高动手能力以及设计能力，更好地实现对鼹鼠机器人的操控，并能运用所学知识，在今后生活中学以致用。

## 三、表现方法

STEAM 教育即融合创新教育，是一种基于现行教育与未来社会发展相匹配的需求，以解决未来世界性的问题为目的，将科学、技术、工程、艺术、数学等多学科充分融合，以激发学生好奇心为出发点，培养学生的持续学习兴趣，运用情景式、任务型的教学方法，采取探究式的学习方法，提升学生直观发散思维和融合创新思维能力的教育理念。

在鼹鼠机器人活动中，教师先运用翻转课堂模式，让学生观看广东科学中心鼹鼠机器人教学视频，在课堂上运用鼹鼠机器人资源包硬件解决学生的疑难，与学生共同熟悉掌握搭建机器人的方法，让学生明白仿生的鼹鼠机器人前端的触碰开关是根据鼹鼠触须的原理设计的，机器人左触碰开关碰到障碍物就右转，右触碰开关碰到障碍物就左转，左右触碰开关同时碰到障碍物就会后退，学生在理解鼹鼠机器人的原理后采用小组合作的方式进行机器人组装并完成相应的竞速任务，进而完成项目制作。

表1 鼹鼠机器人的学习目标

| 目标领域 | 知识技能 | 过程与方法 | 情感态度与价值观 |
| --- | --- | --- | --- |
| S（科学） | 了解硬件原理，了解各元件的工作原理 | 掌握面包板、杜邦线、马达、万向轮、电池盒、电源开关和触碰开关的功能与使用方法 | 使学生对元件领域产生好奇心 |
| T（技术） | 理解电路的原理 | 正确地把马达、触碰开关电池盒和电源开关的引线连接到面包板上，掌握电路连接的基本方法和步骤 | 培养规范电路连接的意识和习惯 |
| E（工程） | 了解鼹鼠机器人各元件的应用 | 掌握组装机器人的技巧，掌握问题解决的方法 | 建立团队意识，培养学生的工程思维 |

（续表）

| 目标领域 | 知识技能 | 过程与方法 | 情感态度与价值观 |
| --- | --- | --- | --- |
| A（艺术） | 了解鼹鼠机器人活动环境的搭建和外观设计的原理 | 掌握作品的环境搭建、设计和评价过程中的审美技巧 | 培养学生的人文意识 |
| M（数学） | 有一定的逻辑判断能力 | 掌握使用数据的步骤和方法 | 初步培养学生对算法的学习兴趣 |

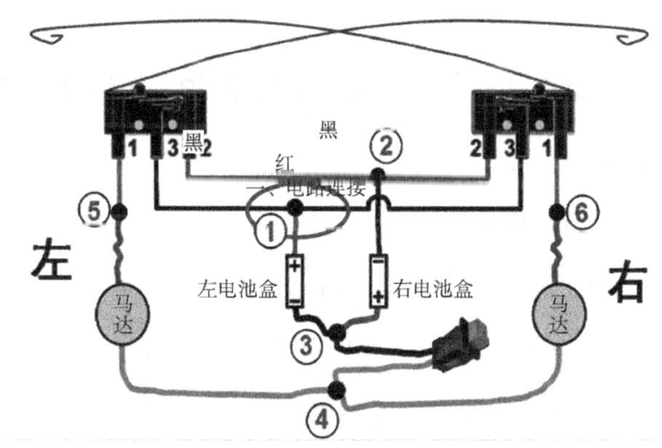


图1　鼹鼠机器人电路连接

## 四、活动过程

### （一）准备阶段

#### 1. 组建科技实践活动工作小组

组建科技实践活动工作小组，制定“走进科技大世界，走近创意机器人”——广东省“馆校结合”创意机器人进校园科技实践活动方案。

#### 2. 小组成员落实分工准备科技实践活动相关资料

围绕这个主题，小组成员设计宣传海报并制作成展板展示，撰写活动口号征集书和活动倡议书、LED屏幕标语，教师指导学生撰写创意机器人知识系列广播稿，各班级设计创意机器人知识墙报。学生多渠道了解机器人科技知识，通过图片和资料，激起学生对机器人科技的热情，感受它的神奇和魅力。

3. 向全体师生征集活动口号

本着让全体学生真正参与本次科技活动的目的，培养学生的创新意识和设计能力，充分体会科技实践活动的内涵，让学生真正成为本次科技实践活动的主人，特开展本次科技实践活动口号的征集活动。学生投稿的科技实践活动口号以班为单位上交，师生代表评出本次活动的口号。

4. 准备每班一套鼹鼠机器人资源包硬件，以便教师和学生了解套件里的机器人元件

5. 在“微课掌上通”上传鼹鼠机器人教学视频，可以让学生和家长共同学习

## （二）实施阶段

1. 科技实践活动启动仪式

5月20日星期一的早上，学生代表在国旗下向全校同学倡议积极参与以“走进科技大世界，走近创意机器人”为主题的科技实践活动。校长为本次科技实践活动致开幕辞，并做科技节宣传发动工作，希望全体学生积极踊跃地投身本次创意机器人科技实践活动，勇于探索、勇于实践、勇于创新，感受机器人科技的无穷魅力。

图2　科技实践活动启动仪式

2. 创意机器人知识普及活动

（1）科普宣传，创设科技氛围。

①电子显示屏滚动显示科技实践活动的主题、口号和宣传标语，各班主任向全班同学介绍以“走进科技大世界，走近创意机器人”为主题的板报内容，创设浓郁的科技节氛围。

②红领巾广播站进行“走进科技大世界，走进创意机器人”系列专题广播，倡导热爱科学、崇尚科学、追求真理的精神。采访比赛优胜者的心得体会，让学生体会比赛的科学含量。

③展板宣传创意机器人知识，并展示各类创意机器人的科普宣传和创意机器人竞赛活动规则。

④各班在“微课掌上通”班级圈里转载本次创意机器人科技实践活动倡议书、鼹鼠机器人学习视频，提倡家长支持、协助孩子积极参与科技实践活动，家校联动，扩大活动影响力。

⑤张贴“馆校结合”创意机器人进校园相关宣传海报。

⑥每班配送一套鼹鼠创意机器人资源包硬件，学生学习拼装、操控、设计机器人外观。

（2）科普阅读，丰富知识视野。

通过宣传，学生已对本次创意机器人科技实践活动充满期待。班主任及时向学生推荐优秀机器人系列科普读物，如《小创客玩转机器人》，让学生回家跟家长一起阅读，并撰写读后感，拓展学生的机器人知识面。

（3）科普节目，提升科学素养。

①各班在班会课上开展以“创意机器人”为主题的班队活动。学生观看创意机器人的制作视频，在翻转课堂上认识鼹鼠机器人，自主探索创意机器人的知识，提高学生的机器人科技综合素养。

②推荐学生与家长观看机器人题材影片《机器人总动员》《机器人与弗兰克》等，带学生走进科幻世界，探索无限可能的未来。

图3　创意机器人知识普及活动

### 3. 创意机器人系列实践活动

各班根据要求提前准备，根据学生实际开展实践活动，要求人人参与。学生具体活动内容如下：

（1）一、二年级学生进行“我设计的机器人”亲子手工竞赛。

（2）三、四年级学生进行“创意机器人”主题科幻画比赛。

（3）五、六年级学生进行“机器人和未来”演讲比赛。

（4）全校范围举行“机器人嘉年华”DIY机器人大比拼活动。

（5）四年级学生参加校外科技实践活动，参观科技馆、天文气象科普馆。

（6）全校学生参加科普进校园活动，结合机器人、乐高、3D打印、编程、地质科学、电力安全、化学实验、无人机等不同主题，开展以学习、体验、互动为主的活动，让学生在新奇有趣的活动中享受科学，并在互动过程中亲手体验科学实践的乐趣，在快乐的游戏和尖叫声中剥开一个科学的坚果，培养学生的科学思维和探索精神。

（7）每班推荐同学参加鼹鼠机器人创意大赛。

图4 创意机器人系列实践活动

### 4. 活动成果展示

展示学生的DIY机器人、亲子手工机器人、科幻画和鼹鼠机器人，让学生近距离地感受机器人的魅力、神奇和乐趣，为学生学科学、爱科学打下坚定的基础。

图5　创意机器人系列实践活动成果展示

5. 科技实践活动闭幕

根据学生活动情况，评选出优秀精美的科幻画、优胜演讲者和创意机器人系列竞赛活动的优胜者并进行颁奖。校长为本次“馆校结合”创意机器人进校园科技实践活动致闭幕辞。

### （三）应用、推广阶段

通过“微课掌上通”向全体师生及家长展示活动内容和照片，对科技活动所取得的成果进行宣传和推广，让广大家长了解孩子在学校科技实践活动中的成长。

## 五、成果及评价

学生评价本身就是一个教育的过程，同时也是学生与他人协商共建、互助关怀，充满民主和平等的发展过程。因此，在活动完成后，教师及时组织学生进行总结评价，展示学生设计的鼷鼠机器人作品，表扬学生在活动中取得的成绩，同时鼓励学生学习别人的长处。活动设计了过程性评价和学习效果评价量规环节，这些评价量规采用自评、学生互评和教师评价的评价方式。

通过这样的评价交流，学生正视自我、提高自我、肯定别人，同时也帮助学生比较不同方法的优劣和作用，有效地丰富学生学习的方法，最终有利于学生取长补短，促进学生进一步发展。

表2　项目学习评价量规表

| 评价要素 | 主要指标 | 评价标准描述 | 自评 | 学生互评 | 师评 |
|---|---|---|---|---|---|
| **学习过程** | 参与学习的态度 | ①学习态度端正、认真；<br>②具有较强的学习能力，积极参与小组讨论，乐于分享学习经验，共同探讨问题；<br>③学习结束后能够反思自己在活动中的收获 | （　）☆ | （　）☆ | （　）☆ |
| 学习过程 | 活动准备阶段 | ①每个小组结合所学过的相关知识积极讨论交流，制订活动计划；<br>②活动计划的内容安排合理明确，时间安排得当；<br>③完善准备好所需材料 | （　）☆ | （　）☆ | （　）☆ |
| | 活动实施阶段 | ①按照制订好的计划规范有序地组织实施；<br>②结合所学的知识进行动手实践，对探究结果有效归类整理；<br>③小组成员互帮互助，学习氛围轻松愉快，并能与其他组沟通交流，取长补短，及时完善探究结果 | （　）☆ | （　）☆ | （　）☆ |
| | 交流汇报阶段 | ①尊重他人，认真倾听同伴发言，乐于交流，敢于发表见解与提出建议；<br>②通过头脑风暴、成果交流等形式，形成资源共享，最后将有价值的探究成果及方法进行整理并推广应用 | （　）☆ | （　）☆ | （　）☆ |
| | 小组合作效率 | ①分工明确，学习积极性高，能全程参与；<br>②对研究的问题能发表自己的看法，活动中互助合作，并能与其他组沟通交流，取长补短 | （　）☆ | （　）☆ | （　）☆ |

（续表）

| 评价要素 | 主要指标 | 评价标准描述 | 自评 | 学生互评 | 师评 |
|---|---|---|---|---|---|
| 学习成果 | 作品展示 | ①能根据要求完成作品或创意记录表，积极参与展示交流，自信完整地描述成果；<br>②能应用评价量规对自己的学习过程与成果进行评价，并与大家交流 | （　）☆ | （　）☆ | （　）☆ |
| | 作品评析 | 作品能够把理论知识运用到实际生活中，表格填写要规范、正确 | （　）☆ | （　）☆ | （　）☆ |
| 学生寄语： | | | | | |

注：非常好 ☆☆☆☆☆☆　　好 ☆☆☆☆　　一般 ☆☆☆

## 六、成效和反思

兴趣是学习的最大动力，学生喜欢机器人，更喜欢自己组装、操控机器人，努力在实践中实现鼹鼠机器人的竞技功能。通过本次活动的组织与引导，学生切实感知到学习的最大乐趣。活动从准备阶段到实施竞赛，再到完成作品成果展示和知识的学习，师生和谐互动，课堂教学高效，既能满足学生不同的学习需求，又让学生掌握了丰富的课外知识，更促进了学生的动手操作与团结协助的能力，使跨学科的融合得到创新应用，提升学生发现问题、提出问题、研究问题、解决问题和处理问题的能力，激发学生综合运用学科知识的实践精神、工匠精神与科创精神，将学科知识转化为劳动技能，助力学生得到更好的发展，达到一举多得的目的。

这次鼹鼠机器人活动，学生开阔了视野，知识含量少的小学生，从最初的被动参加活动，转化成希望更深入地了解鼹鼠机器人的知识，更渴望提高自己的学习能力，希望在不断地学习中提高。在活动中，学生与学生之间、学生与教师之间、学生与家长之间的互动更密切了，学生间的友谊，师生之间的情谊，家长和孩子间的亲子关系得到增强。

在整个科技实践活动期间，学生积极参与，科技实践活动工作小组共收到学生的“我设计的机器人”亲子手工108份，科学幻想画30幅，DIY机器人98件。学生学习制作鼹鼠机器人人数超400人，参加鼹鼠机器人竞赛78人。

本次科技实践活动，从项目学习评价量规表数据中可以看到学生参与学习的态度、活动准备阶段和活动实施阶段，都获4星以上；交流汇报阶段和小组合作效率方面，因个别学生分工不够明确而只获3星；作品展示和作品评析方面，同学们能根据要求完成作品或创意记录表，积极参与展示交流并自信完整地描述成果，获得4星以上。从以上数据可以看出，学生参与鼹鼠机器人活动热情高涨，参与总人数为1823人。学生纷纷拿出各自的绝活，用激情和活力、用聪明和才智在科技实践活动这一大舞台上尽情演绎，展现自己的特长。在学校领导的大力支持，全体教师的努力下，本次活动取得了圆满的成功。

在以后的科技实践过程中，我们将结合学生的年龄特点，充分挖掘身边的资源，积极开展实践活动，丰富校园科技节内容，培养学生兴趣，激发学生创新精神，为培育下一代科技人才做铺垫。相信我校学生会以此为契机，将更高的热情投入科学科技的学习中，为自己的人生理想而不懈努力进步。

## 专家点评

作者以广东科学中心提供的鼹鼠机器人套件为基础，在小学开展机器人创新实践。学生在学习机器人结构和电路原理基础上，设计机器人外观，组装机器人电路，制作了一个创意机器人。案例有两个突出亮点：一方面，案例充分利用学校的科技节，进行了广泛宣传和发动，调动学生参与的积极性。另一方面，活动引入了项目学习评价标准。本案例的实践模式可以推广到绝大部分学校。

# 鼹鼠机器人创意制作教学实践活动

## ——融合STEAM教育的中职物理教学案例

广州市医药职业学校 白志明 曾思胜

**案例简介** 本案例的教育教学基于广东科学中心自主研发的鼹鼠机器人套件。案例充分体现了STEAM教育的中职物理创新教学模式，在教学中培养学生运用科学、技术、工程、艺术、数学综合知识来解决学习中的问题，尤其把物理知识应用在机器人的组装和外观设计中，使学生将理论知识与实践相结合，达到“学中做，做中学”的目的，同时在教学中培养学生的职业素养和工匠精神。

**关 键 词** 中职物理 鼹鼠机器人 创新

STEAM教育是让学生面对真实情境中的问题，将科学探究、工程设计、数学方法和技术制作有机统一，运用跨学科的知识和方法来解决实际问题，从而获得跨学科的知识和操作技能，提升自身的创新意识和创新能力，以跨学科整合课程促进学生全面发展的一种教育方式。STEAM教育不是简单地将“S、T、E、A、M”五类知识拼接于课堂教学中，而是旨在打破学科领域的界限，倡导基于问题和基于项目的学习方式，强调实践和体验，重视问题解决能力发展，在解决问题中融合各学科知识，促进学生的全面发展，提高学生的核心素养，是一种新的教育理念和学习方式[1]。

☆本文获2021年广东省“馆校结合”创意机器人创新实践教育案例征集活动三等奖。

本文通过鼹鼠机器人创意制作教学实践活动，阐明如何开展STEAM教育与中职物理课程融合的教学，使中职物理的理论知识与实际应用联系更紧密，培养学生融合多学科知识解决问题的能力并提升学生的创新与合作意识。

## 一、设计思路

根据《关于开展2020年广东省"馆校结合"创意机器人进校园活动工作方案的通知》（粤科学中心〔2020〕1号）及《关于开展2020年广州市"馆校结合"创意机器人进校园活动的通知》（粤科学中心教字〔2020〕19号）精神，我校积极申报参加本次活动，并有幸被选中为受资助学校，成为广东科学中心的"馆校结合"实验校。

习近平总书记指出，随着信息化、工业化不断融合，以机器人科技为代表的智能产业蓬勃兴起，成为新时代科技创新的一个重要标志。当前，我国已将机器人智能制造纳入国家科技创新的优先重点领域，正大力推动机器人科技研发和产业化进程，使机器人科技及其产品助力高质量发展、服务百姓生活。由广东科学中心资助我校的创意机器人活动有力地推动我校的机器人教学实践，对我校科技创新人才培养起了重要的作用。

本教学案例围绕鼹鼠机器人的拼装和外观设计，融合中职物理知识解决项目中的问题。教学实践共4个课时，每个课时40分钟。本教学案例的设计思路：教师介绍鼹鼠机器人的核心原理（包括涉及的力学、电学原理和特点），让学生知道本次学习项目的要求任务；对机器人进行拼装操作，将物理知识应用于工程和技术上，解决拼装出现的问题，完成拼装任务，并展示分享；结合艺术和美学，设计机器人的外观，进行外观展示和分享。

## 二、教育目标

《中等职业学校物理课程标准（2020年版）》指出：物理课程的任务是全面贯彻党的教育方针，落实立德树人根本任务；引导学生从物理学的视角认识自然，认识物理学与生产、生活的关系，经历科学实践过程，掌握科学研究方法，养成科学思维习惯，培育科学精神，增强实践能力和创新意识；培养学生职业发展、终身学习和担当民族复兴大任所必需的物理学科核心素养[2]。中职物理新课标以提高学生的学科核心素养为主旨，开发以科学研究、科学思维、实践操作、创新意识为特征的课程。

鼹鼠机器人创意制作项目中的中职物理学科核心素养与STEAM、课程标准建立了相应的关联，如下表所示：

表1　鼹鼠机器人创意项目的学科融合

| 中职物理学科核心素养 | 与STEAM、课程标准的结合点 | STEAM |
|---|---|---|
| 物理观念及应用 | 学生在制作中运用相关力学原理、机械运动原理、电路分析等知识完成相关的任务 | 科学 |
| 科学思维与创新 | 通过假设推理、分析综合等方法的具体运用，优化设计方案，不断进行检验和修正，进而提出创造性的见解，选定最优的设计方案完成相应的作品。对碰撞开关的碰撞点进行计算，确定最优的碰撞点，令开关容易闭合，实现机器人的功能 | 工程、数学 |
| 科学实践与技能 | 分析碰撞开关电路，正确连接各部件之间的线路，两个电池夹的正负极连接区分，以及运用科学、技术、数学、工程等知识拼装完成机器人，利用艺术和力学重心达到外观设计的稳定性 | 技术、艺术 |
| 科学态度与责任 | 小组成员间能团结合作，分工合理，共同探究和解决机器人制作中的各种问题，培养工匠精神，同时在项目完成过程中，能规范操作步骤和操作方法，始终保持整洁的操作环境，养成良好的职业素养 | 科学 |

## 三、教学方法

在教学中，为了充分调动学生学习的积极性，教师尝试运用问题导入法、任务驱动法和自主探究法进行有效的教学。

### （一）问题导入法

首先创设情境，教师简单地接上电源，让小车运行，学生观察小车前进，小车碰到障碍物后并没有停下来，车轮还在转动。在此情境中，教师提出问题：可否设计一辆在遇到障碍物时会自动避开的小车？通过问题导入，引起学生的兴趣，激发学生的学习热情。

### （二）任务驱动法

在制作机器人过程中，教师把整个项目分成若干个任务，比如马达安装任务、碰撞开关安装任务、电池夹安装任务、面包板安装任务、线路连接任务、线路调试任务、外观设计任务、外观组装任务等，使小组组员可以更方便地进行分工合作，共同完成所有任务，直到作品完成。

### （三）自主探究法

教师可提供安装说明让学生仔细研究，同时提出一些问题让学生思考，让学生在个别地方自行设计，比如碰撞开关安装在面包板的上面还是下面？碰撞开关的触角是弯曲的灵敏，还是直线的灵敏？碰撞开关的三个脚有什么不同，作用是什么？培养学生不怕艰辛、勇于探索的科学精神。

## 四、实施流程

鼹鼠机器人的教学实施，分为8个教学阶段，每一阶段都设置问题导入和相应的任务，学生在完成任务过程中掌握相应的物理知识。

鼹鼠机器人创意制作项目中要用的物理知识与新课标的关联，如下表所示：

表2　鼹鼠机器人创意制作项目中的物理知识与新课标关联表

| 序号 | 鼹鼠机器人创意制作项目中要用的物理知识 | 新课标相关内容 |
|---|---|---|
| 1 | 鼹鼠机器人的行进路径 | 运动的描述 |
| 2 | 鼹鼠机器人的触角 | 物体的受力分析及物体平衡 |
| 3 | 螺丝安装 | 物体的受力分析 |
| 4 | 电子元件识别 | 全电路欧姆定律 |
| 5 | 电路连接 | 全电路欧姆定律 |
| 6 | 外观设计 | 物体的受力分析 |

## （一）问题引领，明确项目

“如何通过简易的元件制作一辆能躲避障碍物的小车？”通过问题导入，激发学生学习的动力。教师可将已经连接好线路的小车作品展示给学生，并合上小车开关，展示小车如何行走和避障。让学生猜这是一辆什么小车，从而引出鼹鼠机器人的制作项目，让学生完成这个项目。

## （二）认识元器件

教师首先通过设计问题：鼹鼠机器人是由哪些器件组成的，大家认识哪些器件？通过问题的导入，学生了解鼹鼠机器人的元器件组成。其中包括打孔的光盘、两个马达、两个车轮、一个变向轮、面包板、两个碰撞开关、两个电池夹和若干杜邦线。在这一阶段，教师须让同学们认识碰撞开关的三个接触点，没有碰撞时是哪两个触点接通，碰撞时是哪两个触点接通，这些重要的知识点可以为后面的接线打下基础。而面包板的使用同样重要，教师可以用一个透明的面包板进行介绍，让学生理解哪些孔是连接在一起的，彼此之间可以实现导通，为电路的连接做好铺垫。

图1　透明面包板

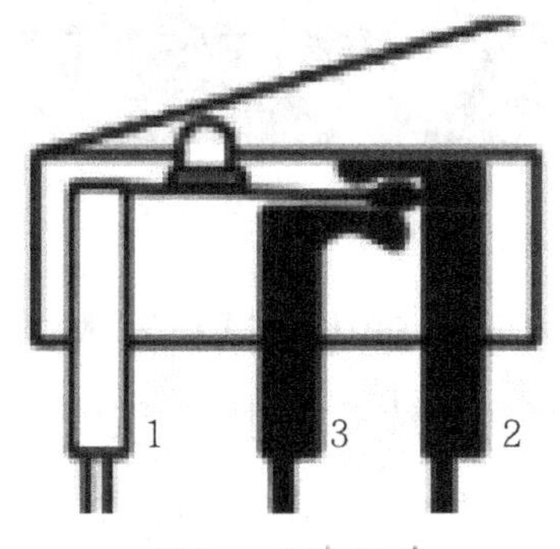

图2　碰撞开关

## （三）物理套件拼装

教师通过问题：前面我们认识了鼹鼠机器人的组成元器件，如何把它们拼装在一起？拼装时，大家应该要注意什么问题？通过一系列的设问，引起学生的注意。由于机器人所涉及的元器件不是很多，所以学生在拼装时，基本没有什么大的问题。在学生拼装过程中，教师提出问题：为什么碰撞开关的触角要这么长？教师可引导学生从物理的杠杆原理进行分析，如何实现计算最佳的触碰点？这个问题又与杠杆的力臂有关。通过这些问题的解决，学生实现STEAM与中职物理的有机整合，使物理的理论知识与实践运用相结合。

## （四）电路组装

教师提出问题：在物理元器件拼装后，线路如何连接？在线路连接过程中，有没有应该注意的地方？教师通过设问，引导学生思考应如何正确连接线路。电路连接过程中，学生需了解电池的正、负极对马达的正、反转的影响，碰撞开关在电路中是如何实现马达的前进、后退、左转和右转的。这些问题都要求学生进行自主探究，不断地尝试不同的连接，运用物理的电学知识理解电路所实现的功能。

图3　物理组装

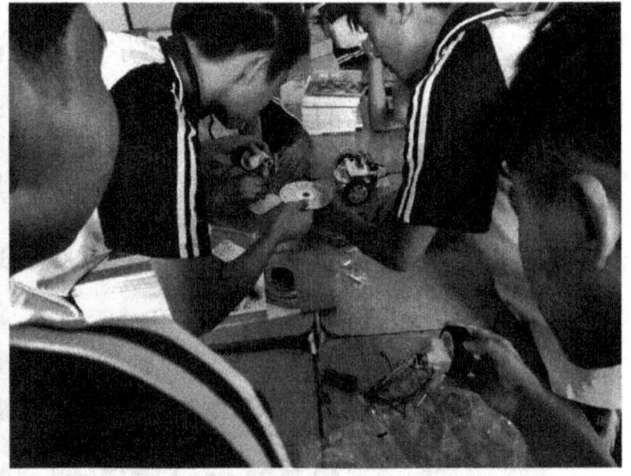

图4　电路安装

## （五）通电调试机器人

教师继续提出问题：鼹鼠机器人的拼装和电路连接已完成，请同学们通电调试，如果机器人不能直线行走，应如何进行调整？教师引导学生自主解决机器人在通电调试时所遇到的各种问题，教师不直接给出答案，让学生自己找出原因和解决问题的方法。调试的阶段是一个反复尝试的环节，最能体现学生综合能力，能培养学生崇尚科学、热爱科学的精神。

## （六）外观设计

教师在学生完成调试后，接着提问：鼹鼠机器人目前是一堆元件拼接，能否设计、制作一个外观，把鼹鼠机器人装扮得漂漂亮亮？在外观设计中，建议每个小组运用头脑风暴，设计出好看又具有个性化的外观。在设计和制作过程中，教师引导学生注意外观的重心不能太高或靠近机器人的尾部，具体原因则由学生自主探究，使学生在机器人的制作过程中思考相关的物理知识，实现“做中学，学中做”的教学理念。

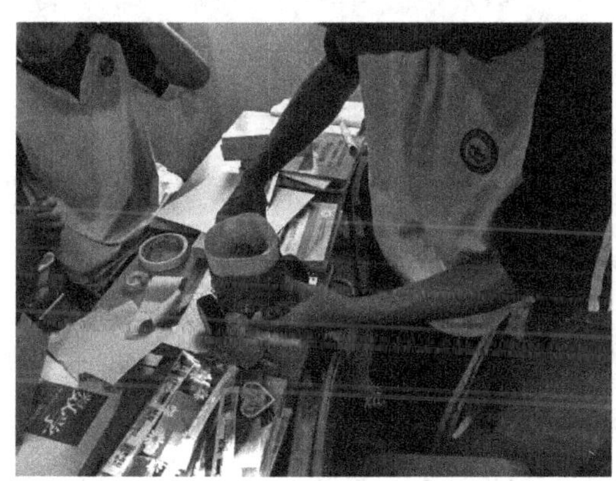

图5 外观设计

## （七）比赛展示

通过精心的准备，各小组的鼹鼠机器人作品已经完成，教师对每一个小组在制作过程中是否按照职业岗位的要求进行环境保洁给予评分；接着，学生进行外观展示和演示操作。经过激烈地角逐和综合评分，从参赛小组中评出一、二、三等奖。

## （八）总结交流

图6 直道比赛

图7 学生作品

图8　作品展示

教师通过各小组组间互评、小组自评和教师评价三种方式，交流鼹鼠机器人制作的体会和感想。小组代表的发言和经验分享证明了融合STEAM教育的中职物理教学模式是一种创新的教学方法。同时，学生在制作鼹鼠机器人的过程中，能综合运用物理知识解决机器人项目中的难题，比如：运用物理的受力分析和力矩原理对触角的弯度进行调整；运用全电路欧姆定律分析电路结构；运用重力知识了解鼹鼠机器人的外观设计重心靠前的原理。本项目案例的学习有助于物理的理论知识与应用知识有机结合，有助于为后续专业课的学习打下基础，并激发学生学习物理知识的热情，培养学生科学探究的精神和严谨治学的态度。

## 五、实施效果及推广价值

融合STEAM教育的中职物理创新教学模式在学校的制药类专业学科中进行了推广，把科技创新融入制药机械设备和制药技术工艺两门课程学习中，运用科学、技术、数学、工程等知识拼装完成机器人，培养了学生科学实践与技能，学生在学习压片机、颗粒包装机的安装、拆卸方面也利用了STEAM理念，培养了科学的态度与责任感。在制药技术工艺的学习上，如维生素C片的压制实验也常常采用小组教学的方式，成员间团结合作，共同探究和解决制药设备出现的各种故障问题，培养学生工匠精神，同时在实验实训完成过程中，学生规范操作步骤和操作方法，始终保持整洁的操作环境，符合药品生产质量管理规范GMP的要求，养成良好的职业素养。

从教学的效果来看，通过STEAM与物理课程的融合，学生对鼹鼠机器人的学习和相关的创客活动兴趣更大，同时教师也发现了一批有创新能力和这方面有特长的学生，并对这些学生进行专项培训，为后面的创客活动储备“小师傅”。在2020年由广东科学中心主办的第九届广东省创意机器人大赛中，我校获得了一等奖和二等奖，两位辅导教师取得了园丁奖，这是我校第一次在大型省赛中取得如此优秀的成绩。

图9　学生参加创意机器人比赛并获一等奖

## 参考文献

[1]中华人民共和国教育部. 中等职业学校物理课程标准（2020年版）[M]. 北京：高等教育出版社，2020.

[2]邹萍，段怀玺，张轶炳. STEAM理念融入高中物理课堂教学的实践与探索：以“电动机模型”为例[J]. 重庆：物理教学探讨，2021（2）：10-14.

## 专家点评

本案例基于广东科学中心的鼹鼠机器人套件，介绍了融合STEAM教育的中职物理创新教学模式，围绕鼹鼠机器人的拼装和外观设计任务，结合中职物理知识解决项目中的问题。提高了学生学习兴趣，学以致用，培养学生解决问题的能力和工匠精神，提升学生的职业素养。在中职学校结合学科开展这类项目有一定创新性，可复制推广。

# 开展项目式活动，提升学生核心素养

## ——鼹鼠机器人教学实践活动

韶关市曲江区实验小学　邱建华

案例简介　本案例是基于广东科学中心自主研发的鼹鼠仿生机器人套件的学习，面向3～5年级小学生开展的项目式活动。活动旨在培养学生的动手实践能力和创新思维，激发学生爱科学、学科学的兴趣，提高学生的核心素养；探讨电路、机械结构和艺术造型等方面基础知识，锻造具有一定创新思维和动手能力的学生，助力提升学生核心素养。

关 键 词　馆校结合　项目式活动　机器人　仿生鼹鼠

人类在改造世界时，发现自然界许多动物的器官功能可以服务于人类，于是人类仿造这些动物的特性或模仿动物身上某种器官功能，实现机器人的创新。鼹鼠仿生机器人模拟鼹鼠长期在黑暗环境中行动，视力退化，主要依靠触须来感受、躲避障碍物这一特性，利用碰撞开关控制电机正转和反转，实现机器人自主避开障碍物的功能。

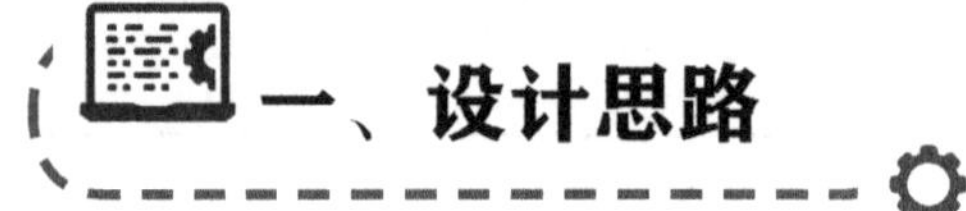

## 一、设计思路

### （一）设计背景

为提升学生的科学精神、自主学习、实践创新等核心素养，引领学生深入了解学校科技特色办学理念，引导学生在做中学、学中做，学校开展了“馆校结合”的

☆本文获2021年广东省“馆校结合”创意机器人创新实践教育案例征集活动三等奖。

创意机器人创新实践活动。广东科学中心研发的创意机器人集成了数学、力学、机械、电子、传感技术、通信、计算机等领域的知识和技术，是信息技术发展的综合体现，能全面激发学生对科技的兴趣，也是中小学技术课程和综合实践课程的良好载体，把创意机器人的教学内容渗透到综合实践课程中，能有效培养学生的动手能力、逻辑思维能力、创造能力和协作精神，符合新课改的精神。因此，我们以项目式活动形式开展了“创意机器人”这一综合实践活动课，以提升学生的核心素养，实现全面发展。

### （二）设计依据

#### 1. 项目式学习

项目式学习是一种以学生为中心的教学方式。在创意机器人项目式学习过程中，学生学会自主学习，积极地收集信息、获取知识、探讨方案，以此来解决学习过程中遇到的问题。因此在项目式学习过程中，学生不仅要能够应用所学的学科知识，还要懂得如何结合现实生活学以致用。

#### 2. 小组合作学习

项目式活动采用小组合作学习的方式进行，共15名成员，分成3个小组，每组设一名组长，通过小组合作完成每个阶段的任务，根据平时的观察、考核，完成对优秀学员的甄选。

### （三）活动主题和对象

为了活动开展的高效性和前瞻性，教师采取海选的方式从3～5年级征集活动对象。为了兼顾活动对象的培养和发展，教师邀请了2年级的学生参与。活动主题的确定以比赛主题为依据，并参考社会热点，最终定为：仿生机器人专家，“鼠”于你。定此主题旨在提高学生参与的热度，提升学生解决问题的自信心。

### （四）特点和创新性

本活动采取项目式学习方式，小组分工合作完成该项目。项目分成3个模块7个小任务，以问题促进学习，通过项目带动模块，分解和降低了难度，对于提升学生自主学习的积极性有一定的作用。

## 二、教育目标

1. 培养学生勇于探索未知世界，积极参与实践活动的意识，培育学生的科学实践精神。

2. 引导学生运用机器人套件，设计、制作仿生机器人，并进行比赛，在活动中提高学生的观察、分析、动手、创造能力，培养学生的参与、竞争、实践、协作的责任担当意识。

3. 认识仿生机器人，了解相关信息，形成感性认识，动手组装实践，掌握一定的科学知识和技能。

## 三、表现方法

1. 科学原理：基于STEAM教育理念，结合本项目主题的特点，以科学、工程技术、数学、信息技术、艺术等学科构建本活动。

2. 科学方法：基于问题驱动教学法，以问题和项目活动为指引推动实践活动进程。

3. 科学思想：运用多学科、跨学科融合思想，开展鼹鼠机器人实践活动，把多学科知识和技能应用于解决生活实际问题。

4. 科学精神：引导学生理解科学认识源于实践；重视探究、合作、沟通的方法；倡导怀疑、批判、不断创新进取的精神，促进作品迭代升级。

## 四、实施流程

### （一）第一阶段：了解鼹鼠和鼹鼠机器人

1. 让学生了解鼹鼠的特点和习性。通过图片和视频学习鼹鼠的相关知识，学习人类仿生的意义。

2. 让学生了解什么是鼹鼠机器人。学习鼹鼠机器人的基本结构和功能，掌握鼹鼠机器人的本质。

3. 让学生了解鼹鼠机器人的特点。根据鼹鼠机器人的外形、功能，构思并设计一款仿生机器人创意外观。

**（二）第二阶段：学习组装机器人**

1. 认识套件的各种配件，以便在组装过程中快速、准确抓取。

2. 学习鼹鼠机器人的基本机械构造。让学生通过图片和视频的方式了解机器人的组装过程以及机器人的基本结构；让学生以分组的形式，对机器人进行拆装；在拆装过程中，学生逐步掌握机器人主要由驱动装置和控制装置组成。

3. 学习鼹鼠机器人的感应器。将机器人的感应器（如触须和触碰开关）分别向学生进行介绍。让学生了解感应器的外观以及掌握使用技巧。

4. 学习鼹鼠机器人电路知识和简单的原理。

5. 向5年级学生讲授电烙铁和热熔胶枪的使用方法。

**（三）第三阶段：竞赛活动**

1. 学习比赛规则。学生以小组比赛形式研读《广东省创意机器人大赛预赛规则——鼹鼠机器人》，相互交流研读体会，进一步学习理解竞赛规则，为比赛的顺利进行做好准备。

2. 小组竞赛，考查学生的熟练度和协作性，并做好记录和总结分析，为下一阶段的活动提供参考依据。

在学生基本完成了机器人的组装之后，以竞赛任务的方式让学生更好地参与项目活动。活动中，让学生学会团队协作，促进小组间的交流与进步。

仿生鼹鼠机器人这个项目对学生的组装、协调、问题解决能力要求较高。学生在完成机械搭建和电路任务后，需要先对任务的场地和要求进行分析。在遇到问题之后，学生选择适当的触须调节方法进行机器人测试。这一部分对学生动手能力和问题解决能力要求较高，因此小组长应该选择组装能力强的组员来完成这部分的任务，还要选择耐心细致的组员对问题进行讲解。同时，小组长需要对机器人组装和电路搭建进行相应的协调，使两者可以合理地结合到一起。在组装、调试过程中，学生要对机器人的任务完成情况进行记录，并根据记录对机器人进行调整。在机器人制作完成后，小组间以竞赛的方式进行比较，学生在比较中可以看到其他小组完成的情况，对比双方的优势以及劣势，以便对自己的机器人进行更好的调整。

### （四）第四阶段：外观设计

根据鼹鼠机器人的外形特点，结合当前的社会热点，学生分别创作了“建党100周年”“益虫助高产，袁老梦成真”“垃圾分类利国利民”3个主题的外观设计。

## 五、教育效果

通过项目式的实践活动，学生掌握了鼹鼠仿生机器人的科学知识；学会动手组装机器人，科学技能得到提升；在为机器人设计创意外观的环节中，学生的艺术鉴赏能力也得到进一步的提升。总体来说，鼹鼠仿生机器人项目教育效果明显。

1．科学知识、工程技术方面：项目是多学科、跨学科的科技类活动，通过学习并完成这个项目活动，学生掌握了其他学科的知识，提升了工程设计、操作、组装等方面的技能。

2．科学态度方面：在鼹鼠仿生机器人活动中，学生提升了与人沟通及合作的技能、增强了自信心，以及学会合理分配和利用时间。

3．科学精神方面：培养了学生的团队精神、创造与创新精神。学生学会了在面对困难的时候，不轻易放弃，努力解决困难。学生在看到自己的机器人完成任务的时候，心情愉悦，体验到学习、劳动的乐趣。

通过鼹鼠仿生机器人项目式活动的开展，学生不仅接触到了前沿的科技产物，学习了很多课本之外的知识，也培养了动手能力和团队合作能力。学生在学习鼹鼠仿生机器人之后，不仅仅学习了智能机器人的知识，通过竞赛等一系列的活动，学生的核心素养得到提升，临场表现能力、分析能力也得到了明显的提高。

## 六、推广价值

在21世纪的今天，科学技术在不断地发展，人们的物质生活水平也在不断地提高，仿生智能技术也随之走进我们的生活。小学生通过教师指引、自主学习、小组合作方式，参与组装、设计、制作仿生鼹鼠机器人，创作出自己的作品。这项活动在中小学校具有推广和实践的价值。在小学阶段，以中、高年级为主，使他们在实践活动中获得仿生技术的启蒙，培养学生热爱观察、勤于思考、勇于创新等素养。我们将利用“馆校结合”活动试点机遇，谋划新一届校园科技节活动，让科技之光普照更多孩子的心灵。

### 专家点评

本案例以鼹鼠机器人作为学习内容，采用项目式学习方式，小组合作完成任务，这些都是针对小学生的特点采取的有效教育手段。项目实施过程中不仅考虑了参赛选手的选拔，还考虑了梯队选手的培养，为创意机器人活动的长期开展奠定基础。由于不同年龄的小学生在能力上有差异，所以不同年级的小学生如何共同完成一个比较复杂的机器人设计及制作任务，非常考验教师组织和实施能力。本案例采用了项目式学习方式，项目分成3个模块，7个小任务，以问题促进活动的开展，分解且降低了机器人设计制作的难度，保障了项目的顺利实施。各阶段的具体任务非常清晰，对其他学校或单位开展类似的活动具有较好的参考价值。

案例的实施过程基于STEAM教育理念，以培养学生的核心素养为目标。通过创设吸引学生眼球的活动主题，结合鼹鼠的特征，调动小学生参与创意机器人创作的热情与兴趣。同时，在外观设计上能够结合社会热点，不仅考虑机器人功能的实现，还把培养学生环保意识、社会责任等作为教育目标，让一个活动带来诸多成果。学生的表现与成长让教师、家长感到欣慰，同时更让学生的自信心得到增强，体现了创意机器人活动的宗旨。

# 学以致用，畅想未来

## ——鼹鼠机器人教学实践活动

东莞市东坑中学　曹顺　张海艳　符宏凛

**案例简介**　本案例基于广东科学中心自主研发的鼹鼠机器人套件，面向初中生设计开发。案例旨在基于鼹鼠机器人创意活动中的组装、展示评价等教学，探讨合作教学法、展示教学法对初中生科学思维、创新实践能力的有效培养。

**关 键 词**　鼹鼠机器人　合作教学　展示教学

为全面促进学生德、智、体、美、劳的全面发展，促进学生多元化发展，全国各地各中小学纷纷开展了综合实践活动，以促进学生综合素质的提升。综合实践活动属于实践性较强的学科，旨在提高学生动手能力和实践能力。如何发展学生的科学思维及创新实践能力，是新时代下每一位教师都应该思考的问题。创意机器人教学既能吸引学生的注意力，也能使学生在创意机器人制作过程中提升知识技能，提高解决问题的能力[1]。

## 一、设计思路

### （一）设计背景

创意机器人是一门集工程学、机电、物理、艺术设计于一体的以培养学生综合性、创新性思维为宗旨的综合性多元化实践类学科[2]。它的设立在于弥补学生在课

☆本文获2021年广东省"馆校结合"创意机器人创新实践教育案例征集活动三等奖。

堂学习中缺乏实践的缺点，可以强有力地提升学生的创新思维、动手能力和团队协作能力[3]。广东科学中心提供的鼷鼠机器人套件，便于学生学习仿生机器人设计基础，并通过组装、展示等活动，让学生在传统中挖掘新意，领悟科学思维，在解决问题的过程中提升综合实践能力，同时也丰富了校园文化的内容和形式[4]。在“立人”教育的办学理念下，用融合的手段来为未来人才的培养注入生机与活力。

## （二）设计依据

### 1. 合作教学法

合作教学法是指以学生之间、师生之间的互动合作为特征，以小组学习为主要手段，使学生围绕共同目标开展协作学习的教学方法[5]。我们把学生分为两人一组，对鼷鼠机器人进行拼装、电路连接和创意改造，组内分工协作，最终呈现共同学习成果。教师对教学过程进行精心的设计，合理地划分小组，并明确小组各成员的分工；在小组合作过程中，教师不定时进行总结和点评。合作教学法不仅能够培养学生的团队精神和合作意识，还能让学生在这个过程中学会自评和互评，以便于更加全面地评估自己。此外，相比于传统的教学，合作教学法也能促进良好的师生关系，互相进步。但是，由于合作学习很难保证学生均衡地参与学习，容易出现部分学生只会自己负责的那一部分，因此需要教师掌控好指导教学的度，使学生把握合作学习的技能和技巧[6]。

### 2. 展示教学法

展示教学法[7]，即让学生展示自己的学习成果，也就是让学生在课堂上“亮相”，小组合作完成过程中，可分阶段地让学生展示其想法、设计思路、学习进展和最终成果等。展示时，学生的口头表达要流畅，思路要清晰，同时还要回答教师和同学们提出的问题，即“答辩”。教师要设计好展示的顺序，循序渐进，同时保证学生学习的进度。展示教学法不仅能够锻炼学生的语言表达能力，锻炼学生的逻辑思维能力，还能让学生在展示过程中及时得到反馈和调整，学习效率得到充分提高。

## （三）活动主题和对象

活动主题：创意机器人设计。

活动对象：七年级、八年级学生。

## 二、教育目标

### （一）活动目标

此活动旨在提高学生的团队合作能力，学生学会与他人交流，提高交际能力，并且通过对作品的展示和交流，提升总结归纳的科学思维，此外，通过对机器人外观的创意性改造，培养学生的创造性思维[8]。

### （二）活动重难点

在整个活动中，重点是让学生掌握电路的基本知识，培养其创新性思维，并将创意物化出来。虽然在机器人配套的说明书里有连线方法，但是学生仅仅只能够按照说明书的步骤将电路接通，而不理解其中缘由，这将达不到教学效果，所以难点就在于学生对电路的理解。除此之外，在实现机器人避障这一功能时，如何调整触须也成为学生必须攻克的难点之一。

## 三、表现方法

STEAM教育的核心是要注重思维方式，理解问题本质，用创造性思维解决实际问题，同时要注重整体融合，合理运用跨学科知识，设计并制作解决方案[9]。因此，要想上好一堂STEAM课，应围绕STEAM教育核心进行课程设计，斟酌每一环节的教学实施，力求课堂效果能全面达成教学目的，真正实现学生STEAM能力的培养。

本案例的设计思路主要以STEAM教育理念为指导，课程内容的设计遵循以下思路：

### （一）创设情境

在情境中产生疑难，在疑难中产生问题。本案例整体教学内容的组织衔接，都是从不同的生活情况或社会背景来启发学生的思维，比如先展示鼹鼠创意机器人在生活中的应用，再设计现实生活中的困难或不便之处等其他情境让学生产生问题，以激发学生参与欲望，启发学生积极思考，主动完成知识结构的构建过程[10]。

### （二）提出问题

提出问题即在每一环节给学生留足思考时间，并给予恰当引导，启发学生基于生活实际、接近真实情境、紧扣教学内容，提出具有思维性和挑战性、开放性和探索性、准确性和适切性、层次性和条理性的问题。

### （三）自主探究

STEAM教育理念注重学生自身认知的构建，这就需要学生深入进行自主探究。本活动先以“鼹鼠创意机器人”这一案例为支架，让学生在现实问题解决或完成任务的过程中加强心理或行为的情景互动，基于项目、创新设计、任务探索等过程完成认知（思维）互动、情感互动、行为互动，在案例探究中促进知识和技能的双重发展。

### （四）合作交流

合作交流是STEAM教育的重要环节，可充分发挥学习共同体的作用，培养学生合理表达、合作交流的能力。本案例的每节课堂中，存在理论问题的回答、头脑风暴般交流、小组合作的设计等环节，其目的都是根据教学内容选择合适的观点指导学生进行有效的交流合作，帮助学生在合作学习中实现知识的增长。

### （五）反思总结

STEAM教育要引导学生对知识和方法、技术与过程、思维方式等进行总结与反思，使学生加深对知识、技能、方法、过程的理解，提炼并形成自己的认知策略。本案例中针对学生的发言、方案交流都设有学生自评、互评以及教师评价，学生在反思总结中不断修正创意机器人的方案及实际作品，以评价促进自我反思及能力提升。

### （六）应用迁移

STEAM学习的最终结果表现形式多样，例如产品制作、问题解决、方案设计等，但最终都是促进学生的良好应用迁移，促进学生将知识与方法运用到真实情境。本案例中完成创意机器人的基本理论及原理学习都指向了“示范机器人的改进”“创意机器人的设计及制作”等应用迁移的环节，目的是将学习过程中形成的认知和观念以不同形式迁移到日常生活中，激发学生思维，引导学生联系实际而自主解决问题。

# 四、实施流程

本案例具体的活动设计及实施流程如下：

## （一）创意机器人教学活动介绍（表1）

表1 创意机器人教学活动介绍

| 教学环节 | 教师活动 | 学生活动 |
|---|---|---|
| 1. 创意机器人的展示 | 教师向学生展示创意机器人，并邀请部分学生体验操作 | 仔细观察机器人，并积极参与体验 |
| 2. 创意机器人的特点归纳 | ①提问：创意机器人与大家印象中的机器人有何不同？有什么特点？<br>②学生回答后进行点评总结 | 积极思考，回答问题 |
| 3. 仿生机器人的介绍（概念、由来、创作、展示） | 教师选取科技前沿中的仿生技术为案例，以图片及视频的形式向学生展示创意机器人，并结合案例逐一向大家介绍。<br>①概念：能模仿生物，具有生物特点的机器人<br>②由来：生物特性—生物对生存问题的适应与人类问题解决的需要—仿生机器人<br>③以采访案例展示创作过程：分析—设计—制作—实验—完善<br>④展示：展示鼹鼠与鼹鼠机器人 | 认真观看案例，仔细听讲 |
| 4. 仿生机器人的畅想设计 | 提问：如果让小组合作制作一个机器人，你们会如何设计？请小组讨论，5分钟后请各组学生代表发言 | 小组讨论，思维碰撞，合作探讨出一个初步的设计 |
| 5. 总结 | 教师根据学生的发言进行点评，对本节课内容进行总结 | 仔细做好笔记，并认真反思 |

## （二）创意机器人原理教学介绍（表2）

表2　创意机器人原理教学介绍

| 教学环节 | 教师活动 | 学生活动 |
| --- | --- | --- |
| 1. 电路知识 | ①介绍电路图<br>②教师提问并邀请学生上台绘制出鼹鼠机器人的电路图<br>③教师以绘图的形式，向学生介绍鼹鼠机器人“正常行走时”和“遇障碍转弯”时电路的流通过程 | 学生思考笔记，并积极报名进行活动 |
| 2. 面包板线路的连接 | ①引导学生观察面包板，提问“如何快速准确找到相应的小孔？”<br>②提出面包孔坐标图，向学生介绍面包孔的命名，并做相应练习<br>③教师引导学生以小组探究的方式，利用前面的知识，探究面包孔的连通情况 | 学生观察面包板，积极思考对面包孔进行命名<br>学生利用LED发光管对面包孔的连通情况进行探究 |
| 3. 线路的设计 | 教师引导学生以小组为单位对鼹鼠机器人“碰到障碍左转弯”的线路进行设计 | 学生以小组为单位进行线路设计 |
| 4. 线路的连接 | ①教师巡视，并给予适当的指导<br>②教师邀请学生交流经验（如何实现“碰到障碍左转弯”） | 学生以小组为单位进行线路连接，并在此过程中探究“实现转弯”的奥秘 |
| 5. 总结 | 教师对学生的发言进行点评，总结出鼹鼠机器人实现“碰到障碍左转弯”的奥秘，并启发学生在课后实现“碰到障碍右转弯”这一功能 | 学生认真笔记，并积极反思 |

## （三）设计与交流活动（表3、表4）

表3　创意机器人的设计活动

| 教学环节 | 教师活动 | 学生活动 |
| --- | --- | --- |
| 1. 创意机器人“主题创意”收集 | 教师启发学生思考“主题创意”，鼓励学生大胆说出自己的想法 | 学生进行头脑风暴，积极提出相关创意主题，小组讨论进行改进 |

（续表）

| 教学环节 | 教师活动 | 学生活动 |
| --- | --- | --- |
| 2. 创意机器人"功能"设计 | 教师分环节引导学生以小组为单位进行设计。教师进行巡视，并给予适当指导 | 学生小组合作，细化相关部分的设计 |
| 3. 创意机器人"线路及组装"设计 | | |
| 4. 创意机器人"外观设计" | | |
| 5. 创意机器人设计方案制订 | | |

表4　交流活动

| 教学环节 | 教师活动 | 学生活动 |
| --- | --- | --- |
| 1. 设计交流展示规则 | ①教师介绍本次设计交流展示的流程和规则<br>②教师对交流展示作适当的指导，引导学生从作品名称、设计理念、作品特色、所需材料、外观及主体设计、功能实现方法等方面进行介绍，并要求学生表述清晰，逻辑清晰 | 学生认真听讲，准备展示 |
| 2. 小组作品介绍 | 教师组织学生有序进行展示交流，为学生制造良好的交流环境 | 各组介绍作品，从作品名称、设计理念、作品特色、所需材料、外观及主体设计、功能实现方法等方面进行介绍 |
| 3. 小组自评 | | 小组代表对自己的作品进行自评，说明优缺点、待改进的地方 |
| 4. 组间互评 | | 学生客观地对不同组的作品进行评价 |

（续表）

| 教学环节 | 教师活动 | 学生活动 |
| --- | --- | --- |
| 5. 教师总结 | 教师对各组的设计及学生的点评进行评价，并根据学生的展示情况对创意机器人的设计进行分析总结 | 学生认真听讲，做好笔记与反思根据各方评价对最初设计进行完善，形成本组创意机器人的设计定稿 |

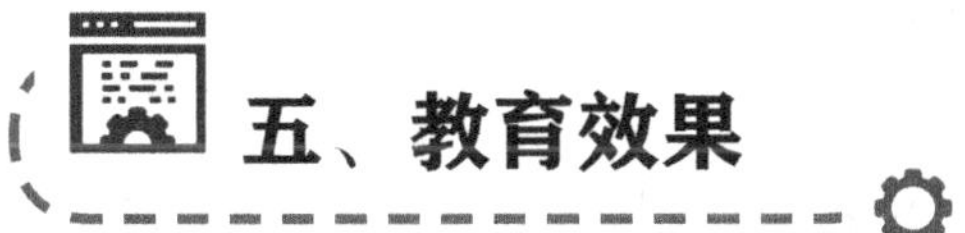

## 五、教育效果

本案例活动开展用时12课时，主要在教室及机器人活动室内完成，严格根据活动过程的设计执行。将展示“创意机器人简介”“创意机器人原理”“机器人创意设计”“机器人设计展示交流”等课程内容，学校聘请专业教师，每门课程每周开展一次教学活动，并积极组织、辅导学生参加相关活动与竞赛。下图为活动过程中师生教学、学生活动、学生作品等相关图片，通过以上STEAM教学活动的开展，学校培养出了一批热爱科学、热爱研究的“小创客”。

图1　师生教学

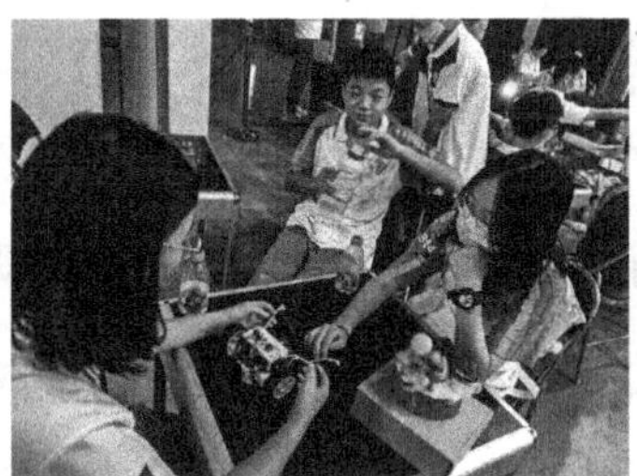

图2　学生活动

图3　学生作品1

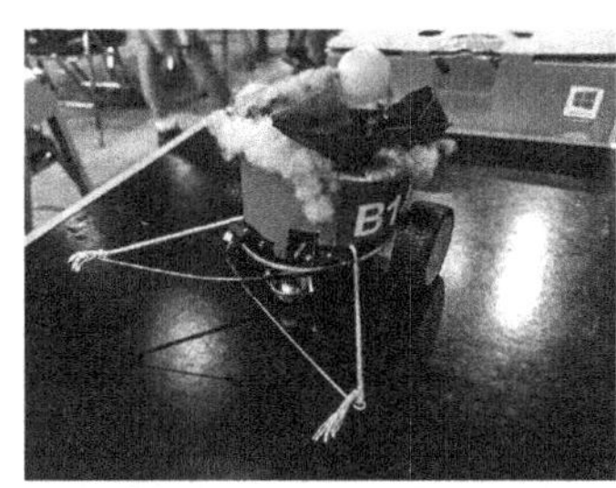


图4　学生作品2

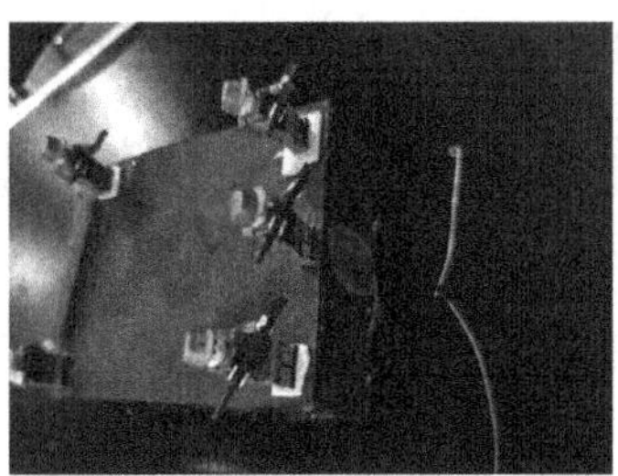

图5　学生作品3

图6　学生作品4

表5　创意设计评价表

| 维度 | 评价内容 | 组别 | 评价等级（A、B、C、D）<br>A表示优秀，B表示良好，C表示一般，<br>D表示还需努力 |
| --- | --- | --- | --- |
| 设计主题 | 设计主题的清晰度，与时代主题的契合度 | | |
| | 应用价值 | | |
| 外观设计 | 外观的美感和完整度 | | |
| | 外观设计的创意 | | |
| | 外观设计与机器人主题的契合度 | | |
| 功能设计 | 内部线路设计的科学性 | | |
| | 设计功能的可操作性 | | |
| | 整体结果的完整性 | | |
| 展示交流 | 展示交流的清晰度与逻辑性 | | |
| | 展示交流的创新性 | | |

## 六、推广价值

基于合作教学法、展示教学法进行的创意机器人设计教学，经后期反馈分析，教学对于学生综合分析能力、解决问题能力的提升有很大帮助。教学中教师通过讲解有趣的跨学科知识，让学生产生兴趣和共鸣，从而强化学生的学习动力和乐趣，做到涉猎广、实用性强、趣味性强，让学生在创意机器人设计的课堂上，从固有的思维模式中解脱出来，多涉猎跨学科知识，尤其是与实际生活结合比较紧密的物理知识，让学生在知识的海洋中遨游探索，循序渐进地培养出自身的创意思维。

参考文献

[1]郁海楠．小组合作学习在小学科学教学中的应用实践[J]．太原：小学生（中旬刊），2021（10）：60．

[2]张进学．合作学习理念在初中物理教学中的渗透途径探究[J]．石家庄：学周刊，2021（29）：63-64.

[3]周薇．“课堂小组展示”在英语教学法课程中的实践与反思[J]．北京：现代英语，2020（13）：43-45.

[4]王丹丹，MANTHA L P，齐林，等．运用课堂展示教学法提升学生英语写作条理性与连贯性能力的研究与实践[J]．石家庄：当代教育实践与教学研究，2019（22）：170-172.

[5]李杰．创新思维 构建未来[N]．北京：中国新闻出版广电报，2021-09-24（6）.

[6]洛平．以创新思维重塑竞争优势[N]．洛阳：洛阳日报，2021-09-24（1）.

[7]李友伟．小学信息技术教学中培养学生创新思维的思考[J]．长沙：第二课堂（版），2021（9）：63-64.

[8]周宇．普通高校展示设计课程培养创新思维模式研究[J]．淮安：淮阴师范学院学报（自然科学版），2021，20（3）：280.

[9]孙德彪．小组合作教学法在初中信息技术教学中的应用[J]．天津：家长，2021（23）：282.

[10]熊国阳．小组合作教学法在初中英语课堂教学中的应用：评《初中英语课堂教学艺术》[J]．太原：教育理论与实践，2020，40（35）：2.

## 专家点评

该案例主要以 STEAM 教育理念为指导思想，以鼹鼠机器人套件为主要器材开展实践活动。在活动设计思路方面，将学生分成小组，采用了展示教学等教学方法，并且较为关注知识的迁移与应用，所提供的实施流程也较为合理可行。该案例在创意设计方面有较深入的尝试，活动取得了预期的教育效果。鼹鼠机器人套件是广东科学中心众多机器人套件中的基础套件之一，综合来看，本案例符合该套件的特点，有一定的参考价值。

# 创意无限，鼹鼠机器人漂流记

## ——大墩中学创意机器人创新实践教育案例

佛山市顺德区大墩初级中学　张勇

**案例简介**　2019年，我校开始成为广东科学中心的馆校结合实验校，获得广东科学中心赞助的多套鼹鼠机器人。在广东科学中心支持下，我校积极开展科创活动，通过“宣传—培训—比赛—展示”等一系列活动，让学生参与科创活动，在活动中收获知识，锻炼动手能力，提升创造能力。我校开创了鼹鼠机器人的众多新玩法，让鼹鼠机器人更有魅力，更受学生喜爱。我校在自己开展鼹鼠活动的同时，还将鼹鼠机器人项目发散出去，让其他学校的学生也能和鼹鼠机器人一起开启通往未来世界的大门。

**关键字**　馆校结合　鼹鼠机器人　科创教育　创造力

2019年，我校成为广东科学中心的“馆校结合”实验校，这一年正是我校的科创元年，作为基础薄弱的农村学校，广东科学中心给我校赞助的鼹鼠机器人，帮助我校打开了科创教育的大门。我校的科创教育得到了飞速发展，我校学子在各级各类科创类比赛中获得国家级、省级、市级、区级奖励一百多人次。

☆本文获2021年广东省“馆校结合”创意机器人创新实践教育案例征集活动三等奖。

## 一、设计背景

我校2019年在鼹鼠机器人的帮助下开启科创教育之路，并取得了优异的成绩。我校采取大班教学加校园科创节的方式普及科创教育，鼹鼠机器人是科创节的重头戏。为了充分挖掘鼹鼠机器人的潜力，我校科创兴趣小组的学生利用所学知识创新了鼹鼠机器人的很多新玩法，让鼹鼠机器人可以更聪明、更强大。因为鼹鼠机器人数量众多，大多数鼹鼠机器人都被放置在展示柜，不能发挥其作用，因此我校和其他学校沟通合作，开展小鼹鼠漂流活动，让小鼹鼠漂流到其他学校，支持其他学校的科创教育。

## 二、教育目标

本次活动，学校没有墨守成规，在原有活动的基础上，发挥想象力和创造力，最大可能地发掘鼹鼠机器人的潜力。

将鼹鼠机器人作为学校科创教育的传统，助力七年级新生加入科创教育，从中挖掘出有潜力的学生，加入学校科创兴趣小组。

充分发挥学生的想象力和创造力，锻炼学生的动手能力，尽可能发掘鼹鼠机器人的潜力。

通过漂流活动，带动周边未开展科创教育的兄弟学校开展科创教育，为兄弟学校的科创教育贡献力量。

## 三、表现方法

学校通过三种不同的活动形式充分挖掘鼹鼠机器人潜力，展示机器人魅力。

每年通过科创节的方式开展科创普及教育，科创节的重头戏是各类机器人比赛，七年级的学生进行鼹鼠机器人比赛，八年级的学生进行四足机器人比赛，九年级的学生进行风力机器人比赛。鼹鼠机器人作为一种外观可爱、设计巧妙的仿生机器人，既好玩又能锻炼学生的学习能力，作为七年级新生科创教育的入门设备非常合适。

学校开设科创兴趣小组，组员都是对科创有浓厚兴趣、热爱科创知识的学生，他们不满足于简单地拼装鼹鼠机器人，因此学校鼓励他们利用所学知识改造鼹鼠机器人，让它可以做更多的事情，为学校科创教育发挥更多的力量。

和周边兄弟学校沟通联系，寻找科创教育薄弱的学校并与之结对，赠送鼹鼠机器人，并对兄弟学校提出要求：用鼹鼠机器人开展活动。这些举措让鼹鼠机器人覆盖更多学校的学生，为科创教育的发展贡献力量。

## 四、实施流程

### （一）校园科创节

2019年，我校举办了第一届科创节，鼹鼠机器人是科创节的焦点。学校通过“宣传—培训—比赛—展示”等一系列活动，让学生亲身体会到了科创的魅力，激发了他们对科创的兴趣和热情，也从中选拔了一批优秀的学生加入学校科创兴趣小组，取得了非常优异的成绩。鼹鼠机器人帮我校开启了科创的大门，让我校有了一片更广阔的天地。

图1　培训

图2　学生比赛

2020年，我校举办了第二届科创节，鼹鼠机器人依然是重头戏，但由于疫情影响，第二届科创节以现场直播的形式进行，学生在教室观看比赛，为班级加油助威。

图3　第二届科创节比赛现场

图4　学校领导和家长给同学们颁奖

第三届科创节在2021年12月举行，虽然第三届的项目和内容比前两届丰富，但是鼹鼠机器人依然是重点。

### （二）发挥创意，提高鼹鼠机器人的可玩性

我校在2019年和2020年利用鼹鼠机器人开展活动。考虑到活动的创新性，以及最大限度地挖掘鼹鼠机器人的潜力，让它更好地为我校科创教育服务，我们将创客和鼹鼠机器人结合，让学生发挥想象力和创造力，发掘鼹鼠机器人的新玩法，让鼹鼠机器人解锁更多新的功能。

前两届活动上的鼹鼠机器人只有物理结构，我们在此基础之上给它加上大脑——单片机，这样鼹鼠机器人就有了思考和学习的能力，可以完成更多有意思的事情。

下面举几个例子：

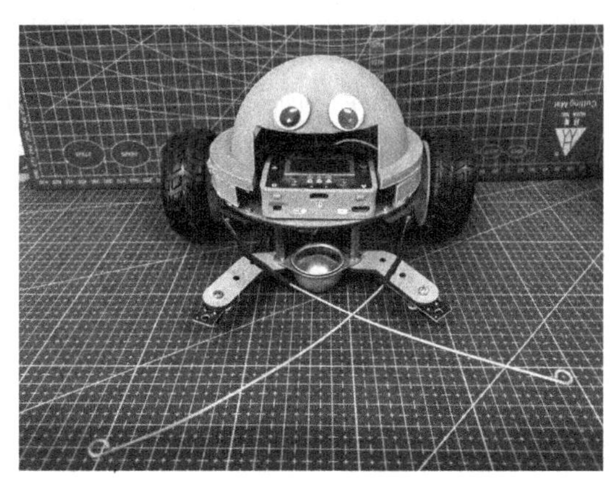

图5　改造后的鼹鼠机器人

（1）走迷宫。

在我们原来设计的比赛中，鼹鼠机器人要通过一个Z字形弯道，很多同学的鼹鼠机器人会在里面“翻车”，不能完成任务。有了“大脑”的加持，鼹鼠机器人可以在更复杂的迷宫里面对各种弯路，轻松走出迷宫。

（2）手势控制。

我们除了可以让鼹鼠机器人做更厉害的事，也可以将鼹鼠机器人当作一只小宠物，通过无线连接，轻松召唤它过来，或指令它转弯。

图6　手势控制鼹鼠机器人

图7　机器人巡线

我们还创造了巡线、认标识行走、对话等一系列功能，充分挖掘了鼹鼠机器人的潜力。

## （三）独乐乐不如众乐乐——鼹鼠机器人漂流记

我校鼹鼠机器人数量较多，虽然有部分被用于开发新功能，但更多的都是在纸箱中静静地待着，这浪费了鼹鼠机器人的价值，为了让其发挥更大的功能，我们组建了一个微信群，在群里发起了一个硬件漂流活动。我校将鼹鼠机器人作为第一批漂流硬件，漂流至有需要的学校，拿到鼹鼠机器人的学校可以保留3个月时间，在这期间开展鼹鼠机器人的各种活动，到期后所有硬件再漂流到下一个学校。

漂流第一站是阳春市实验中学，该校以兴趣小组的方式开展活动，以小范围的活动来尝试开展科创教育。小鼹鼠给他们点燃了星星之火，如今该校的科创教育已经顺利起步并在稳定进步中。

图8　江门阳春市实验中学学生开展鼹鼠机器人活动

漂流第二站是汕尾海丰县实验中学，该校采取的是我校最初的模式，开展的活动规模更大，覆盖的学生更多。

图9　汕尾海丰县实验中学开展鼹鼠机器人活动

## 五、教育效果

一系列的鼹鼠机器人活动让没有接触过科创教育的学生第一次近距离感受科技之美，激发了他们的科创热情和动力，让一些优秀的学生加入我校科创兴趣小组的队列，为我校科创教育选拔了人才。

对鼹鼠机器人的改造更是让学生感受到科创之美，学生既学到了知识，又提升了自己的想象力和创造力，获得了成就感，可谓一举多得。

和其他兄弟学校的漂流活动也帮助兄弟学校开启科创之旅，鼹鼠机器人为他们科创之路点燃了星星之火，为以后的燎原奠定了坚实的基础。

应该说此次活动是很成功的。

## 六、推广价值

鼹鼠机器人设计巧妙，用最简单的零配件设计出一款仿生机器人，它对于中小学生来说难度不大，而且有很强的趣味性，非常适合中小学作为创客入门设备来使用，值得大力推广。

这次鼹鼠机器人活动既有普及型的活动，也有想象力和创造力的展示，还让兄弟学校的学生也开启科创之路。这一系列活动让学生学到了知识，锻炼了动手能力，培养了创造力，是一次很成功的创客教育活动。

最后借此机会感谢广东科学中心给了我们这么好的平台和设备，让我们的创客教育之路顺利起航，万分感谢！同时也感谢佛山科学馆对我们的大力支持。希望广东科学中心研发出更多更好的设备，带动全省的学生走进机器人的世界，走向未来。

## 专家点评

本案例介绍了学校利用鼹鼠机器人套件开展科技创新教育活动的情况。该校作为一所基础薄弱的农村初级中学，以广东科学中心开发的创意机器人为课程资源，认真实施科技创新教育，使学校的科技创新教育从无到有、由弱变强，是开发和实施创意机器人教育的典型案例。更难能可贵的是该校创新了创意机器人推广的方式，让鼹鼠机器人漂流到其他学校，让更多学校的教师和学生认识、喜欢机器人，并参与到创意机器人的教育活动中来。这种推广模式具有很好的现实操作性和应用性。

# 夯实基础　酝酿创意

## ——基于"STEAM教育+伙伴学习"的创意机器人教学实践活动

肇庆市第七小学　刘莉敏

**案例简介**　创新引领发展，科技赢得未来。机器人技术是考察科技创新能力的重要指标之一。STEAM教育是一种培养综合性人才的教育模式，培养学生动手能力、创新能力以及综合运用多学科知识解决问题的能力。结合新课标，以学生为主体，教师为主导，引导学生主动学习、探究。开展"STEAM教育+伙伴学习"的机器人教学，使学生互助互学、互探互议，通过交流、互动、合作、分享，实现共促共进、共赢提升的目标。本案例基于广东科学中心自主研发的鼹鼠创意机器人套件，面向中小学生设计开发。案例旨在能引导学生对机器人进行机械拼装、搭建电路和外观设计，在解决问题中，渗透工程、技术、艺术等知识，提高学生的合作意识和发展学生的创造、创新能力。

**关 键 词**　STEAM教育　伙伴学习　馆校结合　创意机器人

创新是发展的第一动力，全球各国十分重视创新型国家的建设，培养创新型人才，提升学生创新素养。教育机器人可以定义为面向教育领域专门研发的、以培养学生分析创造能力和实践能力为目标的机器人。目前，机器人教育已成为世界各国培养创新型人才的着力点。教育机器人具有教学适用性、人机交互性、开放性及可

☆本文获2021年广东省"馆校结合"创意机器人创新实践教育案例征集活动三等奖。

扩展性等特点。[1]“伙伴学习”是学生自主学习的一种形式，是一种新型的学习方式。“小先生制”即是伙伴学习，它基于情感认同让学生结成学习伙伴，让学生通过讨论、交流、讲授等方法，共同掌握知识、提高技能。[2]近几年我校一直积极探索开展STEAM（科学、技术、工程、艺术和数学）教育的方法。根据我校教育教学实际情况，我们认为，“STEAM教育+伙伴学习”这种教学模式更适合中小学生学习。

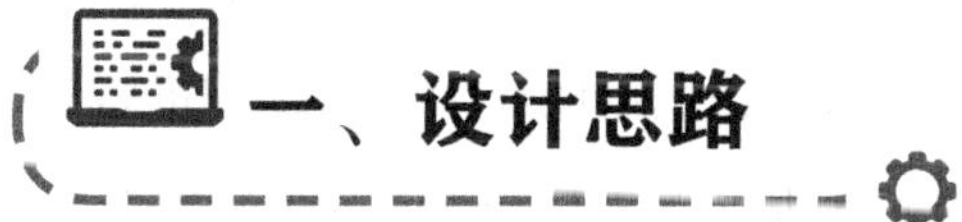

## 一、设计思路

### （一）设计背景

科技发展使得社会对科学、技术、工程和数学等领域的技能人才的需求日益扩大。STEAM 教育集成了各个学科知识来解决生产生活中遇到的问题，对经济的重要影响不断凸显。据《中国STEM教育白皮书》预测，到2025年，中国新一代的信息技术产业人才缺口950万，高档数控机床和机器人产业人才缺口450万，电力装备产业人才缺口905万，新材料产业人才缺口400万，新能源汽车产业人才缺口103万……在新时代人才需求背景下，有助于培养学生的科学素养，提高学生解决实际问题的能力，促进社会经济良性发展的STEAM教育进校园成为当前热门。

我校是一所百年老校，十分重视科技教育，鼓励和支持师生积极参加省、市、区组织的各种信息技术大赛，曾多次获得优异成绩。2019年我校有幸得到广东科学中心的资助，举办了第一届鼹鼠创意机器人比赛活动。从培训到比赛，我校积累了丰富的教学经验。紧接着，我校荣幸获得代表肇庆市参加第九届创意机器人比赛的名额，这也是我校第一次参与创意机器人省级比赛。

### （二）设计依据

《教育信息化“十四五”发展规划》明确提出要积极探索混合式教学、STEAM教育和创客教育等教学新方式，促进基于技术的自适应学习，推进网络学习空间和实体空间的有机结合。STEAM教育整合了教与学的方式，是培养学生掌握知识和技能，提高团队合作协调能力和解决生活中实际问题的能力，促进发展学生的创新、创造能力的新教育模式。而伙伴学习也可以培养学生独立思考和合作学习的能力。

因此，将STEAM教育理念的教法和伙伴学习的学法，融入机器人的教育过程，有其充实的教育依据。

### （三）活动主题和对象

本案例主题是运用"STEAM教育+伙伴学习"的创意机器人教学实践活动。在多年的知识积累和教学经验的基础上，探索一种基于"STEAM教育+伙伴学习"的创意机器人教学模式。在"伙伴学习"活动中，我们从四五年级的学生中挑选对机器人感兴趣和有一定机器人知识基础的学生，与他们进行一次单独访谈并从班主任了解他们的情况，主要了解他们的学习、情感态度等表现。

### （四）特点和创新性

STEAM教育和"伙伴学习"体现了以学生为主体、教师为主导的教育理念。学生通过自由组队合作来解决实际问题，并根据实际对机器人进行机械组装、电路搭建和外观设计。教师制订课程计划，指导训练内容，调控训练进度，评价激励，收集并整理实践过程中遇到的问题。

## 二、教育目标

### （一）知识与技能

1. 掌握机械、工程、科学、数学、艺术和逻辑思维等多学科知识，如机械结构组装的技巧和方法、电路基础常识（电子元件、原理图等）、门电路基础和运用。

2. 了解限位开关、红外传感器、电机驱动模块、马达的使用方法。

3. 了解分拣操作需求分析，知道工业机器人的分拣功能原理。

4. 了解工业机器人的创意外观设计意图，学生酝酿创意，学会各种手工制作工具。

### （二）过程与方法

1. 学生通过工业机器人机械结构组装、电路连接、创意外观设计的全过程，体会科学知识重组的乐趣和艺术的魅力。

2. 通过机器人竞赛和完成各项任务，学生在搭建机器人和创意设计的过程中培养动手能力、协作能力和创造能力。

3. 通过“伙伴学习”，学生提高主动参与学习的积极性，形成相互合作学习的良好品质及创新精神和实践能力。

### （三）情感态度与价值观

通过工业机器人实践活动，学生的探索创新精神得到激发，团队协作、动手实践等综合能力得到培养，全面提升学生的科学素养和创新创造能力。

## 三、表现方法

### （一）机器人教育与“伙伴学习”模式相融合

“伙伴学习”主要着眼于对教育内在的，遵循人的心理发展规律的核心要素探究，强调坚持学习者立场，让教师的“教”服务于学生的“学”，使机器人学习在真实情景中发生，并探究了“伙伴学习”的基本要素和基本环节，有利于进一步推进教与学方法的改革，最终实现学生的主动学习与个性化学习。

### （二）机器人教育与STEAM教育理念相融合

课程采用工程的视角来推动，即每次课程的内容可以取自一个工程产品或者每一个项目的学习过程，就像一个工程产品的产出过程一样。[3]具体到机器人教学中时，首先让大家了解目前工业机器人发展现状及它的工作过程；其次通过机械组装介绍其中蕴含的专业知识，如机械臂、传送带等工程知识，通过电路搭建的讲解让学生掌握电路相关知识；接着鼓励学生根据喜好搭建属于自己的机器人；最后，通过学生作品自我讲解、学生互评、教师评价等，让学生进一步加深对机器人的理解，提高学生语言表达能力。这个过程中，学生可以接触科学、信息技术、工程、艺术等学科知识，将机器人教育与STEAM教育理念相融合。

## 四、实施流程

第九届创意机器人比赛以“工业机器人”为主题，模拟工厂的智能生产过程，要求参赛选手设计制作机器人和传送带，进行产品识别、加工等系列操作。参赛选手使用相同的基础材料包，通过不同的结构设计和控制方法，提高工业机器人的生产效率。大赛设基础组和编程组两个比赛类别，每类设小学组、初中组和高中组，共6个组别。我校参加的组别是小学基础型工业机器人。这类型机器人使用分立元器件，包括逻辑芯片、驱动芯片、传感器等，通过逻辑电路来实现控制。

## （一）活动时间及参与人员

活动时间：2020年10月19日—2020年11月20日

成　　员：学校主管领导、科技工作组

指导教师：信息技术教师

## （二）课程计划

表1　工业机器人课程表

| 课程内容 | 课时 |
| --- | --- |
| 师生互动，寻找伙伴 | 1 |
| 初识工业机器人 | 1 |
| 工业机器人组装步骤之传送带<br>1. 认识机械零件并分类存放<br>2. 组装传送带底座<br>3. 组装传送带轮轴等其他部位 | 3 |
| 工业机器人搭建电路之传感器<br>1. 实验1，限位开关<br>2. 实验2，红外传感器 | 2 |
| 工业机器人搭建电路之执行器<br>1. 认识电机驱动芯片和L9110应用电路图及功能表<br>2. 实验3，电机驱动 | 2 |
| 工业机器人搭建电路之控制器<br>1. 了解门电路的基础知识<br>2. 实验4，逻辑门 | 2 |
| 工业机器人电路集成 | 2 |
| 工业机器人搭建电路之调试改进<br>1. 学习万用表的使用方法<br>2. 优化电路 | 1 |

（续表）

| 课程内容 | 课时 |
|---|---|
| 工业机器人搭建电路之外观设计<br>1. 讨论主题<br>2. 设计方案<br>3. 实践操作 | 5 |
| 工业机器人之实战演练 | 2 |

## （三）教学过程

根据课程计划，笔者将教学流程设计如下：

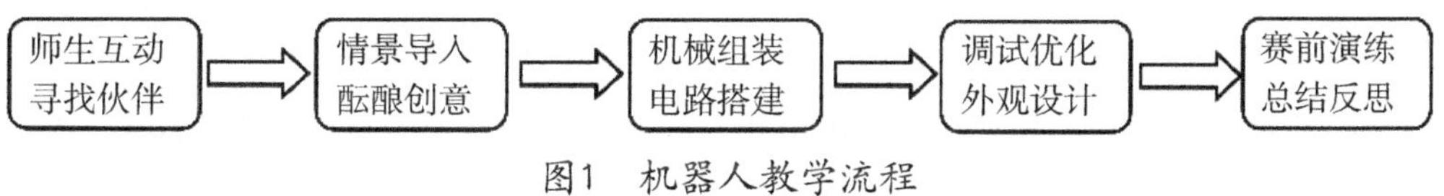


图1　机器人教学流程

### 1. 师生互动，寻找伙伴

“伙伴学习”的前提是伙伴的选择，由学生自己选择伙伴。我们对学生进行问卷调查，让他们将同学按最喜欢和最不喜欢一起学习的顺序从高到低排列，并调查每一个学生的兴趣爱好、喜欢的学科和不喜欢的学科。根据对学生调查问卷的分析以及对学生的访谈，并基于情感认同，我们将学生结成学习伙伴，形成一个学习小组，并让每组讨论组名和规则。通过师生共同商讨，得出“伙伴学习”的小组学习规则，“8个要”和“9个不”。

（1）“8个要”：要积极参与、要互相包容、要团结友爱、要互帮互助、要明确分工、要主动担当、要取长补短、要尊重他人。

（2）“9个不”：不追逐打闹、不说脏话、不嘲笑别人、不因任何原因歧视伙伴、不互相指责、不互相推卸责任、不吵架、讨论时不插嘴、不在该认真听讲时和伙伴交头接耳。

最后，制定量化评价，为以后的比赛精选参赛选手提供参考。

表2 机器人课堂教学过程性评价表

| 项目 | 评价内容 | 权重/% | 评价结果 |
|---|---|---|---|
| 章节考核 | 所学知识的掌握情况 | 25 | |
| 知识掌握 | 学生在课堂上进行机器人拼装、电路搭建、机器人调试、外观设计、团结协作等 | 50 | |
| 课堂纪律 | 学生在课堂的学习纪律，以此评价学习习惯 | 15 | |
| 出勤情况 | 记录学生上课出勤率来评价学习对象的学习态度 | 10 | |

### 2. 情境导入，酝酿创意

好奇心和自我表现欲是学习的内部动机，小学生的好奇心和自我表现欲特别强烈。课堂导入时，联系实际进行情境导入，以呈现视频和图片的方式，帮助学生把生活经验与教学目标联系起来，教师提出相关问题，引出教学内容，这样才能引“生”入胜。[4]这里的资源源于广东科学中心提供和网上查找。激起学生兴趣之后，学生对机器人比赛和主题有一定了解，教师顺势引导他们对外观设计进行思考。

### 3. 机械组装，电路搭建

在馆校结合的鼹鼠机器人培训中，由于学生对于机械和电路都有一定的基础，因此这里我们只是简单地介绍基本电子器件、螺丝和使用方法，以及提供学习的资料，然后重点强调三点注意事项：第一，机械和电路器件分类与整理，学生要先把电子器件、螺丝分类入盒并贴上相应器件名称的标签，这样方便机械组装时不容易出错；第二，杜邦线的选择，引导学生把不同颜色的杜邦线进行分类，默认红线为正极（VCC/3V/5V），黑线为负极（GND/G），其他颜色的杜邦线也按输入和输出进行分类；第三，使用万用表测试各种电子器件，以防电路不通。

图2 学生安装机械臂过程

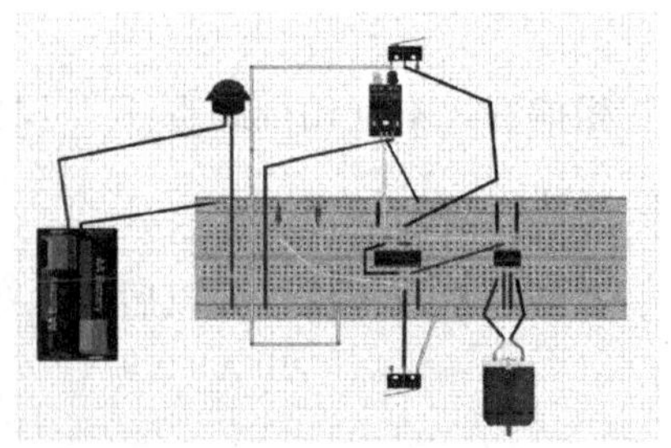
图3 电路文件示意图

### 4. 调试优化，外观设计

调试运行是对机器人设计方案的一种最直接的检测手段，可以发现机器人的缺点和不足。譬如，当遇到机器人不动或者提示灯不亮等问题，我们要先引导学生学会自己调试、排查问题，再与组员协同检查，如果还是解决不了再请教教师。在这一过程中，不仅能锻炼学生独立思考的能力，还能提高学生探究学习的能力。调试成功后，教师引导学生对作品进行优化提升，简化插线位置，然后利用轧带整理线路，方便设计外观。这个过程能给学生留下更深刻的印象，同时让他们体验学习的乐趣和成功的喜悦。

根据大赛的要求，我们引导学生采用环保的材料制作机器人外观，并切合机器人主题进行设计。这里我们让学生通过“头脑风暴”思考设计方案。通过三个问题，启发学生思考：第一，思考做哪一个领域的机器人，具体定位到哪一个行业的工业机器人；第二，思考哪些材料更容易使用、保存；第三，思考外观制作的步骤。

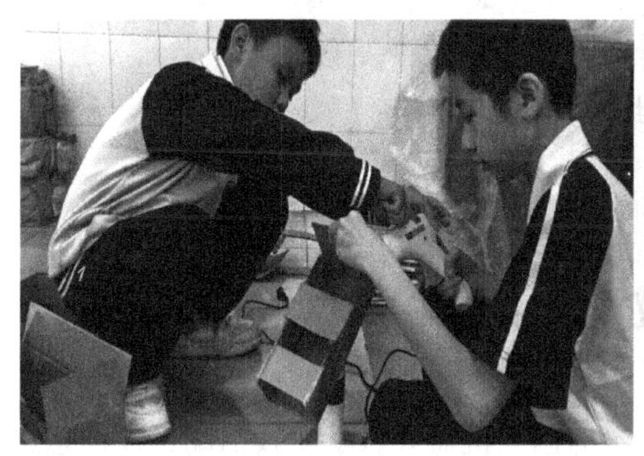
图4　学生制作外观过程

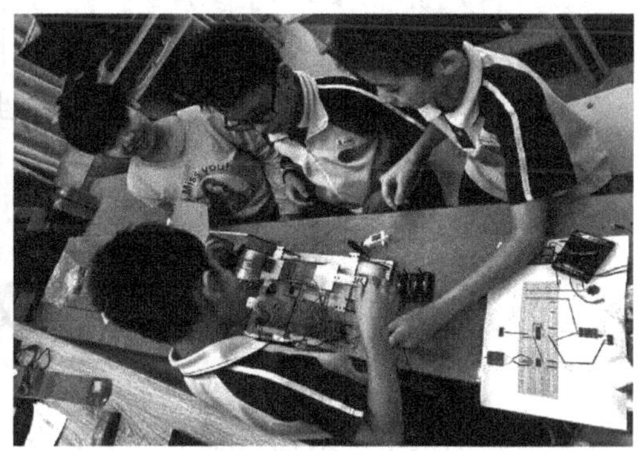
图5　学生调试测试过程

### 5. 赛前演练，总结反思

为了比赛能顺利进行，我们开展赛前动员大会，稳定学生情绪，激励学生努力拼搏，遇事冷静，沉着应对，告知学生参加赛前演练的重要性。通过模拟现场比赛及应急处置过程，给参赛选手留下更加深刻的印象，从直观上、感性上真正了解比赛流程，增强学生在正式比赛时的应急意识，沉着冷静地面对困难，提高自主解决问题的能力。

比赛结束之后，我们组织学生参加总结反思会议，大家讲述整个比赛的感受和比赛中遇到的困难及其解决方法。最后，教师和学生都以文字形式进行记录。

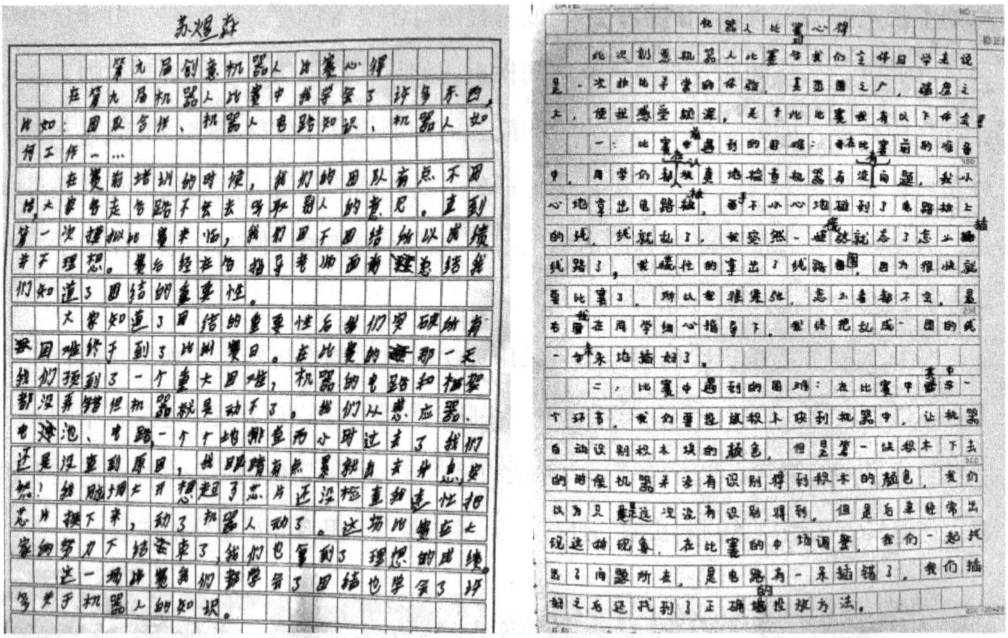
苏煜森

第九届创意机器人比赛心得

在第九届机器人比赛中我学到了许多东西，比如：团队合作、机器人电路知识、机器人如何工作……

在赛前培训的时候，我们的团队有点不团结，大家各走各路不会去听取别人的意见。直到第一次模拟比赛来临，我们因不团结所以成绩并不理想。赛后经过指导老师的总结我们知道了团结的重要性。

大家知道了团结的重要性后我们突破所有困难终于到了比赛日。在比赛的那一天我们遇到了一个重大困难，机器的电路和构造都没弄错但机器就是动不了。我们从感应器、电池、电路一个个地排查，两小时过去了我们还是没查到原因，我眼睛有点累就闭目休息，突然！我脑海中想起了芯片还没检查，我连忙把芯片换下来，动了，机器人动了。这场比赛在大家的努力下结束了，我们也拿到了理想的成绩。

这一场比赛我们都学会了团结也学会了许多关于机器人的知识。

机器人比赛心得

此次创意机器人比赛对我们全体同学来说是一次非比寻常的体验。其范围之广，强度之大，使我感受颇深。关于此比赛我有以下体会：

一、比赛中遇到的困难：在比赛前的准备中，同学们都在认真地检查机器有没有问题，我小心地拿出电路板，却不小心地碰到了电路板上的线，线就乱了。我突然一下就慌了，怎么插线路了，我慌忙地拿出了线路图，因为很快就要比赛了，所以我很紧张，怎么看都不会。最后在同学细心指导下，我终于把乱成一团的线一条条地插好了。

二、比赛中遇到的困难：在比赛中有一个环节，我们要把积木块放到机器中，让机器自动识别积木块的颜色，但是第一块积木下去的时候机器并没有识别到积木的颜色，我们以为只是还没识别到，但是后来经常出现这种现象。在比赛的中场调整，我们一起找出了问题所在，是电路有一条插错了，我们插好之后还找到了正确的解决方法。

图6　学生总结反思

## 五、教育效果

本案例基于"STEAM教育+伙伴学习"的创意机器人教学实践活动，设计思路清晰，环节紧凑，重难点突出。学生在参与机器人课程教学过程中，通过"伙伴学习"的方式，学习机械组装和电路搭建，在学习中互助互学、互探互议，充分调动学生学习的主动性、合作意识和动手实践能力。学生通过头脑风暴的方式进行讨论，积极思考，畅所欲言，充分发表自己看法，激发创新思维。学生在总结反思会上互评互议，受益匪浅。通过交流、互动、合作、分享，实现师生共促共进、共赢提升的目标。

## 六、推广价值

以STEAM教育的教法和伙伴学习的学法，师生在教与学的过程中获得知识，提升能力。海涅曾说反省是一面镜子，它能将我们的错误清清楚楚地照出来，使我们有改正的机会。[5]因此，面对每一次的培训，教师应该以图文方式记录培训过程以便于赛后总结反思，学生以文字或座谈方式记录。无论是培训或者会议，总结反思是发现自身的不足，努力改正，提升自我的一个绝佳途径，值得我们推广。学生通过总结反思，不仅收获机器人的知识与技能，还深刻体会团队协作的重要性。因此，教师在团队比赛训练的教学中要跟学生强调团队合作的重要性。本次活动的作品还有很大的提升空间，比如外观设计方面，所用的纸皮材料虽然环保，但不便于保存，因此学校推荐大家设计外观时，选择保存性好、操作性强的乐高积木。

图7　学生在比赛现场的合照

## 参考文献

[1]卢宇，薛天琪，陈鹏鹤，等．智能教育机器人系统构建及关键技术：以“智慧学伴”机器人为例[J]．上海：开放教育研究．2020，26（2）：83.

[2]王亚峰“小先生制”伙伴学习的组织与开展[J]．南京：教育研究与评论（小学教育教学），2020（5）：22-24.

[3]陈良波，林清兰．青少年机器人教育课程体系研究[J]．南京：无线互联科

技，2020（8）：133-134.

[4]潘洪波．让智能机器人教学走进常规课堂[J]．北京：中小学数字化教学，2018（8）：2.

[5]白鸿昌．守好课堂教学阵地提升幼师语文素养[J]．山西：现代职业教育，2018（8）：2.

## 专家点评

本次实践活动以全校性比赛为切入点，以"工业机器人"为主题，模拟工厂的智能生产过程，要求参赛选手设计制作机器人和传送带，进行产品识别、加工等系列操作。实践活动将机器人教育与伙伴学习模式相融合，探索伙伴学习的基本要素和基本环节，促进了教与学方式的转变，实现学生的主动学习与个性化学习。赛事培训过程中，从实际出发进行情境导入，以呈现视频和图片的方式，帮助学生把生活经验与教学目标联系起来，提出相关问题，引出教学内容。学生在总结反思过程中互评互议，通过分享、倾听、碰撞，实现师生共同提高、共同成长的目标。

本次活动设计思路具有创新性，活动过程翔实，评价强调过程性，内容科学、规范，图文结合，教育效果较好，达到了设计目标，有一定的推广价值。